民国趣读
老·城·记

老重庆

中国文史出版社

本书编辑组

主　　编：韩淑芳

本书执行主编：张春霞

本书编辑：牛梦岳　高　贝　李军政　孙　裕

目录

第四辑　人来人往·大生意与小买卖

第五辑　动荡年代·山城的百年风云流转

第六辑　地道川味·让人念念不忘的鲜香麻辣

第八辑　岁月留痕·道不尽的逸闻轶事

第九辑　巴渝印象·朝暮江声鼓角中

第一辑

山城寻踪·

沧桑岁月抹不去昔日繁华

❖ **魏仲云：**"江流砥柱"临江门

历史名城重庆是一座两江环绕，有着鲜明个性和特有气质风貌的山城：两水夹一山，沿江为池，凿岩为城，城在山上，山在城中；城垣雄踞半岛之巅，居高临下，自成天险，天造地设，气势雄伟，自古为巴蜀形胜之地，军事防守之要塞。古重庆城包括临江门在内共开城门17座。自古就有"开九门，闭八门，九宫八卦十七门"之说。临江门属于开九门，保留通行的九门之一。

最初的临江门是个什么样子呢？即使健在的古稀老人，也说不清楚了。临江门拆除已77年，前人既没有留下图形照片，也没有描绘的资料可供查阅。我们只能从零星史料中，窥知其形状，遥想其昔日的雄姿。

临江门坐落在山城北部嘉陵江岸，隔江与江北刘家台相望，是重庆城面临嘉陵江三座城门中最大的一座城门（比千厮门和洪崖门的规模要大）。建于明朝洪武四年（1371），为守城将领戴鼎承建，迄今已有628年历史。

该城门和城垣系砖石结构，城门高十丈，城垣依山环绕，居高临下，气势磅礴。史料载："从江上遥望，城门邈在天际。城堞圜阓，廓外千舟竞渡，蔚为壮观。"城门门额上书"江流砥柱"四个醒目威严大字。城楼有清末诗人吴恭亨撰写的楹联：

好容易搜出诗来，写点江山景物。

不得已推将天去，让它楼阁峥嵘。

从古城门的题额和楹联，我们亦可遥想临江门的雄姿和秀丽风光。从城门俯瞰江北，肯定是览秀环翠，江上百舸争流，帆影点点，"千顷波汇东

▷ 1945 年的重庆

▷ 嘉陵江沿岸风光

流，雄吞江涛入胸中"。

　　昔日的临江门内外是山城人口密集、商业繁盛的水陆码头。过去的重庆交通主要靠两江水运，临江门既有舟楫之便，城门外地势开阔，城门距江干河床较远，17座古城门中只有临江门和南纪门城门外有此优越的地理条件。有利的地形给临江门商贸发展提供了良好环境。河坝的开阔，来自嘉陵江沿岸和渠河、大宁河、保宁河流域的农副产品在此中转集散。除了正码头、大码头外，还有石灰码头、新码头、粪码头等。

　　自明末清初以来，城门外空旷的岩坡上就逐渐形成街巷纵横、市井繁华的城郭市街。城门外有临江正街，城门内有临江横街、临江顺城街和瓮城等市井喧嚣的街道。城门进出的商旅行人络绎不绝；常年担粪桶的农民涌进涌出，城区大量的粪便从此运出到粪码头粪船上，转运向小河沿江农村。临江门城外人口密集、商贸繁盛是当时其他城门外街市无法相比的。

　　　　　　　　　　　　　　　　　　　　　　　《老重庆的街巷》

❖ 冯庆豪：兵家必争的通远门

　　通远门，位于城西七星岗街道的中山一路侧，古为渝城陆路通往成都等远地的唯一大门，故称通远。城门建于明洪武初，此门形势险要，位居重庆城最高的山脊之上，门前是陡峭的深沟和埋人的荒地，旁无左路可寻，依重庆半岛的地形看，恰处咽喉要道。通远门由条石砌成。据清张云轩《重庆府志全图》示：原为内外门组成的瓮城，即城外之城，又名月城。《武经总要前集·守城》："其城外瓮城，或圆或方视地形为之，高厚与城等，唯开一门，左右各随其便。"旧时的外门北向，门额刻"通远门"三大字，城上有门楼等，惜20世纪20年代末30年代初修公路时拆毁外门。故我们现在看到的城门是原刻"克壮千秋"四字的通远门正门，又因年代久远上述四字早已不存，近年复修通远门正门时，在正门上改刻"通远门"三字。正门西向，略存旧貌，双层拱形门洞，两门洞间隔有便于采光的天井。门上原有的重檐歇山顶门楼等不存，两侧尚见当时的残城墙百米许。城墙下的两隧道看似门，其实不是门，它是20世纪40年代修的汽车通道，名"和平隧道"。

重庆的九开门中尤以通远门最险，三面悬崖，一面接陆，是陆地入城的最后一道军事屏障，其军事价值极高。它与水路的朝天门一前一后遥相呼应，数为兵家必争之地。史载张献忠就是从此门攻入重庆城的。

清末，重庆蜀军政府成立，也与通远门相关。革命党人朱之洪奉杨沧白之命，出城迎接夏之时的革命军时，即是由通远门出去的，只不过是跳墙而出的。1911年11月22日，革命党人况春发，乘中午守城清兵吃饭之间人少之机，与留守的士兵周旋，相机将通远门城上大炮的保险针卸下，以配合夏军的到来。此时，朱之洪率领的体育学堂学生军，手持假炸弹鱼贯而至，逼退清兵，破锁开城。下午5时，夏之时率领的革命军数百人，手执"中华民国""复汉灭满"大旗与三门火炮一道，列队入重庆城。当晚，重庆蜀军政府通电全国，宣告成立。

1927年3月31日，震惊中外的"三三一"惨案，也发生在通远门附近的打枪坝。

《通远门史话》

❖ 冯庆豪：车水马龙东水门

东水门，位于东正街一号。明洪武初年建。它与通远门一样，是重庆城九开八闭十七门中仅存的两门之一。谚语曰："东水门，有一个四方井，正对着真武山，鲤鱼跳龙门（南岸龙门浩）。"因城门朝东，与东去的长江流水同向，而得名。条石城垛及门大体如旧，为单门，门洞呈拱形，宽3.2米、高5米、厚6.7米，门额上的"东水门"三字已风化。从1902年英国人阿绮波德·立德夫人拍摄的照片看，门楼非常壮观：二重檐歇山顶，抬梁式梁架，正脊中塑有亮丽的宝瓶，脊两端高翘鸱尾，房面飞檐，檐下四角支雕花撑拱，惜哉，门楼毁于民国。旧时门前的一长坡石梯还在。城墙高六米许，蜿蜒连绵长200余米。若沿江边眺望此门，仍不失当年雄关威风。

▷ 东水门外的旧景

东水门外是大码头，南来北往的各地客商不断。这在1911年德国驻渝总领事韦斯·里茨夫人拍摄的城墙外景照片内，可见一斑。江边的数条石板路上，人流不断：有不少肩负水桶的挑水夫，有头戴瓜皮帽及毡帽、身穿长衫马褂的行商，有乘轿的贵人，有其他来去匆匆的各色人等。东水门内是昔日重庆最繁华的地区之一。这里商贾云集，大小店铺林立，山货、广货、苏货、杂货等一应俱全。长江上下游的船客多在这里上岸。再加上本来重庆城内的人要去南岸，多要从此处下河，故平时人流不断。加上道、府、县衙也与之不远，其远道而来的达官贵人、各地客商，常歇息、游逛于斯。再者城门附近的各省会馆，常年不断的庆典活动、酬神演戏，更使东水门一带热闹非凡。重庆八大会馆在这里就占了一半，即湖南、湖北籍的湖广会馆，江苏、安徽籍的江南会馆，广东籍的广东会馆，江西籍的江西会馆（后迁陕西路）。

东水门及其附近的会馆建筑群，虽历数百年风雨，仍不失为旧日重庆的象征。鉴于其科学、历史、艺术等的价值，近年有关部门出巨资，恢复了湖广会馆、广东会馆昔日的光彩。其东水门和一侧的湖广会馆建筑群，也被国家公布为全国重点文物保护单位。

《车水马龙东水门》

❖ **魏仲云：** 大坪七牌坊

昔日重庆的牌坊、碑碣甚多，据民国《巴县志》记载，仅明清时期的就有118座之多。牌坊、碑碣，在石上镌刻文字，勒石志铭，古代是作为纪念物或作标志的。秦代称为"刻石"，汉以后称"碑"，牌坊则有碑状立柱石坊、雕刻精美的门额和门联，多是封建时期的官僚为彰扬其德政，树碑

▷ 大坪七牌坊

立传，名垂后世的。重庆遗存的牌坊以佛图关下的大坪最为集中。大坪的七牌坊形成了以节孝坊和德政坊为主的牌坊群，称"总节孝坊"。始建于清道光二十四年（1844），清光绪十四年（1888）曾重修。

七牌坊，位于大坪正街菜市场内，以最初有七座大牌坊而得名。以后在佛图关通往成都的东大路官道两侧，牌坊越立越多，形成"总牌坊群"，随着岁月沧桑，有的毁塌，有的石坊门额被拆除，而今仅存没有石坊门额的石碑20余块，据史料记载：昔日大坪七牌坊地处古城通远门经佛图关通向成都的官道东大路的交通要冲。官道两边，牌坊沿道林立，蔚为壮观。因牌坊门额上都铭刻着皇帝的圣旨，无论官阶多高的官员，到此都要停轿下马。

现遗存的碑碣分布于东西走向、近百米的农贸市场两旁。有清朝同治川东道台钖韦卿和觉罗恒的德政坊，有同治十六年川东道台钖珮立的安民坊，有清嘉庆十六年官府为巴县县民103岁的寿星杜子宜立的升平人瑞坊。更多的是为贞女节妇孝子立的节孝坊。碑体均为优质青石，碑首青龙浮雕，铭文为阴刻楷书或隶书，工艺精湛。碑高一丈八，宽五尺，厚一尺许，历经一个半世纪的风雨剥蚀，有的碑文依然清晰可辨。

《老重庆的街巷》

❖ 唐维华：历史丰碑解放碑

在重庆市渝中区最繁华的商业中心民族路、民权路、邹容路三大干支交会的十字街口，屹立着重庆市标志性建筑——解放碑，它不仅是全国唯一的一座纪念中华民族抗日战争胜利的纪念碑，也是重庆半个多世纪以来，从精神堡垒到抗战胜利纪功碑、人民解放纪念碑这段风雨历程的历史见证。

抗日战争全面爆发，国民政府西迁重庆。为了动员民众抗日救国，于1939年3月开展国民精神总动员运动，并决定在市中心繁华地带建一座象征抗战到底的决心、弘扬御侮精神的建筑物，定名为"精神堡垒"，由国民精神总动员会、新生活运动总会等四单位发起并负责筹建，地址选定在市中心繁华地带的都邮街十字路口上。1940年底，"精神堡垒"破土动工兴建，1941年12月20日竣工。堡垒为木质结构、四方形炮楼式建筑，通高7.7丈（约25.67米），含纪念"七七"抗战之意，共五层。为防日机轰炸，外表涂成黑灰色。柱底面向民族路一方，题有"精神堡垒"四字。地面空地，辟作通衢广场，"精神堡垒"成为陪都各界及当局举行庆典、集会的场所。以后因日机轰炸倒坍拆除，利用原地辟成街心草坪，当中立一根旗杆悬挂国旗。

▷ 抗战胜利纪功碑

1945年8月抗战胜利后，市政当局决定在原"精神堡垒"的旧址上修建"抗战胜利纪功碑"，"以永垂纪念"。该碑于1946年12月31日动工兴建，1947年8月竣工。碑高27.5米，为八角形柱体盔顶钢筋混凝土结构，十分坚固。碑身呈八棱形，共八层，内有螺旋式铁质楼梯，可达顶端。顶部四面有"标准钟"。碑的正面面向民族路，镌有"抗战胜利纪功碑"七个鎏金大字。

1949年11月30日重庆解放。1950年7月7日，重庆市人民政府布告，改变市中心区部分街道名称，并将抗战胜利纪功碑改为人民解放纪念碑。10月1日首届国庆节日，由西南军政委员会主席刘伯承题写"人民解放纪念碑"碑名。改建后的解放碑，仍保存原碑体结构，环碑座辟建了圆形花坛。解放碑成为重大集会、重大节日庆典之地。入夜，碑顶上的华丽灯光与商业区彩灯、霓虹灯交相辉映，把山城装点得格外美丽。

《历史丰碑解放碑》

❖ 冯庆豪：古建筑珍宝湖广会馆

重庆是一座著名的工商业大都市。在这高楼林立的城市中心区，却隐匿着一大片造型古朴、典雅、雕饰精美无比的建筑群——湖广会馆，又名禹王庙。

湖广会馆，系湖南、湖北籍人士集资兴建的驻渝工商行帮机构，在历史上曾与驻渝的其他工商机构即所谓"八省会馆"名噪一时，连历届官家也不敢小视。

此会馆建筑规模宏大，占地面积达数千平方米，大门位于东水门附近芭蕉园街一带；后门在太华楼巷。四周绕以高墙，墙内殿宇巍峨，曲径通幽，其建筑古色古香，其装饰华美绝伦。是目前国内少见的早期大型会馆实物，始建于明末，经清代多次葺缮。

会馆主体建筑之一，在东正街4号内。这里殿宇排列有序，由下往上为前殿、天井、戏楼、看厅。前殿重檐悬山顶，梁架用材粗大，枋上承稀见的如意斗拱和六铺斗拱，梁间施驼峰等。巨柱之下，是鼓形石础，额枋浮雕是造型生动的群龙和双凤朝阳等图案。

出前殿过天井即是戏楼，此戏楼保留了我国早期戏楼的部分建筑风格，为三面外伸式的雏形。戏台外凸，侧配乐鼓手所在的小厢楼，台面离地面高二米多。楼面雕刻精湛，额枋浮雕戏剧人物，有降龙、伏虎二罗汉等。撑拱镂雕梅花鹿及卷云，且多施金粉，更显辉煌。

后殿紧连天井，其殿宽敞高大，木结构抬梁式梁架，面阔三间，两山墙面各见一造型硕大的曲拱。殿内脊檩饰圆雕龙头，下承巨大驼峰，峰面刻如意卷草。普柏枋、阑额呈"T"字形，是早期造法的实例。前柱施六铺作斗拱各一朵。柱枋间置前紧后缓形若鸟翅飞展的雀替。前檐枋正对戏台面刻长幅戏文故事，似为佛经故事，有观音坐莲台，还刻群仙人物等，且衣着古朴。据此可知该殿应属与戏楼配套的看戏厅。厅内枋上还雕二龙供香及几何、瓶花图案等，造型美观。

此公所最具特色的建筑要数靠河边方向的戏楼。该楼飞檐翘角，木结构琉璃瓦歇山顶，为清代常见的三面外伸式。戏台外凸，宽7.5米，深9.2米，戏台高2.8米。八角莲花础石，柱上存镂雕硬木撑拱，角梁见圆雕龙头和飞鹰。戏台三面刻饰精美，卷棚檐下额雕有长幅戏文故事，墙面几乎遍布图案，有"博古图""鱼樵图""杂宝图"以及寥寥数骑大战的场面和城廓墙垣、山水小景等。从乐鼓手在后台的位置始，绕两侧耳楼也见精湛动人的浮雕图案，除花草几何纹外，主要刻当时国人熟知的二十四孝人物故事，如"董永卖身葬父""寿昌弃官寻母"等等。而每一孝顺故事的边框均饰蝙蝠，寓意孝则有福。

颇为奇观的是齐安公所主体建筑两侧高墙，上下数十米，随房顶高低起伏，似游龙飞动，加之琉璃筒瓦，在阳光下色彩斑斓，远眺若双龙锁大江之势。

沧海桑田，社会变迁，威重一时的各地会馆多已不存，故劫后余生的湖广会馆，更显珍贵，透过它们可以折射出重庆发展的一个侧面。

《繁华都市中的古建筑珍宝湖广会馆》

❖ 刘英：八路军重庆办事处旧址

曾家岩50号周公馆，坐落在重庆市渝中区中山四路的东端尽头，它依岩垒石而建，是一栋带有大小两个天井的砖木结构、两楼一底、中西合璧式的建筑，占地面积882平方米。这里原系重庆地方人士赵少龙的宅院，抗日战争时期因中共首席谈判代表、国民政府军事委员会政治部副部长周恩来在此办公而称"周公馆"。

1939年1月，中共中央南方局在重庆成立，因人员增多考虑到办事处住房紧张，曾家岩地处市区，靠近国民政府，会客访友和与各界人士接触都很方便，十分有利于开展工作，邓颖超遂以周恩来任国民政府军事委员会政治部副部长身份的名义，租用了曾家岩50号主楼的底层和三楼的全部以及二楼东边的三间房屋，对外称作"周公馆"。这里实际上是中共中央南方局部分机构所在地，南方局军事组、文化组、妇女组、外事组和党派组均设在里面。中共代表周恩来、董必武、叶剑英、林彪、王若飞等人在渝期间也常住于此。八路军驻重庆办事处派有专人在这里负责日常事务和安全保卫工作。

曾家岩50号周公馆大门外，是一条幽深的狭窄的石板小巷，东面经国民党警察局派出所通向嘉陵江边，西面则过戴笠公馆门口通往上清寺，朝北可通往国府路。

位于周公馆西边百米之处是国民党军统特务头子戴笠的公馆，东边隔墙是国民党警察局派出所，常有一些由国民党特务装扮的小摊小贩来回游走，对进出周公馆的各种人物进行监视盯梢。当年有周公馆馆长之称的祝华回忆说："自从我们住至这里后，冷清的小街顿时添了不少常客（特务），从早到晚轮流坐在那里，监视我们的出入，还常有一些由国民党特务装扮的小摊小贩来回游走，对进出周公馆的各种人物进行监视盯梢。"

为了使来这里的各界人士和地下党同志能够准确地抵达，避免找错地方，避免因问讯而遭到国民党特务的拘捕，周公馆的同志便用白油漆在深灰色的门柱上写下了"曾家岩50号"几个大字，灰墙白字十分醒目。虽经半个多世纪的风雨侵蚀，"曾家岩50号"几个字至今仍然依稀可见。

《环境险恶的曾家岩50号》

❖ **魏仲云：** 名噪巴蜀的天官府街

渝中区通远门内，有一条名叫天官府的老街，全长不过400余米。因明朝一权势显赫的吏部尚书（明代吏部尚书参与军机，列百官之首，称为天官）蹇义的府邸建在这里，故名天官府街，一直沿用至今。

天官府建于明朝宣德八年（1433），是一座豪华富丽、规模宏大的官宦府第。从清代绘制的《增广重庆地舆图》上，可见其堂皇气派。按王爵的规格，屋宇相连，楼台亭阁，分三级倚山而筑，一直连绵到南纪门山坡上。府正厅中堂之上，高悬着宣宗皇帝朱瞻基御笔题写的"一个臣"大字的鎏金匾额，两边是"祈天永命天官府，与国休戚国老家"御笔题写的楹联。建筑所用的琉璃瓦，是皇帝降旨在巴县凤居沱建瓦窑"赐厂"特制的。

天官府主人蹇瑢，重庆人，深得明太祖朱元璋的赏识，亲自为他改名蹇义。他是四朝元老，职同宰相，73岁病逝后追赠为太师，其殊荣是古来罕有的。名噪巴蜀的天官府历经明清两代，直到辛亥革命时才废圮倒坍。

天官府街名声远扬的另一个原因是，这条街的7号（现门牌8号）是郭沫若领导的军委会政治部第三厅和文化工作委员会的机关驻地。4号又是中国新文化旗手、文学大师郭沫若的旧居，名"天庐"，为一楼一底砖木结构。1940年7月3日被日机炸毁后修复。当年，天官府街是中共南方局领导下陪都民主力量和进步文化界名流荟萃之地，周恩来、王若飞、董必武都是常客，人称"第二红岩村"。

《老重庆的街巷》

❖ 胡昌健：成渝古道必经之处——佛图关

重庆母城是一个"半岛"，三面环水，仅西部有陆路通往川西。佛图关在重庆母城西，在还没有今天的两杨公路"七孔桥"时，佛图关是进出重庆母城的必经通道。《巴县志·厄塞表》："渝城三面抱江，陆路唯佛图关一线，壁立万仞，磴曲千层，两江虹束如带，实为咽喉扼要之区。佛图关能守，全城可保无恙。"

佛图关之名，至迟得于南宋。《宋史·张珏传》："大兵会重庆，驻佛图关。"《元史·伊克德济传》："十四年（至元，1277）从围泸州，攻神臂门，先登拔之，从行枢密副使布哈攻重庆，屯佛图关。"说明南宋军队与蒙古军作战时，重庆已有关隘名佛图关。佛图关上，巨岩壁立，便于摩崖镌刻。既名佛图关，说明宋时关上应有佛教造像，但宋代造像已不存。明代曹学佺在《蜀中广记·名胜记·上川东道·重庆府》中记载："《志》云，治西十里石壁绘佛像一，径仅容舆马，即佛图关也。"即至迟在明代，佛图关上绘有佛像，而不是石刻造像。

▷　佛图关的仁清门

▷　重庆万州石拱桥

佛图关历代题刻甚多，但我们今天所能见到的题刻，多为晚清、民国间题刻，清以前的题刻大都剥蚀不清了。诸题刻大略可分两类，一为歌功颂德类，如"恩周存殁""廉明慈爱"题刻；二为名言警句类，如"愿吾民，敦孝悌，勤职业，崇简朴，息争讼""竖起脊梁"等。

抗战间，国民政府西移重庆。1938年，国民党在佛图关办中央训练团，曾将佛图关改名为"复兴关"。重庆市人民政府成立后，将此三字铲掉。

《佛图关历代石刻》

❖ 胡人朝：罗汉寺古佛岩摩崖造像

罗汉寺位于渝中区小什字，距今已有900多年的历史。抗战期间，罗汉寺全部被日机炸毁，抗战后重建。

罗汉寺最初名治平寺（因北宋治平年号而得名），庙宇宽敞，有藏经阁、西湖池等，明朝天启年间，加以维修并植树造林。庙门前至今还保存有重庆太守余新民题的"西湖古迹"四字碑。清朝时，又在原有殿宇的基础上新修了五百罗汉堂，正式改名罗汉寺。据清王尔鉴《巴县志》记载，该寺建于北宋治平年间（1064—1067）。康熙五年，总督李国英重修。乾隆十七年因前殿圮，改建龙神祠，寺旁有李公祠。明曹学佺《蜀中名胜记》记载："治平寺有石刻'西三佛'三字，旁刻开山祖月名，祖月宋治平时僧也，有罗汉，先天二洞，皆古洞。"治平为宋英宗年号，经历四年，寺以创建时帝王年号命名。清光绪七年（1881），何元普在《德泉禅师重建古佛岩道场记略》一文中说："古佛岩者，请之德泉禅师卓锡道场也，在渝城内，旧名罗汉寺。"罗汉寺的罗汉堂以五百尊神采奕奕的罗汉塑像而著名。进罗汉寺的通道两旁的古佛岩的石壁上至今仍然保存石刻造像，唯洞内（应作龛或窟）的造像不知毁于何年。龛窟的围沿也尽刻佛像，所有佛像均被风蚀，尤以西壁风蚀最为严重，造像面目衣折花纹模糊。

在古佛岩石刻造像中，以佛涅槃像（俗称"睡佛"）、菩萨、罗汉、观音等大小400余尊以及龙、虎、象等石刻造型的艺术风格与大足宝顶山石刻相类似，其时代也大略相近。

《罗汉寺古佛岩摩崖造像》

❖ 达应建、顾卓娅：东华观藏经楼

东华观藏经楼位于渝中区凯旋路64号，始建于元，重建于明，据民国二十八年（1939）所编《巴县志》记载，东华观修建于元至元年间（1335—1340），明天顺七年（1463）、正德十一年（1516）重修，据《蜀中名胜记》引《旧志》云："城中有东华观，观后有东华十八洞，皆相通，相传东华真君于此得道。"当时的东华观殿宇三重（下殿、正殿、上殿），内设殿堂九个和藏经楼，还有花园、住客、库房六大间，1926年被大火烧后，余下的庙宇和住房仅有原面积的三分之一。原下殿庙大门口两边石柱刻对联为"看涂山云影飞来无限天光供一府，问字水梅花开放几分春色到三巴"（三巴重镇摩崖石刻至今在较场口红岩幼儿园后面的岩壁上，字径均约一米，完好可识，但刻年无考）。规模宏大，巍峨壮观，长住道士五人，极盛时来此进香挂单道士及居士达千余人。观外有专门出售道冠、道袍、器具的三条街，街名为"道冠井"，是当时重庆府地区建筑最早的全真龙门派著名的道观。

藏经楼原貌尚存，是一座重檐歇山式建筑，殿顶盖黄色琉璃瓦，正脊和垂脊为绿色琉璃瓦，脊上饰精巧的龙、狮、狗等动物，栩栩如生。翘檐雕梁画栋，殿屋五间，建筑用材考究，是重庆市区、县唯一未变形的古老木结构建筑。楼上原供奉玉皇神像，楼下有铜铸神像。

《道教建筑——东华观藏经楼》

❖ **魏仲云：**登云顶寺，可览巴渝全胜

云顶寺为重庆著名寺庙之一，建于明宪宗成化年间（1465—1487），距今已有500多年。云顶寺坐落在歌乐山主峰之巅，海拔678米，为重庆西部高点，自古为渝州登高俊赏的胜地。《巴县志》载"登古寺可览巴渝全胜"，就是指此。

昔日云顶寺，松柏掩映，古木参天，气势雄伟壮观。加之常年云缠雾锁，寺前后三重，为重檐歇山式明代建筑。进山门有钟鼓二楼，中间为川主殿（供奉佐父治水的二郎神像）。第二进为大雄宝殿，中间是大佛塑像，两侧为十八罗汉。大雄宝殿后面是皇经楼和禅房。大殿角檐飞翘，翘角檐下挂12个精致铜铃。

原寺庙的左侧有"龙泉"，深不见底，泉水清澈，终年不涸。水声淙淙，声如珮环。寺前有一口形似马蹄的井。昔日寺中香火旺盛，善男信女抚摸寺旁形似锅和锣的巨石后，在泉边洗手才入寺焚香膜拜。如今龙泉已涸，马蹄井和锅锣二巨石仍在。

寺外有著名的"歌乐山寨"，是1898年地方乡绅防避余栋臣义军而修筑的。方圆里许，前后两道山门，石砌寨墙十分坚固，现残垣和寨门还依稀可见。秋高气爽的重阳佳节，城里民众纷纷携酒食到此登高赏景览胜。现在，但逢秋高气爽，你若在寺前远眺，可见半岛的山城，浮于江面，绿树层楼，街市回旋，两江碧波滚滚，秀丽景色尽收眼底。如逢盛夏酷暑，这里又是避暑消夏的好去处。寺周围3000多亩密林，绿荫叠翠，松杉翳日，林壑幽美，气温比山下低二至三摄氏度。除了山、水、泉、洞的风景资源外，云顶寺周围还有不少稀有树种，有称为活化石的水杉，有抗战时期引

进培植的世界稀有的美国松，有重庆市的"黄桷王"，高18米，胸径2.7米，冠覆盖面积两亩半，树龄已达200多年。

《古刹云顶寺》

❖ 朱俊：远眺菩提金刚塔

　　说起重庆这座金刚塔就不能不提到西藏的诺那活佛。诺那原名嘎纳，后为出入内地传教方便而改名诺那。诺那五岁时曾师从一位名叫觉仁的大成就者，20岁时便通学了梵藏语法（声明）、逻辑（因明）、工世美术（工巧明）、医学（医方明）和佛学（内明）等。24岁时升任藏传绍红教祖师。1926年诺那活佛来到北京，在九世班禅寓所与北洋政府的参事、四川人李公度不期而遇。二人一见如故，相谈甚是投机。事后李公度又将诺那活佛介绍给川康边防总督刘湘，刘湘闻之后立即电请李公度礼迎诺那入

▷ 菩提金刚塔

川。1926年冬，诺那一行在李公度等人的陪同下经武汉来到重庆，住了三年。其间举办了多次法会，弘扬藏密。此外他还遵循教义弘扬佛法，大力兴办慈善事业，为穷人治病，为逝者诵经。1930年重庆市区的这座菩提金刚塔就是由潘文华、潘昌猷等出资，在市政府和民间的努力下建成的。金刚塔修成之日，当时已不在重庆的诺那活佛还亲率近百名西藏喇嘛专程来到重庆参加了佛塔的开光仪式。据说金刚塔开光那天重庆出现了一个难得的大晴天。在山城众多信徒虔诚的目光注视下，诺那活佛从容上台开始了主持仪式。

此塔在结构和造型上有一定特点，塔下为一方形台座，有如钟鼓楼的城台状。东、南、西、北四方各有四个云雷纹圆形石柱。柱上镌刻"尊胜庄严""大清静幢""成就菩提""犹如金刚"十六个汉字。塔底四周刻"阿弥陀经""往生咒""碑记"等。第二层正面的隶书"菩提金刚塔"五个大字不知出于何人之手，但却显得雍容富贵，落落大方，为此塔增色不少。其余三面皆镌藏文经言。因内地人士中能识藏文经卷的人可谓凤毛麟角，所以当地曾有传说，如果有人能将此塔身上的字全数认出，塔门将自然打开，内中的金银财宝就属于他。据史载，塔内不过藏有一些佛像、数卷藏文佛典、佛经而已，并无传说中的金银财宝。金刚塔塔顶为金刚杵造型，简洁雄壮，气势非凡，据说从前塔顶周围还环绕了108个金刚铜铃，风吹铃动，叮当作响，如诉圆融之无碍、佛法之无边。

金刚塔的建成大大推动藏传佛教在重庆的普及和发展，特别是在整个抗战时期，汉传与藏传、南传佛教得到空前沟通和融合。20世纪30年代早期，中国佛教协会在重庆成立了领导机构。抗战开始后，日机狂轰滥炸，太虚大师、章嘉七世等联合在重庆发表了《通告全国佛教徒加强组织以抗倭书》，深得信众拥护。慈云寺、罗汉寺等还派出了以澄一为总队长，觉通、乐观为副总队长，并由诸多青年僧侣组成"僧侣救护队"，编入陪都空袭服务总队，赶赴灾区抚慰受难同胞，张贴标语鼓舞士气，发放赈济物资，协助收容难民。可以说这支僧侣救护队在空袭服务总队中发挥了极其重要的作用。不仅如此，中国的佛教国际访问团还利用出访东南亚之机，致电缅甸、越南、印度等地的佛教徒，谴责日军暴行，"日本军阀半月以来狂轰重庆，不惟各大学等文化机关概受摧残。12日，且将重庆佛教古刹长安寺、罗汉寺炸毁，可知日本常自视为佛教国，全属欺骗的伪饰"。并呼吁全世界佛教徒"速起共灭此破坏佛教之恶魔也"。1942年11月，虚云大师应重庆各界之邀，第三次在渝举行护国息灾法会，蔚为一时之盛。

《远眺菩提金刚塔》

❖ 赵子明：重庆南温泉纪游

重庆有南北温泉，名闻远近；南温泉距重庆南45华里，有川黔公路局特备游览专车，来去其间，往返一日，从容畅游。唯北温泉，距重庆120华里，仅水路可达，往返需时，有职业者，非请假专往不可，平时未克游也。是交通之促进，不啻启迪文化，抑且缩短地域，增加人类工作时间焉。

某星期日，天气晴朗，约友同作南温泉之游，清晨自寓出发，南渡扬子江（重庆三面环水，西通成渝公路），晨间渡头熙来攘往，不知为名忙抑或为利忙也。重庆市区，人烟稠密，空气混浊，无以复加，而隔江南岸适得其反，山高林茂，风景绝佳。过江时，正旭日拊东山脊上徐徐而升，滔滔江水，映成金红光芒，辉耀万丈，对岸青山绿黛，起伏蜿蜒，山峰半为朝雾所封，犹如处子肩披白纱，临风而立。移时，船泊岸畔，地名海棠溪，为川黔公路之起点。

川黔公路局，鉴年来游南泉游客，日益众多，乃拨专车，自晨8时起，迄午后5时止。来往载客，备形忙碌。票价为国币六角，尚称低廉（因无车通行时，坐二人抬之滑竿轿，需价八角，费时三小时），车身宽大，色漆杏黄，窗帘翠绿，诚为美观。唯座位乃为长条排列，无处倚攀，当车行时，颠荡不安。若能改成横排座椅，旁置扶手，则较安适。登车后半小时，即抵渔洞溪。自渔洞溪至南泉，尚有五里水程，溪水澄清，两旁花木成荫，鸟语花香，景物幽绝。是溪名为花溪，载舟其间，不啻置身桃源仙境。溪之中途，有名"飞泉"者，当雨量多时，有瀑布自山顶泻下，皓白如雪练，势如万马奔驰，蔚为壮观。

温泉复有大小两处，大温泉为南泉公园所办，范围较广，有食堂旅舍。青年会并设有招待所，旅食均尚便利清洁。小温泉则为当地人阮姓所建，周围环境则较大温泉为良。吾等一行，先至大温泉，浴室有游泳池，及房间盆池之别，出钱二角，购票入池，池在屋内，惜壁窗仅开一边，空气不能调协，光线亦欠充足，为美中不足。水之温度，高于人体，闻含硫黄质颇多，能疗皮肤病。池长15米左右，宽十米，水深七尺，浅处仅三尺，池面以粗石铺之，因瓷砖来自海上，成本过昂，不易办也。池中男女共游，毫无顾忌，不若重庆市区青年会之游泳池，拒绝男女同游，规定男女游泳时间，且不许男子参观女子游泳池，而穷乡僻境之南泉，竟公开如此，而都市之重庆，又复顽固若彼，吾不解也。

游半小时许，已觉疲倦，因温水游泳，颇易乏力，相继出池，入田家饭店午餐，虽青菜粗饭，群皆风卷残云，尤胜山珍海味，故运动能增饭量，其效真如百灵机药片之有意想不到之功也。

大温泉侧有公园，亭榭林立，绿茵满池。园中有篮球网球场各一。园前有石桥名曰五洞桥，桥面宽大，立于桥上，仰观山色，俯听泉声，游人垂钓其间，颇饶逸趣。

泛舟，游水后，继以玩山，山中多苍松，姿态如游龙飞舞，新经雨后，清香由风中送来。山顶有石亭，名通惠亭，乃纪念士绅赵资生而筑。由亭中俯观花溪，碧波盈盈，一舟一桨，徐徐推进，斯景如画，流连忘返矣。

《重庆南温泉纪游》

❖ 张礼旗：巴渝名胜歌乐山

歌乐山，因山势雄伟壮观，峰峦叠翠，松杉翳日，风光旖旎，幽静秀丽，而成为文人荟萃之地。民国时期，冰心的散文，臧克家的诗歌，傅抱石的绘画，柯璜的题刻，以及田汉、郭沫若、阳翰笙等文人墨客也在山上结有盛缘。

由于日寇的狂轰滥炸，1937年国民政府从南京内迁重庆，将重庆定为陪都后，歌乐山成为了国民党的中枢要地，机关林立，官邸别墅遍布。行政、立法、司法、监察等院，财政、军政、交通及中央党部等部，国库局、中央、中国等四大银行共60多个部、委、局、会、处机构设在歌乐山。随后，蒋介石将歌乐山山洞双河桥、大田坝、石岗子、游龙山、新开寺等处1000多亩土地辟建别墅。各种各类公馆、别墅遍布山间，歌乐山成为战时达官显贵的"世外桃源"。当时，一家报刊登载讽刺诗一首："密林深处好避兵，春风依旧秦淮情。郑声飞去逐流水，雀战罢时闻晓莺。哪见千城劫大遍，可怜万户乱尸横。回头歌乐神功在，逆雾妖氛一扫平。"

歌乐山名胜古迹甚多：明代所建古刹云顶寺，位于歌乐山顶峰，以寺坐落在白云缭绕的山巅得名。原寺为三重殿，供奉李冰次子二郎佐父神像和释迦牟尼等佛像，中殿翘檐下悬挂12个精巧铜铃，山风吹拂，松涛与铃声呼应，形成"歌乐灵音"，时为"巴渝十二景"之一。惜古刹毁于1958年。今歌乐山云顶寺主峰北坡，建有楠竹墙瓦，苍松掩映"白云山屋"，有小如凳、大似伞的"蘑菇亭"，有如匍匐迎客、憨态可掬的"龟背亭"，有踞危岩的"金山门"、树干树皮搭造的"树根亭"；主峰南侧，有巨石拱卫的"西岗门"、直指蓝天的"渝西柱"，还有"灵芝亭""马蹄井""栈桥""井形茶楼""观景楼"等。山顶还建有长110米，宽5.7米，描绘巴人传说、历史，表现寻根意识的大型石雕壁画《巴人之舟》《祭祀》《五丁大石》。云顶寺周围石崖上，有林森和著名书法家柯璜题刻的"狮岩""翠岩""云根""云山九叠""大禹会诸侯于涂山，召众宾歌乐于此""歌乐山头寻禹迹"及冯玉祥悼念"荣军之父"段绳武的摩崖诗刻；还有二郎治水观察汛情的"二郎台"；有清咸丰三年（1853）为当地乡绅防范余栋臣义军侵袭而建的"歌乐山寨"，以及古战场"二郎关"。站在老鹰岩、游龙山山顶可览山城近景。晴日登云顶寺，但见"云顶烟云"；登顶峰观日出，可俯览巴山渝水，嘉陵江水碧波、帆影点点；晦日观苍松云海，下雪天登临观雪景，则满目银装，入夜可视山下万盏明灯。

《旅游胜地歌乐山》

❖ 唐维华：巴蜀第一条铁路——北川铁路

北川铁路为一条简易的轻轨铁路，位于重庆市北碚区以东，嘉陵江北岸，南起白庙子，北至大田坎，全长16.5公里，是一条以煤炭运输为主，兼代客、货业务的小轨火车专用线。由于当时那条铁路行政区域在江北与合川界内，故定名为"北川铁路"。它是四川铁路最早兴建的第一条铁路，因而被誉为四川铁路的"鼻祖"。

修建北川铁路的发起人为江北县知名人士唐建章。他曾就读于北京大学，后又留学美国，1913年毕业于美国康奈尔大学电机系、哈佛大学机械系，获硕士学位，工程师职称。回重庆后任川东联立甲种工业学校校长。他深感当时那种落后的交通状况不利于煤矿业的发展，于1925年初，联络江北、合川士绅文化成、唐凤来、张芝耘、李云根等，倡议沿华蓥山脉西翼的西山煤厂修筑一条轻便铁路，用火力运输代替人力挑运，以促进沿线煤炭生产的发展，筹组北川民营铁路公司，由唐建章任董事长。筹备组聘请了测量工程师刘杰（又名刘竞之）负责勘测事务。当年10月，刘杰测完全线并对铁轨的筹办费等进行详细的概算，预计需钱24.5万两，而发起人仅筹银5万多两，致使铁路因资金短缺迟迟不能开工。1927年，唐建章邀请接任江、巴、璧、合峡防团务局局长、民生实业股份有限公司总经理卢作孚参与修筑北川铁路（当时黄桷镇属江北，文星场属合川县），卢作孚慨然同意。民生实业股份有限公司第一次向北川铁路投资5000元，加上当地和重庆一些实业界人士的响应，共集资4138万元，于1928年初新组建了"北川民业铁路股份有限公司"，并聘请丹麦铁路设计专家、原中国胶济铁路总工程师守而慈为北川铁路总工程师，负责勘察和设计。

1928年11月6日，北川铁路水岚垭至土地垭8.7公里的第一期工程正式开工，历时一年于1929年11月6日便完成并通车营业。从此，巴蜀大地上第一次响起了火车的汽笛声。

1930年秋，又开工修建由水岚垭至白庙子和土地垭至戴家沟两段总长4公里的北川铁路第二期工程，1931年5月完工通车。

1933年6月至1934年3月底，完成了戴家沟至大田坎和白庙子码头重力绞车下煤轨道的北川铁路第三期工程，4月举行了通车典礼。至此，长16.5公里的北川铁路全线通车。

《巴蜀第一条铁路——北川铁路》

❖ 袁守荣：重庆第一条客运缆车

抗战时期，国民政府西迁，重庆成为战时首都，集军、政、工商于一地，城市人口由战前34万人，增至1939年的50多万人，城市交通问题遂成为市政当局迫切需要解决的问题之一。当时城区两江三岸，全仰仗客运轮渡和分散于两江沿岸的木划子为交通工具连接。但沿江码头高差70余米，人们出行即爬坡下坎，运输全恃人力，既耗时，复多费，尤非战时所宜。为谋行旅之便，增货运之量，国民政府经济部、市政府及中国桥梁公司等，爰于1944年初，发起兴建登坡客运缆车。3月，发起人邀集重庆银行界和重庆轮渡公司等组建客运缆车筹备委员会。5月，成立重庆缆车特种股份有限公司，聘茅以升担任公司总经理兼总工程师，聘梅旸春为副总工程师，着手缆车工程筹建。

在茅以升的主持下，经过实地勘察，设计出望龙门码头、嘉陵码头、临江门码头等处登坡缆车若干种，分置沿岸，运用动力运输上下客货。后经缆车公司董事会研究，最后决定首先在客流量较大的望龙门码头动工兴建。待取得经验后，再谋发展。根据董事会这一决定，茅以升即主持望龙门客运缆车的设计与施工。

建造码头缆车虽非巨大工程，但在国内尚属首创。当时香港虽有缆车，然上下全系山路。而重庆拟建的缆车要求直达江边，要受江水涨落的制约。同时受战争影响，建材物资匮乏，工程材料必须从实际出发，就地取材。

茅以升主持设计的望龙门客运缆车考虑了以上因素，设计该缆车结构系以钢索系车，车行于钢轨之上，下以斜形钢筋混凝土高架旱桥承载，车用缆牵，缆由机挽，运用电力驱动。缆车从望龙门马路直达长江边，全长178米，站房建筑面积427平方米。由于滨江地段水流湍急，较小泵船只以锚碇，江边车站选址在轮渡泵船后30米，其高度至洪水期轮渡不能开航的水位处，建筑钢筋混凝土停车场一座，供乘客下上和候车之用。缆车道顺原筑码头阶梯之上，建筑斜形高架钢筋混凝土旱桥，宽2.6—3.5米不等。旱桥设12孔，孔长各8米，桥上铺设双行钢轨，中心距2.8米。桥柱高度2—12米不等，柱基深入坚层，以期牢固。

经茅以升等精心设计与施工，望龙门客运缆车于1944年7月动工兴建，至次年4月完成土建及机电设备的安装。经调试运行，5月中旬正式投入载客营运。

该缆车道配有60千瓦滑环式电机一部作动力。两个各载客50人的车厢往复运行，交互上下。另附刹车，以策安全。为防止突然，还备有应急内燃发电机一台。开业后，缆车每小时对开10次，日开行10—12小时，日运客1万人次。

▷　人潮涌动的望龙门

▷　望龙门缆车

望龙门客运缆车的建成通车，为改善陪都交通状况做出了积极贡献，受到社会各界一致好评。翁文灏对此评价道："抗战以还，工业上多数新设施，每为战前所未有，可谓迫于需要所使然。如缆车施设，即其一也。此类创举，将为长江下游，未始不可仿行……不失为抗战期间工业发展史中一史实。"

《茅以升与重庆第一条客运缆车》

第二辑

名人旧居 ·
散落在大街小巷的流年碎影

❖ **钱棱：**张恨水的"待漏斋"

1937年抗日战争爆发，同年12月底张恨水离开潜山，乘轮船到汉口，1938年1月10日到了重庆，应《新民报》主笔张友鸾之邀到报社工作。编副刊《最后关头》，并写小说《疯狂》。

张恨水来渝后，得到友人的帮助，租进南泉一农民的瓦房小屋两间，后房要将房屋出售，逼着张恨水搬家，又经文协支持迁往南泉建文峰下桃子沟边一所茅屋。这茅屋用竹片夹着，黄泥涂抹，当了屋子的墙，将活木架撑着梁柱，篾子扎紧，在山上割些茅草和田里稻草盖住屋顶，七歪八倒在田野里支撑起来，人称捆绑房子。

张恨水的三间捆绑房子，一间是卧室，一间是写作室兼客厅，一间是饭堂。大雨一来，屋里雨水如注。雨停了屋里仍然雨水滴答，久而久之，什么地方漏水就有个数了，每当阴云四起，未雨绸缪，就准备好盆盆罐罐等待雨漏，因而给这所屋子取名曰"待漏斋"。

▷ 张恨水的"待漏斋"

张恨水住在南泉待漏斋时，吃的是国民政府供应的平价米，仅仅是去了壳和糠，砂子稗子谷子掺杂其间，张恨水记载当时的生活时说："吃饭时，常常戴起眼镜去挑饭里的杂物。"

张恨水从城里返回南泉，自己无车轿，只有乘客车，挤不进客车或遇汽车收班，步行回家。年满五十的张恨水，有时还要扛着几十斤重的米，过一道长江，沿着陡险不平的道路行走40多华里返回住所。

友人见他生活清贫，劝他改入仕途。他不采纳说："流自己的汗，吃自己的饭，卖文卖得头将白，未用人间造孽钱。"

1939年到1941年，是张恨水住在待漏斋中最困难的三年，稿费收入微薄。维持一家生活费用经济拮据，三年中未能制一件新衣。当看到那些大官奸商的奢侈生活，赋诗以讽："荒村细雨掩重霾，警拨无声笑口开；日暮驱车三十里，夫人烫发进城来。"山城一时广为传播。

目睹与待漏斋隔山相对的孔祥熙官邸和林森的听泉楼，感而写了对联贴在茅屋上："闭户自停千里足，隔山人起半间堂。"横幅"北望斋"取陆放翁"北望中原泪满巾"的诗意，以抒胸怀。

1940年张恨水在待漏斋填了一首词《浣溪沙》，写他在南泉的夜间生活片段。"过了黄昏摸黑坐，无灯无烛把窗开，等它明月上山来。"那时南泉只有一个很小的电厂，仅能供应南泉正街的国民党机关单位的电灯用。地处桃子沟的待漏斋是没资格用电的。晚上只有点菜油灯或鱼烛，当时鱼烛等于一斤多菜油钱，感到不划算，菜油又经常缺货买不到手，至于煤油，在抗战时期更是珍品，哪能卖给人们做照明。到了晚间，只好摸黑静坐，等那明月照进窗来。

摸黑坐的时间是难熬的。张恨水说："特别是到了夏天，窗子开了，蚊虫、小蛾子、飞蚂蚁以及一切不知名的虫子，纷纷扬扬，扑向手脸，两条光腿，若不是坐在雾气腾腾的蚊烟中，手就得不停地挥蒲扇，哪能静心提笔啊！"

张恨水在待漏斋写了《疯狂》《偶像》《八十一梦》《牛马走》《第二条路》《夜深沉》《秦淮世家》《水浒新传》《红花港》《潜山泪》《大江东去》

《前线的安徽，安徽的前线》《雁来红》《虎贲万岁》《蜀道难》《负贩列传》《丹凤街》《中原豪侠传》《太平花》《水浒人物论赞》《山窗小品》及各种散文约800万字。

《张恨水在重庆的生活与创作》

❖ 魏仲云：于右任挥泪别"小园"

"小园"是清末名儒、辛亥革命元老、近代中国书坛巨匠于右任抗战时期在歌乐山的故居。于右任1938年秋来重庆，不久就迁居这乡间别墅小园，一直住到抗战胜利后的1946年5月，在这里过了67岁生日，始离渝去南京。

小园坐落在重庆西部歌乐山麓，有避暑山庄之称的山洞。这里远离市嚣，山高林密，背靠海拔600米峰峦叠翠的老鹰岩，景色宜人，环境幽静。雅爱山林的于右任不愿在城里陶园久住，委托银行家康心如代为租下这山间房舍做寓所。于右任十分喜爱这乡间寓所，特命名为"小园"。小园的景色，在他1945年与友人聚会时，写的一首散曲中，有过这样的描绘："来涉山林趣，阶前黛丽红，窗外梧高举，清淡小园须记取。"院内有花圃，大丽花正盛开，院外梧桐挺拔，与友人饭后悠闲地在园中树下纳凉品茗聊天。当年身为监察院院长的于右任，只有监察而无弹劾权，几次行使监察权弹劾孔祥熙等皇亲豪内，都因蒋介石阻挠而立不了案。于右任愤而躲在山间寓所以诗书自娱，潜心研究唐人碑帖和草书，修订出版了《标准草书》，当时到山上来小园求墨宝者更是络绎不绝。他总是有求必应，不少书法作品都落款"书于重庆老鹰岩"，由于旦夕挥毫患了臂痛症，自称"痛病翁"，当年在陪都传为佳话。

于右任十分喜爱"小园"寓所，但这幽静的山庄，不久就被划为军政要员们疏散的"高等住宅区"。小园附近盖起一幢幢官邸别墅。孔祥熙、何应钦、顾祝同、贺国光等政要显贵们都住进了别墅，成了于右任的邻居。

一时景色宜人的山庄，成了权贵们寻欢作乐的"世外桃源"。显贵们不顾山河破碎、国难当头，而躲在大后方山野林密的公馆里，纸醉金迷，引起于右任的愤懑。1943年春，又因行使监察权，弹劾四大家族敛财卖国，被蒋介石阻挠；在陕西省省长人选的任命时，蒋介石又拒听于右任的进言而执意任命祝绍周。于翁一气之下出走成都，提出辞职，以示抗议。蒋介石派张群和蒋经国到成都代他道歉"劝驾"，他始回重庆小园。于右任余怒未消，挥笔写下了广为世人传颂的《浣溪沙·小园》：

> 歌乐山头云半遮，老鹰岩上日西斜。
>
> 琴声隐隐起谁家，依旧小园迷燕子。
>
> 几番风雨泪桐花，王孙芳草又天涯。

《于右任挥泪别小园》

❖ 陶昕：鲜英与"民主之家"特园

特园始建于1929年，1931年建成，位于渝中区上清寺嘉陵江大桥南桥头，包括鲜宅达观楼、平庐和康庄三部分，其中鲜宅是特园的中心部分。这建筑群因其主人鲜英之号特生而命名"特园"，由鲜英次子鲜继明书写。

特园最具代表性的三处楼房：一为嘉陵桥西村23号和10号的鲜宅，有大小房间36间，占地七亩多，主楼为"达观楼"，是三层楼的青砖建筑，前后各一大花园以及一些附属建筑。二为嘉陵桥西村5号的平庐，以鲜英八女鲜继平的"平"字定名。三为嘉陵桥东村一带的康庄，以鲜英九女鲜继康的"康"字命名，共有四幢三层楼房，两两相连，每组对称，二组相仿结构，分别编为一、二、三、四号楼，至今仍存。抗战初期，荷兰大使馆、意大利使馆、苏联军事代表团、盟军军事代表团都曾借住康庄。日军轰炸

▷ 鲜英

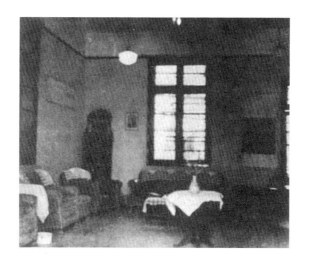

▷ 特园客厅

重庆时，康庄的三、四号楼被炸毁，后又照原样修复。1956年兴建嘉陵江大桥，为避开纪念地，特改道从平庐旁边将鲜宅与康庄分开为二，公路当中贯通，命名为特园路。如今，鲜宅所剩下的偏房及书斋小院为特园15—23号，康庄为特园路10—16号。

特园，是中共的老朋友、著名爱国民主人士鲜英的公馆，是抗战胜利前后中共和各民主党派活动的重要场所之一，是中共南方局在重庆贯彻党的抗日民族统一战线政策的历史见证，也是中国民主同盟和中国国民党革命委员会前身的一部分——三民主义同志联合会的诞生地。国共谈判期间，毛泽东三顾特园，与张澜、鲜英等民主人士共商国是。周恩来、董必武、王若飞等50多位中共人士都曾是特园的嘉宾；张澜、黄炎培、沈钧儒等100余位社会知名人士都曾以特园为民主运动的大本营，不少人寄宿于特园。冯玉祥、孙科、于右任、柳亚子、潘文华、刘文辉等国民党方面的要员、地方实力派也是特园的座上客。鲜英待人接物优厚多礼，豪爽好客，有孟尝君之风。于是宾至如归，出现了"座上客常满，樽中酒不空"的盛况，从而誉满山城。特园俨然成为民主运动的大本营，"民主之家"的徽号由此而来。

《民主之家——特园》

❖ 曾传宜：闻名海内外的林园

重庆市沙坪坝区的林园，是在抗日战争时期修起来的一座园林。在中华大地上，林园不过是一弹丸之地。可因它曾经有过众多的历史风云人物荟萃，运筹帷幄着中国历史发展的进程，并影响及于世界；仅首脑人物就有六人，国际国内著名人士多达数十甚至上百人；当年，许多影响国内外的重要事件，均发端于此；因而，林园闻名海内外。这在中国历史上，是不可多得的一个园林。

林园位于著名的歌乐山南麓，老成渝公路旁，距市中心（市政府）约16公里。1937年11月20日，国民政府迁都重庆，蒋介石也于1938年10月抵达重庆。1939年因重庆遭受日机"五三""五四"大轰炸，国民政府决定将新桥、山洞、歌乐山一带作为迁建区，由是国民政府机关及其要员纷纷迁往此一带地区。时任国民政府军事委员会委员长侍从室第一处主任的张治中，为确保蒋介石、宋美龄住所的安全，选定山洞双河桥、万家大坝一带地区修建郊外官邸。

1939年11月，官邸主楼工程竣工建成。国民政府主席林森，立即从歌乐山云顶寺住所驾临致庆。林森本爱山水园林，对园中景物赞不绝口。蒋介石为表示对国家元首的"貌极恭顺"，便将这座别墅送给林森。因林森迁入此园居住，此后便称为"林园"。

林森在林园居住近四年。在此，他多次审批了向日本宣战的文件，于1941年12月9日林森代表中国在重庆正式宣布对日本宣战，并同时宣布对德国、意大利处于战争状态。林森住在林园期间，还带头参加了抗日捐献运动，并将终生所积50万元作为基金，专作选留学生之经费。1943年8月1日，林森因车祸在林园逝世。1944年11月，在园中建造了雄伟、肃穆的林森墓。

▷　林森墓

此外，在抗战期间、解放战争时期，以及中华人民共和国成立后重庆成为直辖市期间（1950—1952），在林园活动或居住的还有美国驻华大使赫尔利，美国驻华美军总司令史迪威、魏德迈，总统特使马歇尔等；国民党要人蒋经国、李宗仁、叶楚伧、白崇禧、张群、邵力子、王世杰、陈诚等；共产党老一辈革命家董必武、叶剑英、邓小平、刘伯承、贺龙等。

《闻名海内外的重庆林园》

❖ 唐维华：沈钧儒的良庄往事

从1938年10月至1946年2月，沈钧儒在重庆从事抗日救国、和平民主建国运动达八年之久。他在重庆所居住的良庄，不仅是他个人居住的寓所，也是救国会成员和进步民主人士聚会活动的中心，也是以周恩来为书记的中共中央南方局同各民主党派、进步民主人士聚会、座谈、共商国是的重要场所。

▷ 沈钧儒

1938年10月下旬，武汉告急。已63岁的沈钧儒和邹韬奋、沙千里等救国会友人同乘一架很小的水上飞机直飞重庆。抵渝初期，和沙千里同寓青年会家庭宿舍17号。1939年5月，由于日机轰炸，所居宿舍前楼白垩，墙粉多处震落，门窗玻璃震碎难以居住，迁居嘉庐褚辅成子一飞处，后得知枣子岚垭83号有空房，遂于6月与沙千里、王炳南夫妇一同迁入枣子岚垭83号的良庄居住。

　　良庄位于马鞍山小丘上，坐西向东，原建于20世纪30年代初，为刘湘部将何金鳌公馆。良庄内有平行并列的三座小楼，中西式砖木结构建筑。第一幢和第三幢均为一楼一底小楼，中间一座为三层小楼。第一幢小楼为东北流亡总会所用；第三幢小楼为国民党的一位将军和他的小老婆居住；沈钧儒和王炳南夫妇合租所住的是中间这幢三层小楼。中华人民共和国成立后，良庄归属张家花园街道，第一幢小楼门牌为马鞍山村18号，第三幢小楼门牌为马鞍山村29号，中间这幢小楼门牌为马鞍山村28号。

　　沈钧儒和王炳南夫妇合租的是良庄内中间这幢楼的第二、第三层。底楼一层是银行的两位职员所住。沈钧儒与子女居住在二楼的西南角，对面住着王炳南、王安娜夫妇和他们的儿子王黎明。第三层楼很狭小，有如上海的亭子间，茅盾夫妇就住在三楼，后来沙千里、张申府等都曾在三楼搭铺长住，沈钧儒的第三子沈叔羊也是在三楼上结婚的。后来，通常是熟客来访谈晚了临时在三楼过一下夜，所以，在三座房子里，这里住人最多。从1939年6月至1946年2月离开重庆返回上海，沈钧儒在良庄居住达七年之久。

《著名爱国民主人士沈钧儒与旧居良庄》

❖ 魏仲云：冯玉祥故居——抗倭楼

　　冯玉祥将军在艰苦的八年抗战中，一直寓居重庆。1937年11月初到重庆，曾在上清寺康庄暂住，后迁至歌乐山赴集路租民房居住。为避空袭，

1939年5月迁到巴县农村虎溪白鹤村佃房居住，始终没有一处安定的寓所。为能有个安居的住所，冯将军率副官于1943年初来到西郊乡下寻觅地点自建寓所。一天下午走到歇台子罗汉沟的山坡上，见到岩坡上一块空地很适合，就买下这块荒山坡地，因陋就简地盖了一楼一底的楼房，同家眷和侍从人员在罗汉沟定居下来。为表示抗战到底的决心，给新居命名"抗倭楼"。在这里一直居住到抗战胜利后，于1946年5月离开重庆。

　　冯玉祥将军身为国民政府军事委员会副委员长，实际是个空头衔。因不愿与那些苟且偷安的官僚为伍，从上清寺公馆"康庄"迁出，到远离市区的乡下租房居住。来"抗倭楼"定居前，在巴县白鹤村曾出高价买了张海南的旧宅院。未料到房主的80岁高龄老母舍不得祖传的老宅，坐了滑竿来到老宅跪在堂屋神龛前，痛哭不起说卖祖宗留下的老宅，对不起祖宗和子孙。冯将军被老人伤心的痛哭而感动，当即决定：改买为租，不仅不要他退押金，租金再加200元。对老人说："房产还是你的，宅外田租你照收，你老放心了吧。"老太太破涕为笑，道谢而去。此事当年在重庆民间传为佳话。为长久之计，冯将军还是退还了白鹤村房子，到歇台子山坡购地自建了这座楼。楼房内陈设简陋，最贵重的物品是西北军马鸿逵送他的那条西北地毯。他舍不得踩在脚下，将地毯挂在墙上做装饰品。歇台子旧居附近的一些老人至今述说冯将军戴着老花眼镜坐在院子里挑糙米里的谷粒，以及为了节省开支，带领随从人员在宅院后面的空地上开荒种菜的事。

冯玉祥为抗日救亡日夜操劳，四处奔走，向城乡民众宣讲御侮救国的道理；亲自主持和发动"抗日献金"运动。他经常外出，运用他大半生带兵的军事知识和经验，到川东各地去督练新兵，在沙坪坝培训新编三十六军的军官。他还在"抗倭楼"里奋笔疾书，写下不少著名的"丘八诗"和抗日救亡的演说词、抗日歌词。

当地老农民至今仍怀念这位"盛名传妇孺"的冯将军，摆谈起他在1944年，自告奋勇担任歇台村村长为百姓排忧解难的故事。当时附近邻居多是贫苦的佃农，与他经常往来，和睦相处，一起度过那艰难的岁月。冯玉祥将军在重庆有几处旧居都是临时性的租房，只有抗倭楼居住得较久，并完好地保存了下来。冯将军在陪都的一些重要活动，所写的著名"丘八诗"和对外广播的演说稿都是在这里撰写的。在这里，他接待过董必武、周恩来和不少陪都著名的政治活动家，这里留下不少近代史上名人的足迹。

抗倭楼四周山峦起伏，林木茂密，景色宜人，至今楼侧石壁上仍留下冯将军当年题写的两处摩崖题刻。原楼院中，立有一块石碑，是冯将军在这山坡寻址建房时写的一首珍惜农田的诗：

盖房为何在坡头，怕占良田民心忧。
此心又有谁知道，不知我心乐悠悠。

《冯玉祥故居——抗倭楼》

◆ **曾小红：**冰心的"潜庐"情缘

1939年12月，宋美龄以"同窗学友"之名，邀请冰心来陪都重庆参加战时"全国妇女指导委员会"（她二人是美国威尔斯利女子大学同学）。她从桂林来到重庆，一家人先住友人顾一樵的"嘉庐"，后为了躲避日本飞机的轰炸和摆脱复杂的政治环境，冰心辞去妇女指导委员会文化事业组组长的职务，在友人的帮助下，购买了坐落在歌乐山山腰的一幢小土房（即歌乐山云顶寺下林家庙湾5号，原中央银行职工宿舍）住了下来。

▷　冰心的"潜庐"

冰心为这个山间小屋取名"潜庐"。小屋坐落在峰峦叠翠的云顶寺山峰和狮子峰之间的密林中，小地名叫林家庙，是一林姓家族祠堂后的三间砖木结构的平房。冰心这样描述这里的环境："房子左右，有云顶、狮子二山当窗对峙，无论从哪一处外望，都有峰峦起伏之胜。东面松林下便是山坡，有小小一块空地，站在那里看下去，便如同在飞机上下视一般：嘉陵江水蜿蜒如带，沙磁区各校的建筑，都排列在眼前。隔江是重庆，重庆山外是南岸的山，真的是'蜀江水碧蜀山青'。重庆又常常阴雨，淡雾之中，碧的更碧，青的更青，比起北方山水，又另是一番景色。"在抗日烽火战乱中，在日寇飞机不断的空袭轰炸中，山中小居"潜庐"实在是难得的防避空袭的好住处。

深山中的"潜庐"也常有贵宾，陪都文艺界和妇女界的友人时常上山来走访聚会。除了住在山上的冯玉祥、臧克家和叶君健等外，梁实秋、郭沫若、巴金、茅盾、史良、刘清扬、孙立人等都曾到冰心家做客。冰心说，梁实秋到我们住的歌乐山，坐在山上无墙的土房子廊上看嘉陵江，能够静静地坐几个小时。老舍是她家的熟客，而且还是冰心的孩子们的好朋友。"舒伯伯"一来了，他们就一窝蜂似的围了上来，拉住不放，要他讲故事，讲笑话，老舍也总是笑嘻嘻地和他们说个没完。而且，冰心的儿子和大女儿，还常和老舍谈他的小说。当冰心移居歌乐山时，老舍还特地写诗相贺："敢为流离厌战争，乾坤终古一浮萍。茅庐况足遮风雨，诗境何妨壮甲兵。移竹渐添窗影绿，飞苍时映彩霞明。鸟声人语山歌乐，自有文章致太平。"当年轰动大后方的文化界《对时局进言》，就是力扬、臧克家与她一起在"潜庐"客厅里签的字。1943年7月的一天，郭沫若得知冰心患病，便邀约了老舍、冯乃超等"文协"的老友，结伴上山来看望她。几天后，郭沫若还托老舍转赠冰心一首诗："怪道新词少，病依江上楼。碧帘锁烟霭，红烛映清流。婉婉唱随乐，殷殷家国忧。微怜松石瘦，贞静立山头。"

《歌乐山与抗战文化》

❖ 隆准：老舍闹中取静写巨著

在北碚老城的中心地带，有一个被称为"北碚的解放碑"的缙麓商都广场。在广场的右侧，就是"老舍旧居"的所在地。

穿过由老舍夫人胡絜青亲笔题写的"老舍旧居"木枋门和花园里的小径，便来到旧居门前。"老舍旧居"是一栋一楼一底砖木结构的小楼。在小楼的墙壁上，有一块市政府2000年9月7日公布的"重庆市文物保护单位"的石碑。旧居朴素而安静。据参加过旧居修复与布展工作的原北碚区文广局文物科长朱非范先生介绍，这里陈列有反映老舍生平和他在重庆时期生活的各类照片160余幅、文献160多册。还有老舍用过的文具和实物，这些都是他们到北京老舍的家人处征集的。

▷ 老舍（中）与茅盾（左）、于立群（右）在重庆的合影

　　"我在北碚度过了七年难忘的时光。"中国现代文学馆馆长、老舍之子舒乙先生在接受采访时曾说：北碚这个山清水秀的小城，不但是老舍先生在战火纷飞的岁月里与家人团聚、生活的地方，还是他文学创作重要的里程碑。

　　舒乙说："1943年的秋天，我们兄妹三人在母亲的带领下，经过55天的艰难辗转，从北平来到北碚。我们住的房子，是文学家林语堂1940年购置的。8月林氏赴美，将房赠予中华全国文艺界抗敌协会北碚分会。那时的北碚是个小城，城中心靠着嘉陵江，其规模也就是三五条小街吧。它的精彩之处，并不在城中心，而是周边。周边散布着无数文化教育机构，都是由北平、由上海、由华东、由华南搬来的，里面住着一大批赫赫有名的文化人，我们家旁边住着大翻译家杨宪益先生，背后就是梁实秋先生的住所……老舍与梁实秋当年说相声的礼堂就在不远处。"

　　与绝大多数因为抗战迁徙到重庆的进步文化人一样，老舍在重庆的生活也是清苦的。从1941年开始，老舍就因为贫血加疟疾而经常头晕，1943年秋，就在胡絜青和三个孩子来到北碚与他团聚之时，他又因患阑尾炎动手术而住进了医院。舒乙回忆说："为了给老舍治头痛，家里人找尽了偏方。有人说吃老鹰肉可治头痛，我们就去赶场，真的买到一只老鹰，可没人敢杀。后来又有人说吃鹅蛋可治头痛，可老舍觉得鹅蛋太大、难吃，吃得他直摇头。"

今天我们看到的"老舍旧居"，可谓是环境优雅的独栋花园别墅。但当年，却被老舍先生取名为"多鼠斋"，因当时屋内老鼠很多，成群结队，不仅啃烂家具、偷吃食品，还经常拖走书稿、扑克等物。然而，就是在这样艰苦的环境里，老舍先生一面积极投身抗战文化工作，一面夜以继日地从事文学创作。在此期间，先后出版了短篇集《火车集》《贫血集》，长篇小说《火葬》，完成了长篇巨著《四世同堂》的前两部《偷生》和《惶惑》。同时，还撰写了大量杂文、散文、诗歌，特别是他在"多鼠斋"中创作的《多鼠斋杂记》，更是成为他幽默散文的经典。舒乙在为"老舍旧居"展览的《前言》中说，在北碚的文学创作，是老舍"创作生涯的一个里程碑"。

舒乙回忆道："那时家周围种满了竹子、芭蕉，画眉鸟的叫声好听得要命，到现在还常出现在梦中。"

《老舍说相声》

❖ **李薇：** 傅抱石寓居巴县赖家桥

抗战爆发东南沦陷，傅抱石从南京脱险到武汉，找到郭沫若，被安置到军委会第三厅任秘书，实则领薪作画，宣传抗战。

武汉失守后傅抱石随政治部西迁重庆，寓居巴县赖家桥，在文化工作委员会做事。郭沫若全家亦居赖家桥，他们得以朝夕相见，互相切磋。赖家桥地处歌乐山麓，山清水秀，奇峰幽谷，傅抱石凭窗远眺，屡有灵感产生。就是在这里，他的山水画进入了一个重要的发展时期，先后创作了《万竿烟雨》《听瀑图》《丽人行》《湘君》《屈子行吟》等一批传世不朽之作。

中央大学迁渝复课，傅抱石返校任教，每周到校一次讲课，其余时间在家创作国画及从事学术研究。此期间为避日机轰炸，他和夫人罗时慧曾迁家到北碚黄桷镇居住过一段时间，遂又与寓居北碚的老舍时有过从。

傅抱石生性善饮，每作画必先进酒。在重庆的几年中，他每届春节即预购四川名酒泸州大曲一大缸，半埋地中，供全年之用。酒可谓是他艺术创作的激发剂，酝酿了他的气魄，一杯在手，他下笔如有神，画成惊世殊。

重庆歌乐山的气势和嘉陵江的风光，使傅抱石获得大量题材，他的山水画创作日新月异，作品也越来越多。1942年和1943年，他分别在重庆和成都举办个人画展，吸引了众多的美术爱好者和观众，各报竞相报道，引起轰动。他的画作注重意境、意法的表现，善于将水、墨、彩三者融为一体，山水有动感，人物极传神，连许多同行也赞叹不已。美术报刊因而评价说，人们看到了一种从未见过的中国画，一种崭新的画风。

的确，傅抱石是将东洋技法引入了中国画，在着墨的传统中加入了色，令人耳目一新，赏心悦目，别有洞天。他开动脑筋在创作中独辟蹊径，赢得了各界人士的青睐。

这一下，陪都出现了收藏傅抱石作品的热潮，在重庆预展的当天，除了他自己标明为非卖品的画作外，其余绝大部分都被贴上红条定

▷ 万竿烟雨图

购了。有的画上还贴着两张或两张以上的红条子，注明为"某某订""某某重订""某某再订"，因为一幅画同时被数人看中，后来者就要求重画一幅。好在傅抱石作画从来都是提笔纵横，随意发挥，即便是同一题材，画出来的都不一样。而购画者也只重画意，欣赏其独特的艺术，对重名不去计较，

有的人觉得这样反而更好。他还有一些精品被各国驻华使领馆的洋人买走，这些洋人日后还经常向他求画。

也是在重庆的画展上，有一幅已被傅抱石标明为非卖品的佳作，被国民政府要员朱家骅看中，请傅抱石割爱相让，为他婉言谢绝。后来朱家骅又数次托人说项，再三求购并许以重金，傅抱石仍不为所动。

画展成功，经济收入增多，但傅抱石不善理财，交际甚广，出手慷慨。他又喜爱搜集文物，每有中意者不惜花费，藏之后快，故积蓄无几。此后数年，傅抱石多在成、渝两地举办画展，还在昆明与郭沫若举办过书画联展，声誉鹊起，成为大后方有名的国画大师。在成都时，他与张大千交往甚密，结为忘年之交，张大千则将所作赠给他，视之为知音知己。

入川之前，傅抱石的画风基本上没有跳出中国传统技法，还带有古人特别是石涛的痕迹。然而，他入川后的八年则不同了，形成了雄浑、豪放的风格和一套完整的以皴法为主的独特技法，标志着他在创作上的大飞跃。大约正因为如此，他对四川、重庆充满感情，若干年后还津津乐道，说这里是他的第二故乡。

1946年春，中央大学迁回南京，傅抱石也离开重庆，随同该校师生员工返宁，继续着他的艺术追求。

《傅抱石独辟蹊径》

◆ **曾小红：** 臧克家在歌乐山

臧克家，现代诗人。1942年秋他来到重庆参加全国文化界抗敌协会，先住在张家花园，和姚雪垠同室而居。次年6月搬到歌乐山大天池6号赈济委员会留守处。那里四面青山，环抱着一个小土院落，房东李大爷一家住南房，东房、北房租给"赈济委员会"做留守处，屋后有个小菜园。臧克家和李大爷一家一起劳动，相处得如同一家人。小说《挂红》就是以李大爷家的二嫂为模特儿的。离他家不远处有个儿童疗养院，他爱人就在那里工作，儿童疗养院的孩子常三五成群到他家玩耍。《两盏小灯笼》即源于疗养院里这些天真而苦难的儿童。

搬到歌乐山的第二年，赈济委员会撤销了，他的赈济委员会"专员"头衔也随之撤销，他就住在这里看守房子，写作之余还常到田间与农民一起插秧、挖红薯、种菜，并写了《心和手》的短诗，记录自己劳动的欢快心情。在他住房的后面，是"中央卫生实验院"，那里住有不少专家学者，他在那里结识了丁瓒、史良、何战白和宁汉戈（即林初民）等同志。林初民与其爱人是他家的座上客，夜间来访，提一盏小马灯，畅谈到深宵。1945年，他俩去延安，临别时把那盏小马灯送给了臧克家，他们一去无消息，睹物怀人，于是就有了小说《小马灯》。

他在歌乐山期间经常从歌乐山到市区与同行一起参加座谈，探讨诗歌创作，并和臧云远、王亚平等人成立了"春草诗社"，创办《诗家丛刊》。当时诗歌空气很活跃，臧克家的诗兴也正浓，编辑出版了《民主的海洋》《生命的种子》和《十年诗选》。沙坪坝中央大学一些爱好文学的青年曾多次请他去中央大学讲授诗歌问题。每到盛夏，山居幽静清凉，就有些市内的朋友上山小住。徐迟一家、姚雪垠等都曾来他家避暑写文章，张彦青等人也常上山拜访他。

《歌乐山与抗战文化》

❖ 杨筱：戴笠及其公馆趣闻

戴笠（1897—1946），浙江人，字雨农，又名春风，早年嗜好赌博，结交青帮，1911年结识戴季陶、蒋介石、陈果夫等人，1926年进入黄埔军校第六期骑兵科学习，1928年任国民革命军司令部联络参谋，为蒋介石传递情报。

1929年戴笠进入蒋介石侍从室当随从、参谋，进入了蒋的核心机密集团。1932年3月蒋介石成立"中华民族复兴社"（简称复兴社），戴笠担任特务处处长。

1935年2月该特务处与陈果夫的特务系统合并成立"军事委员会统计调查局"（军统），戴笠任第二处处长。1938年戴笠来到重庆，担任军统副局长。1943年5月在重庆磁器口成立"中美特种技术合作所"（中美合作所），戴笠任主任，美方代表梅乐斯任副主任。该所建立了165个气象站和通信电台，进行各种对日情报搜集活动。

▷ 戴笠

戴笠曾与影星胡蝶交好，戴笠与胡蝶曾经幽居在重庆市区中心最高处的枇杷山上面的神仙洞街，现在的门牌是枇杷山正街72号，也就是后来的重庆市博物馆的办公楼小院里的一栋小楼。这栋小楼已经拆毁，据说原来里面的构造精巧无比。现在小院还存在，正中有大黄桷树垂荫匝地，几乎把整个院子盖住。建有假山水池，珍奇树木花卉。外面的枇杷山街道却很隐蔽，非常符合戴笠本人的职业性格和习惯，也符合胡蝶当年的身份，以及与戴笠的关系。戴笠于1946年3月在南京附近飞机失事去世。

戴笠正式的公馆，在上清寺的中山四路85号。这是一座纯粹西式的黄色三层建筑。进入院门以后有八字形双道阶梯下去，才到达建筑物，中间间隔一个很小的天井。这也是依据地形本身来构造的，主楼三层，进深五间，面阔八间，也就是对称分成两边，中间一条狭窄的通道分开，没有主要的大厅，看起来似乎不像一家人住，而像是多家人或者一个单位的用房。

《戴笠及其公馆趣闻》

❖ 杨筱：刘湘早期故居

刘湘早期故居，是初到重庆时商会会长赵资用商会名义几千元卖给刘湘的，在今下回水沟59号，是一个长五间、上下厅的老式院子。回水沟指的是明朝建城时敷设的一种全城排水沟系统。重庆古城内共敷设有16条傍街行走的大明沟，10条走外江（长江），6条走内江（嘉陵江），其中曹家庵水沟从城西北铜鼓台开始，流经潘家沟和回水沟。直下到柑子堡，下响水桥入长江。回水沟是这条大水沟的主体，在城西南走马街下面，全长约一公里，当时并未分段为上下，整个就叫回水沟。这一套沟，直到1946年才由三益事务所罗竞忠工程师设计的新式沟管式排水沟系统取代。刘湘公馆就在下回水沟的尾端，也就是沟底了，现在是长江仪表厂第二车间厂房，周围是旧式样的民居。1926年底刘湘军队易帜为国民革命军第二十一军，但长期固执北洋政府"四川善后督办"的官位。其在重庆规划建设新重庆的宏图大略，交给市长潘文华主持进行。整顿重庆市政，修建马路、发电及自来水公司。重庆那时约有10所专科学校、14所中学、80所小学、30所各类职业补习学校，没有大学，于是开办重庆大学。还建设了兵工厂、炮弹厂、炼钢厂以及海军、空军和炮兵师。

1927年3月31日当天上午，重庆"三三一"惨案发生，刘湘的小儿子在打枪坝右边五福宫门前现场被误杀。刘湘后来谈话，对于惨案深深地感到痛心，又痛失了儿子，就把公馆搬到李子坝去了。五福宫后来拆建成市民医院，现在是妇产科医院。

《刘湘早期故居——下回水沟59号》

❖ **王薇：** 王缵绪将军及其公馆

王缵绪（1885—1960），字治易，号屋园居士，1885年农历五月初九出生在四川省西充县观音乡大礤磴村。父亲是当地一名中医，母亲王陈氏37岁时生下王缵绪，在弟兄中排行第三。其父因病去世较早，遗下孤儿寡母，艰难度日，母亲和两个哥哥下地劳动，供王缵绪读书学习。王缵绪曾受业于举人，后考取秀才，赴省参加乡试时，恰遇新军学堂在顺庆府（今南充）招考学生，乃投笔从戎，从此投身行伍。

1906年，王缵绪考入四川陆军速成学堂，学习军事。1908年毕业后在新军第十七镇第三十三混成协担任见习排长、连长、营长，驻扎成都西较场；1910年参加保路同志军，投身辛亥革命；1935年10月任陆军第四十四军军长；抗战期间率部参加武汉会战、随枣会战、枣宜会战、湖滨战役、鄂西会战、常德会战、长衡会战等重大战役。

1928年初，王缵绪将军率领的第二十一军第二师由资中调防来到重庆。为驻军办公和家属居住，他在金汤街通远门城楼上购买了一幢楼房（现重庆市妇幼保健院旧门诊大楼，金汤街64号）。

这幢楼房临街为三楼一底：底层为师部的传达警卫室；一楼是师部办公室，各部门办公人员分住十余个房间；二楼由王缵绪本人及母亲、夫人、子女居住；三楼除仆役勤务人员居住外，还用作摆放杂物等。1931年，王缵绪将军在这幢楼房背后建成一幢公馆，即金汤街公馆（现重庆市妇幼保健院办公大楼）。临街楼房，则一直用作王缵绪将军所率部队或供职单位的办公地点。1931年至1934年，是第二师师部办公地点；1935年起作为第四十四军驻重庆办事处；1938年为第二十九集团军驻重庆办事处以及四川省政府驻重庆办事处等。

该公馆坐西朝东，中西式砖木结构，三楼一底。面阔14米，进深27米，通高13米。仿欧式内部装置，地面铺设木地板，安装有壁炉等。该公馆由王缵绪将军及母亲王陈氏、夫人严永德及其子女居住。

金汤街公馆与临街的楼房由一条石梯相连。石梯约有几十步梯级，不很宽，但道路两旁种植有各种树木和花草；石梯左边是鱼池和假山；石梯顶端接近公馆处，建有一个凉亭，至今仍然保留。石梯右边有一个网球场，王缵绪时常在这里锻炼身体，他还要求居住在此的官兵也同他一齐锻炼。

金汤街公馆于1950年捐献给重庆市政府，在此设立重庆市第一人民医院（后由重庆市妇产科医院使用至今）。1951年8月，王缵绪将金汤街公馆私人藏书捐献给西南图书馆，共计捐献古籍图书5829册、碑帖6册等。1952年10月10日，他又将金汤街公馆收藏的字画等，全部捐献给重庆市政府。

王缵绪先生一生有许多事迹被载入史册，如率军出川抗战，浴血疆场，是具有高度民族气节的抗日将领。尤其被世人所称道的是他创办巴蜀学校、巴蜀学校西充分校，改变地方落后教育，造福百姓后代，培养无数英才。

《王缵绪将军及其公馆》

❖ 魏仲云：马寅初和歌乐山旧居

歌乐山云顶寺主峰下木鱼堡四号，是著名经济学家马寅初抗战时期在重庆的旧居，是他于1937年到重庆后租佃的一所平房。当时他执教重庆大学，创办商学院并任院长。他的乡下住所，房外松柏环绕，绿荫浓浓，景色宜人，马老喜欢幽静的山间居处，除学校有课或参加社交活动外，与家人就住在这所平房里，平时常伏案写作，节假日在木鱼堡家中接待客人和来访的师生。

马寅初先生，浙江嵊县人，早年留学美国，是享有盛誉的著名经济学家，是一位坚强的爱国民主战士。当时的国民党政府政治腐败，"四大家族"强取豪夺。马寅初正直不阿，仗义执言，敢怒敢言，猛力抨击揭露，使反动当局尴尬难堪。终于在1940年2月6日秘密逮捕了他，先后关押在贵州息烽、江西上饶集中营和广西桂林监狱。国民党政府对马寅初的迫害，激起了国内外舆论和重庆各界进步人士的抗议，国民党当局被迫于1942年8月释放出狱。

▷ 马寅初

马寅初获释后，又被软禁在歌乐山木鱼堡四号，受到特务的严密监视，失去人身自由。马老对国民党的迫害横眉冷对，坚持埋头著书立说，每天早起沐浴，攀登云顶寺主峰以锻炼身体、磨炼意志，坚持不懈。这时，马老处于失去自由，教书不成，投递报刊文稿也被退回的困境。周恩来知道情况后，派人上山将马老的文稿携回，在《新华日报》刊用，并付给高额稿酬。处于逆境中的马寅初先生，对此感激不已。当时一位学生到木鱼堡家中看望他时，他激动地谈起此事，还以周恩来从延安回来馈赠他的小米煮小米粥款待。马寅初先生于1982年5月10日在北京逝世，终年101岁。现在，歌乐山木鱼堡四号的旧居早已废圮，仅房基还在，供游人参观。

《马寅初和歌乐山旧居》

第三辑

弦歌不辍·
战火中崛起的文化名城

❖ 张宗：复旦大学迁往重庆

抗战期间，复旦大学分为两部，一部迁往重庆北碚，一部留在上海市区在租界另择校址，办了复旦大学实习部，由原校长李登辉负责。太平洋战争爆发后，日军占领了租界，李校长提出"不向敌伪注册，不受敌伪津贴，不受敌伪干涉，否则宁可停办"的"三不"方针，并在日伪环伺的情况下，学校坚持不教日文，维护了民族气节和复旦声誉，以上好"最后一课"的精神，维持了复旦在沪之根基。

西迁的一部分师生，于1937年底到达重庆，借重庆复旦中学菜园坝校址上课。吴南轩副校长则四处寻觅校址。后经确定以北碚对岸的夏坝（原名下坝）为校址。此地风景美，土地平，约千亩以上，位于黄桷镇与东阳镇之间，与北碚隔江相望，据李萱华先生说，这片土地原系士绅左氏家族的私产，管业人左绍余思想开明，支持教育事业，以16石玉米（约3600公斤）的低租赋佃给复旦大学。左绍余逝世后，其子左德馨商得全族人等一致同意将其地全部无偿捐赠给复旦大学作为永久校舍，并从1942年起就再未收租赋了。吴南轩副校长亲笔给左家写了热情洋溢的感谢信，赞扬他们捐地兴学、功在国家的高尚精神。

迁来的教师和同学们，以黄桷镇河神庙（又名紫阳宫）为办公室。教师们住在王家花园，女同学住在街上一个大院内。煤炭坪则为学生和职工宿舍。我记得我们一部分同学住在一大煤栈内，房屋是穿逗夹壁结构，约七八十平方米。同学们住上下铺，住了30多人。室内阴暗潮湿，遇雨则漏，遇风则尘灰下落。晚上照煤油灯，黑烟缭绕，卫生条件极差。同学们做作业时，往往因多增一点亮光而发生争吵，经协商后达成协议，在木桌的中心处画上一个圆圈，把灯置圈中，这样大家才相安无事。

▷ 复旦大学重庆旧址

伙食由同学们自办，伙食费每人每月六元，教职员工也多参加，早上吃稀饭，以榨菜、花生米佐餐。午饭和晚饭为四菜一汤，二荤二素，因师生员工们来自五湖四海，口味不一，时有怨言。一些经济条件较好的同学，几人或十来人，则另开小灶，轮流操作，颇有情趣。

我们的校服，是北碚山峡布厂生产的，质量好，经久耐用，走在北碚街上，老百姓一望而知是复旦大学的学生，还挺神气呢。

我们的校舍，散处于黄桷镇的每一角落，但人数日增，居住困难，而且简陋过度，幸得原教育部和四川省政府各拨助五万元法币（当时国民党的通用纸币），又得到赈济委员会和各地工商业资本家的捐款，在夏坝逐渐建筑简单校舍，陆续建成的有相伯图书馆，登辉堂，寒冰馆，大礼堂，博学、笃志、切问、近思等教室，男女生宿舍、农场等。这样才粗具规模，逐步改善了教学、科研、文体、居住等条件。

自复旦大学迁到北碚后，江苏医学院也相继迁来，晏阳初先生又在歇马场迁建中国乡村建设学院，陶行知先生在北泉公园创办育才学校，梁漱溟先生在金刚碑创办勉仁文学院。国立歌剧学校、戏剧专科学校、私立两江女子体育专科学校，也相继迁来，北碚文化区很快就声名鹊起了，那个时期，复旦大学为北碚文化区的形成和发展做出了贡献。

《抗日战争中的复旦大学》

❖ 邬冬梅：复旦名师的讲座

　　1943年2月，章益担任复旦大学校长，坚持"学术独立、思想自由"的学术传统，建立了科学馆、新闻馆、文摘社、商科研究所、文史研究室、社会科学研究室、茶叶研究室等多个机构；聘请陈望道、周谷城、顾颉刚、洪深、吕振羽、陈子展、章靳以、曹禺、马宗融、梁宗岱、方令孺、张志让、叶圣陶、童第周等著名作家和学者任教；邀请李约瑟、郭沫若、邵力子、潘梓年、翦伯赞、老舍、姚雪垠等中外学者或民主人士来校讲学或演讲；与中央研究院等机构开展密切合作；出版了《复旦学报》，使复旦的学术声誉和总体实力都得到了较大的提高。复旦大学逐渐发展为设有文学、理学、法学、商学、农学五院，有22个系科两个专修科的综合性大学，为大后方的经济发展和文化建设发挥了巨大的作用。

▷　复旦大学校长章益

众多的讲座中，以文学院的讲座较有规模和影响。1938年秋，文学院开设文学讲座，特聘文学名人举办讲座。1939年1月的复旦校刊上曾登出这样的启示："本学期文学院为增进同学之文学修养，特设文学讲座，由文坛名宿分任讲题。其已聘定者，为舒舍予先生（文学导论及小说），胡小石先生（诗歌），余上沅先生（戏剧），沈起予先生（创作及战时文艺），梁实秋先生（批评），宗白华先生（文艺鉴赏），胡秋原先生（民族与文学），方令孺先生（儿童文学），黄之冈先生（民俗文学）。舒舍予、胡小石二先生已莅校演讲，听者踊跃，成绩甚佳。又中外文二系同学须以此为必修学程，除缴笔记外，尚须参加考试，始给予学分云。"这里说文学院的讲座就包括老舍1944年5月题为《二十年来创作经验》和1944年11月题为《谈文艺创作诸问题》等多次文学讲座。除了众多的作家、学者的讲座，还有很多宣传抗日和民主的演讲，如驻苏大使邵力子介绍苏联卫国战争，黄炎培作的《世界形势及中国前途》的演讲。1945年5月，复旦六社团举办《战争与和平》讲座，分别讲《科学与民主》《经济与民主》《文化与民主》等专题，又邀请张明养作形势演讲。此外，校内如洪深等名师也时常进行一些讲座和爱国演讲。

《重庆夏坝的抗日文化活动》

❖ 罗光毅：为发行《新华日报》的斗争

《新华日报》是抗日战争时期和解放战争初期我党在国民党统治区出版的报纸。它于1938年1月11日在武汉创刊，同年10月25日武汉沦陷后，当日就开始在重庆继续出版发行。《新华日报》的最高发行量达到五万多份。

位于民生路路边的《新华日报》营业部旧址，是一幢黑灰色的楼房。这儿是当年《新华日报》出版和发行的前沿阵地；是我党在国民党统治区联系人民大众最直接的地方；也是周恩来等老一辈无产阶级革命家经常和民主人士促膝谈心，争取民主人士的支持，共商安邦治国大计的地方；同时也是《新华日报》全体人员与国民党特务展开针锋相对斗争最多的地方。

1941年"皖南事变"后，《新华日报》准备了一篇详细的报道，国民党新闻检察机关不让登载。反复交涉，反复修改，仍不让见报。1月17日，周恩来同志当晚亲笔题写了："为江南死国难者志哀！"和"千古奇冤，江南一叶；同室操戈，相煎何急！？"

平时，《新华日报》的社论和新闻，每天都要专门送到国民党的新闻检查所去审查。但17日这天晚上10点多钟，新闻检查所的检查所长却一反常态，亲自来到《新华日报》，坐等审查第二天报纸的内容。《新华日报》排好了两种不同版面的报纸：一种是印有周恩来同志亲笔写的抗议题词的；一种是应付审查用的。他们选好了一段同"题词"的木刻面积大小相同的新闻，先将这段新闻的排字嵌进版面，印出了几张没有"题词"的报纸，交给检查所长。正当检查所长满意这天的《新华日报》的内容很"规矩"的时候，《新华日报》印刷部的同志们已经取出了这段新闻，换上了"题词"的木刻。机器在加速转动，组织好了的发行人员和编辑、经理，以及印刷部门临时组织起来卖报的"志愿军"，已经夹着报纸分批出动了。

当天，在山城还流传着这样一个笑话：那天凌晨，新闻检查所长回到上清寺国民党中央宣传部，向部长潘公展汇报他在《新华日报》严加审查的功劳，同时呈上拿回的几张没有题词的报纸，他们面带笑容，满以为监视《新华日报》的目的达到了。当他们正要回家休息时，有人送来街上叫卖的有周恩来题词的报纸，潘公展一看顿时脸色发青，怒斥那位检查所长是个大草包，慌忙叫人赶上街去禁止再卖《新华日报》。

周恩来题词刊出以后，国民党顽固派恼羞成怒，企图以此为借口查封《新华日报》。但报馆事先做了一切必要的准备，驳斥了反动派的指责，拒绝了停刊令，《新华日报》仍然屹立山城，继续与读者见面。

国民党企图通过它控制的重庆派报工会，卡死《新华日报》的销售渠道。派报工会甚至规定所属的报贩不准销售《新华日报》，谁销售就开除谁的会籍。还出动大批军警特务，不但四处拦截我送报人员，还无耻地监视行人和读者。

▷　1938 年 10 月 26 日的《新华日报》

《新华日报》的工作人员发现一些在街头流浪的儿童，他们孤苦无依，食宿无着，朝不保夕。《新华日报》的工作人员就发一些报纸给他们试卖。结果孩子们兴奋地一次再次回来说："卖完了！卖完了！"一个孩子一天卖了好几十份《新华日报》啊！

这件事给《新华日报》工作人员的启发很大，他们就利用向孩子们收报费的间隙时间，了解孩子们的身世，并告诉孩子们《新华日报》是怎样一种报纸，通过这些孩子再去串联别的流浪儿童来卖报。就这样，《新华日报》的工作人员在短短的时间内，就组织起了一批比较固定的卖报儿童。这批卖报儿童有几个特别勇敢的孩子，在卖报时，遭到特务和宪兵的殴打也不惧怕，第二天照样来拿报纸卖。

1941年夏季的一个晚上，《新华日报》民生路营业部的方桌四周，围坐着七八个喜气洋洋的穷孩子，他们就是《新华日报》的第一批报童。这些孩子从此摆脱孤苦无依、食宿无着、流浪街头的悲惨生活，踏上了正确的光荣的为民族解放、人民解放而斗争的革命道路。

有一个十五六岁名叫戴宗奎的报童，先后被国民党宪兵警察关押了三次，遭到捆吊拷打，表现得非常勇敢。有一次，特务分子问他："你们的领导每天给你们讲些什么？"因为在那个紧张的时期，《新华日报》的领导每天晚上都要把派出去卖报的人员集中起来，听他们汇报一天的斗争情况，然后给他们谈形势，上政治课，总结他们和反动派斗争的经验。营业部的房子是薄木板结构，街对面的房子里就有特务时刻监视着，营业部这边开会，特务分子在那边是看得见的。特务分子们总是想了解开会的内容。可是，戴宗奎是一个经过考验、非常坚强的报童，面对特务，他没有屈服，没有泄露机密。

这支由孩子们组成的小小报童队伍，在党的亲切关怀和教育下，在斗争中不断巩固、成长、壮大。四五年时间，就发展到100多人。

《新华日报》在国统区苦斗了九年，备受艰辛，最后被国民党反动派强行封闭。毛泽东曾赞扬《新华日报》如同八路军、新四军一样，是中国共产党领导下的一个方面军。

《为发行〈新华日报〉的斗争》

❖ 孙志慧、许军：大轰炸中的《新华日报》

日机对重庆的野蛮轰炸给战时首都的新闻出版业造成了很大的损害和影响，但是广大新闻出版界的同仁以宣传抗战建国，促进中国文化事业的发展为己任，克服种种困难，坚持出版发行各种报刊书籍。

1939年5月3日和4日，设在城内西三街和苍坪街的《新华日报》房屋被日机炸毁。这天，苍坪街的《新华日报》编辑部、营业部、印刷厂被炸，燃起了大火。《大公报》所在地二牌坊被炸，排字车间被掀翻。《国民公报》厂房和办公室被炸。《西南日报》被炸弹荡平烧毁。重庆各大报馆都遭到不同程度的轰炸，不少报社一时无法恢复出版。但是，日军的暴行不仅不能使中国报人屈服，反而激起了他们的坚强斗志。各报社一方面响应国民党中央宣传部的通知，参加《重庆各报联合版》的编辑出版工作；另一方面积极向郊区疏散。8月中旬，各报又相继复刊。

《新华日报》编辑部和印刷部为尽快恢复报纸的发行，在化龙桥和大坪虎头岩之间的黄桃湾租借到一块地皮。报社人员夜以继日地在山沟里修建起两排简陋的办公室、厂房及八间宿舍，还修建了简易的医务室、救亡室、托儿所和家属服务社，不分昼夜地安装抢修机器。在那些烽火漫天的日子里，坚持报纸的出版发行是很不容易的：外勤记者要迅速奔赴灾区现场进行采访；编辑要在微弱的烛光下，甚至顾不上吃饭就抓紧编发稿件；排字工人既要夜以继日地把被炸弹炸乱的字钉清理上架，又要在光度不够的煤气灯与电石灯前拣字、拼版，在敌机轰炸后，遇到暴雨袭来，还得戴着雨帽操作；没有电力，印刷机就全靠工人挽着机器上的安全手柄，轮流摇转，把报纸一份一份地摇印出来；发行人员须及时把报纸送到千家万户，如果途中遇到空袭警报，不是扔下就跑，而是将报纸牢牢抱住，暂时避入防空洞，与报纸共存亡，一旦解除警报，又准确无误地送给订户。

1941年7月12日和8月4日，《新华日报》发表短评，盛赞陪都报业精神，并针对日本法西斯强盗对市区平民住宅变本加厉狂轰滥炸的无耻行径，严正指出："固然使我人民遭受若干损失，友邦人士的财产同遭焚毁，我陪都同业如时事、新民、新蜀、大公、扫荡等报馆也先后受到许多物资上的损失，但这种兽行所得的结果只是更高度发挥我愈炸愈勇的大无畏精神，日寇虽毒，岂能奈我何！""我们陪都同业中不幸被炸的几家，虽然有的是接一连二地遭受不幸。但困难不能挫我奋斗的意志，日寇炸了我们依然是照常出版，为抗战建国的伟业服务，这种精神实在要引起全世界正义的钦敬，要使日寇侵略者愧死的……我们陪都同业这种坚守岗位，不惧暴力的光荣奋斗有力地显示出中华民族的伟大。"

《愈炸愈勇的红岩人》

❖ 肖鸣铿：重庆有家《四川日报》

20世纪20年代的重庆地区，有一家颇受读者喜爱和关注的报纸《四川日报》，它和《新蜀报》并肩战斗，在大变革的时代里，发挥着革命号角的作用。

《四川日报》立案的时间是1923年8月，初为留日、留美学生周敌凉、范天笃、罗绍州、吴自伟、吕一峰等办起来的报纸。这批留学生，大都经过五四运动的洗礼。留美学生吕一峰钻研政治和经济，曾获丹尼生大学硕士学位。

1924年11月，重庆报界公会成立时，决定参加"重庆拒毒会"，报界公会为分会。选出的拒毒分会董事中，《新蜀报》为萧楚女，《四川日报》为范天笃。从此，《四川日报》在新闻界崭露头角，很受信任。这时，萧楚女也来《四川日报》担任主笔，声誉大增。因萧楚女在《新蜀报》所写文章遭反动当局压制，并要报社将他辞退，乃转入《四川日报》。

这个时期的《四川日报》，经常宣传革命的三民主义和阐发反帝反封建的主张，版面充满爱国主义的报道。由于报纸信息量大，生气勃勃，销量由原来的400份猛增到3000份。因吴自伟办报有方，董事会即聘请他为《四川日报》社社长。吴自伟又立即去蓉聘请从北京朝阳大学毕业的牟炼先担任总编辑。

1926年9月5日，英帝国主义制造出震惊中外的"万县事件"。在舰炮轰击下，万县军民死亡三百多人，伤四百多人，财产损失达二千万元。惨案发生后，杨闇公即发动和领导了由"莲花池"为骨干和《新蜀报》《四川日报》的周钦岳、牟炼先等30多人组成的"万县九五惨案雪耻会"，接连几天印发快邮代电，声讨帝国主义的侵略暴行，反英烈火燃遍山城。坐镇重庆的四川军阀刘湘恨得咬牙切齿，但又无可奈何。

1927年"三三一"惨案发生，国民党右派省党部和青年党分子，在捣毁国民党左派省党部、市党部、省农协会、市总工会及中法大学、中山学校、联合中学的同时，也捣毁了《四川日报》。"蔚文"印刷厂被强制没收，报馆的财物被暴徒掳掠一空。

《重庆有家〈四川日报〉》

❖ 寇思敬：卖报声中有深意

抗日战争时期，陪都重庆的报纸，计有《大公报》《中央日报》《世界日报》《扫荡报》《国民公报》《商务日报》《新华日报》《新民报》《新蜀报》等等。

▷ 1924年10月20日的《新蜀报》

那时，报纸的发行，在市郊区主要是靠报贩推销。销售方式，除固定摊位之外，大多是沿街叫卖。

当时，《新华日报》虽是公开发行，但有时报贩仍不敢公开大声叫卖。

1944年，我住南岸清水溪时，就常从报贩手中购买《新华日报》。每天，卖报的还未到清水溪街口，便沿途叫喊："卖报，卖报，请看大公、新民、新华、扫荡、中央……"一听叫卖声，便知他带有《新华日报》。日子久了，便从卖报声中悟出他们这样叫卖的意义。有时，卖报的不叫喊，就说明有特务盯梢。如想买一张当天的《新华日报》，他就给你一张《中央日报》。便知"新华"在"中央"里面。可见，报贩们不但在推销《新华日报》，也在保护《新华日报》。

《渝南旧事》

❖ 刘宗宽：重庆《大公报》被查封的真相

1949年8月15日国民党中央党部秘书长吴铁城由广州打电报给张群，要西南军政长官公署立即查封重庆《大公报》。这份电报是这一天下午下班后才译出来送阅的。本来这类电报一般都是先送往秘书长过目。这时大家都已下班回家了，只有我一个人还在批阅各处室送来的公文未走。办公室便把这份电报连同应呈送我的一些刚译出的电报一起送给了我。我看完之后，批了"呈长官"，交下去后，就立即下班离开公署，但我没有径直回家，而是先到《大公报》经理王文彬家中，建议他立即动员报社人员连夜把报社所有重要的东西转移，秘密妥善保存起来，并采取一些必要的紧急措施，免得张群、钱大钧认真起来，马上执行时措手不及，造成损失。我把这个秘密消息告诉王文彬并为其出了紧急处置的主意之后，才如释重负，心情愉快地回家去吃晚饭。

幸好张群没有马上行动，第二天下午长官公署召开乙种会报会议，研究这个问题。乙种会报会议是大区地方党、政、军、特等单位的一种联席会议，研究处理地方有关的重大问题。这次会议是由长官张群亲自出席主持的，出席会议的有：副长官钱大钧，秘书长周君亮，长官公署政务委员会秘书长张笃伦，公署二、三处处长，民政处长，新闻处长，政务委员会处长，市政府秘书长，民政局长，社会局长，教育局长，警察局长，重庆警备司令部司令、副司令，参谋长，参谋处长，新闻处长，稽查处长，国民党重庆市党部正副主任委员，三青团正副书记长，宪兵团长，军统，中统特务头子等，我是以长官公署代参谋长身份参加的。

会议开始，张群首先向大家宣布了吴铁城电报的内容，要求大家讨论研究，提出意见。我便首先发言，提出不能查封的意见。我说："共产党宣传说我们钳制舆论，没有新闻自由，国际上也说我们没有新闻自由。现在《大公报》是国内唯一的在国际上有名声的报纸，还可以在国际上装点装点门面，如果连一个仅有的《大公报》都查封了，那在国际上不是正好证明我们钳制舆论，没有新闻自由吗？在国际舆论上会引起极不好的影响。为了维护政府的声誉，装点门面，也不应该查封《大公报》。"紧接着张笃伦发言，他对我的意见极表赞同，认为我考虑很周到，很有道理，应当慎重考虑。于是，张群表示同意我的意见，决定不查封。但他又说怎么对吴铁城秘书长交代呢？我便建议："现在不答复，不久长官要去广州，那时当面向吴铁城说明利害，请他考虑决定。这样做灵活一些。"由于张笃伦的积极支持，张群已表示同意，别人就不便再提出不同的意见了。这件事就这样决定下来了。但事情并未最后解决，要看张群去广州后与吴铁城谈话的结果如何，才能最后见分晓。可是，张群从广州回来后，即令金城银行经理王恩东把中央党部秘书长吴铁城的意见转告王文彬，要求《大公报》改变态度，登报公开声明，坚决拥护国民政府的反共政策，不说有损于政府的话等等。于是王文彬趁记者节将到，为《大公报》写了一篇"社评"：《信条与愿望——纪念三十八年记者节》，于1949年9月1日在该报发表，想应付了事。但张群不同意，一定要王文彬以自己的名字写文章表态。这时，全国已大部分解放，兰州解放后，四川已惶惶不可终日，全国胜利在即，王文彬决不会做出公开表态的蠢事。谈判陷入僵局，王文彬只有退避三舍辞职离开《大公报》，张群派彭革陈为《大公报》经理，接收了《大公报》。两个启事于1949年9月18日并排刊登在《大公报》报头旁边，非常醒目，颇具讽刺意味。《大公报》名义上虽未被查封，而实际上却被接收改组了。同时，还派长官公署新闻处科长黄光时为《新民报》的总编辑，控制了该报。

《国民党查封重庆〈大公报〉的真相》

❖ 伍子玉：重庆大学的两次"拒长风潮"

在抗战期间，重庆大学先后发生过两次"拒长风潮"，即当时各报纸刊载的"挽胡拒曹"和"驱梁运动"。

1938年6月，校长胡庶华辞职，消息传出后，学校师生成立了挽留胡庶华大会（简称挽胡会），发电报，派代表请愿等。国民党四川省政府却委派曹四勿接任校长，从而发生了"挽胡拒曹"的斗争。几经周折，直到同年10月，省政府最后确定并报经国民政府教育部批准，由叶元龙教授担任校长，曹四勿另有任用，风潮才平息下来。到1940年12月，校长叶元龙又提出辞职。1941年7月，经省政府批准任命梁颖文接任校长，遭到学校师生的反对，虽经张群亲自出马做工作，谈判仍然失败。8月22日，梁颖文率领保安部队冲进学校，以武力保护接事，引起师生的强烈不满，学生对此特别气愤，爆发了"驱梁运动"。国民党政府竟勒令解散重大，并当场逮捕学生多人。

这时候，中国共产党和社会各界人士对此表示了极大的关注，纷纷谴责这种摧残教育和青年的法西斯暴行，同情学生为争取民主而遭受迫害的困难处境，有力地声援了重大维护自身权益的合理斗争。中共办的《解放日报》，张季鸾、王芸生主办的重庆《大公报》都专门为此发表了社论，给师生以极大的鼓舞和支持。社会各界人士包括四川省参议会都极力主张恢复重大。9月30日，梁颖文迫于社会舆论的压力而辞职，省政府采取了恢复重大的过渡措施，成立以张洪沅教授为主任委员的重庆大学整理委员会。1942年2月17日，行政院第五五一次会议，通过教育部根据张洪沅《关于〈重大整理任务完成，请求复校开学行课报告〉的报告》，撤销重大整理委员会，明令复校。并于3月5日任命张洪沅为重大校长。至此，重大师生的这场斗争，终于取得了胜利。

张洪沅继任重大校长以后，学校从严重挫折打击下又开始了稳步发展。1942年，先后成立了公路工程实验室和应用化学研究室，开展了有关科研活动。公路工程实验室和省公路局合作，修筑了上清寺至小龙坎一段柏油路，由该室负责进行路面试验、材料试验和公路设计，公路局负责路面建筑。重大学生还实地参加建筑路面工程，受到工人们的称赞。该室还为重庆运输统制局开展公路研究，该局提供经费5万元，以支持研究工作的开展。

应用化学研究室是由化学系和化工系共同创办的，由张校长兼任。该室的研究任务是：接受社会各界人士关于化工之一切咨询设计及代为化验等业务；应社会需要从事土产调查及研究。因两室学生实验消耗药品数量甚大，特别是香港沦陷后，药品矛盾更加突出。经过师生的艰苦奋斗，基本上做到药品自给。该室还为四川自流井富荣试验盐工改进操作，由张洪沅和金锡如、杜长明合作设计了真空制盐机，大大提高了工作效率，减轻了工人的劳动强度，取得可喜的研究成果。

在这期间，张校长和全校师生一道，为将重大由省立改为国立而进行不懈努力。1942年秋，张校长去成都会见当时的省政府兼主席张群，取得同意，乃由省政府去函教育部，该部于同年12月据此呈报行政院。该院始于12月29日第五九四次会议通过决议，将重大改为国立，再次任命张洪沅为重大校长。此决定公布后，师生皆大欢喜，张灯结彩，热烈庆祝。此后，学校经费有所增加，教职员工薪也有提高。

《抗战烽火中的重庆大学》

❖ 杨乔：从"民主讲座"到"社会大学"

1945年冬天，开明书店《中学生》杂志社的傅彬然先生介绍我到重庆某中学任事，但被人"捷足先登"，没有去成。我迫于生活，到国民党某军事机关工作，白天上班，夜晚参加听"民主讲座"。

当时，每逢星期六，在重庆和平路管家巷二十八号育才学校驻渝办事处（以下简称"管二八"），由陶行知先生主持的"生活教育社"等社团出面举办"民主讲座"，请当时在重庆的各方面的知名进步人士演讲政治时事问题。周恩来曾带头来这里报告过国内外形势。

在"民主讲座"，我们听过翦伯赞、华岗、邓初民、宋云彬、许涤新、章汉夫、张友渔、何其芳等教授的专题报告，也听过冯玉祥、秦邦宪（即博古，延安《解放日报》社长）、邓发（陕甘宁边区工会主席，世界工会联合会副主席）、柳湜（陕甘宁边区政府教育厅厅长）等党内外人士的讲演。

听"民主讲座"，在当时的重庆，是一件极为不寻常而又危险的事。当时，国民党反动派在重庆的控制很严，对"管二八"特别注意，曾派了一批特务进行捣乱。为此，"民主讲座"采取了对策，对听讲者实行严格检查并须经可靠人介绍。凡来听讲的，都须持听讲证，在入口处验证入场，以防坏人混入。

我至今还有印象：有一次，冯玉祥将军来演讲，他穿一件短棉布大衣，腰间还系了一条丘八皮带，他的讲话很风趣，声音很洪亮。就在冯将军讲话中途，特务在围墙外掷砖头进行破坏。

广大的要求进步的青年男女，站在民主运动的前列，积极参加"民主讲座"，如饥似渴地学习革命理论。但渐渐地大家对这种内容比较单一、时间间隔较久的讲座感到不满足，要求进一步组织起来，系统地学习马克思主义和中国革命的理论。

在人民教育家陶行知、李公朴和方与严的支持下，金秀堤、翁维章、陈作仪、陈仁愫、周西平等同志积极奔走，经过商量筹划，发起了创办社会大学的倡议。成立校董会、募集经费、聘请教授、借用校舍以及办理招生等一系列事务，从开始筹备（1945年12月23日）到正式开学（1946年1月15日），只花了20多天，一座崭新的民主大学就在山城重庆创立起来了。

创办社会大学是陶行知教育理论的一次新的实践（他认为夜大学是一种在职业青年和失学青年中普及大学教育的好形式），其精华体现在社会大学的办学宗旨、教育方针、学制课程、学习方法等各个方面。

重庆社会大学就是靠穷办法创办起来的"草棚"大学。社大一无校舍，二无基金。没有校舍，借；没有基金，学生自己筹。陶校长说："承认中国是从农业文明开始过渡到工业文明，经济极端贫穷。我们必须发现穷办法，看重穷办法，以办成丰富的教育。"

社会大学是1946年1月15日开学的。分政（治）经（济）、新闻、文学、教育四个系，学生有近200人。推选陶行知、李公朴任正副校长。学生来源，绝大多数是当时在重庆的在职男女青年，这些人都是思想上倾向民主进步、向往革命的，是经由民主党派、共产党组织和各种进步团体内的进步人士介绍推荐而来的。当时在社大担任教授的有邓初民、翦伯赞、华岗、章汉夫、张友渔、陈翰伯、宣谛之、潘天觉、于刚、何其芳、力扬、徐荇、骆宾基、曹靖华、孙起孟、潘菽、方与严、孙铭勋、许涤新、侯外庐、罗克汀、章乃器、何思敬等数十人之多，他们都是深孚众望、为青年人所爱戴的有真才实学的学者名流。

社大开办以后，受到中国各种进步力量的赞许。但是，也在意料之中，国民党反动派却因此胆战心惊，恨之入骨，必欲置新生的社大于死地。在反动派的心目中，认为这些青年被灌进了民主进步思想和共产主义信仰，必然会动摇甚至掀翻他们的黑暗统治，因此惶惶不可终日。

《回忆重庆社会大学》

❖ **唐维华：**中国话剧的圣殿——抗建堂

抗建堂坐落在重庆市渝中区纯阳洞街13号，它在抗日战争时期，曾为上演进步话剧和进步文艺界集会作出过重要的贡献。

抗战时期，重庆成为大后方戏剧运动的中心。当时在重庆的不仅有五大剧团——中华剧艺社、中电剧团、中国万岁剧团、中央青年剧社、中国艺术剧社，而且还有孩子剧团、怒吼剧社、中国业余剧社、戏剧工作社、国立戏剧学校、中国胜利剧社、留渝剧人、新中国剧社、育才学校戏剧组等专业和业余剧团；一大批知名的老作家，名导演，名演员，舞美大师云集重庆，话剧运动在重庆形成了空前的高潮。话剧发展了，但可供演出的剧场却奇缺。

1940年4月，郭沫若兼任中国电影制片厂所属的中国万岁剧团团长后，针对当时只有国泰大戏院可演话剧的情况，决定兴建一所话剧剧场，以解决当时重庆戏剧界名家荟萃，而剧场奇缺的困难。中国电影制片厂第二摄影棚地处中山一路马路边，市声嘈杂，不利于拍摄电影，于是就把该处改建为剧场，由史东山的夫人华旦妮具体负责改建。剧场在1949年底建成，以"抗战建国"口号取名为抗建堂。

抗建堂总占地面积为1321平方米，建筑面积为817.22平方米，剧场占地面积为543.28平方米。剧场坐北朝南，为中西式两层砖木结构楼房，有堂厢、楼厢和工作室。建成后的剧场，音响效果很好，大小适中，是演话剧的理想场地，1941年4月，中国万岁剧团就在新落成的抗建堂，公演了四幕话剧《国贼汪精卫》。

抗建堂从1941年4月至1945年，共上演了33出大型话剧。除马彦祥编导的《国贼汪精卫》外，有郭沫若编剧，分别由石凌鹤、王瑞麟导演的

《棠棣之花》《虎符》；阳翰笙编剧，应云卫导演的《天国春秋》；陈百尘编剧，应云卫导演的《大地回春》；曹禺编剧，分别由张骏祥、金山、史东山导演的《北京人》《雷雨》《蜕变》；吴祖光编剧，分别由贺孟斧、张骏祥导演的《牛郎织女》《风雪夜归人》；张天翼原著，石凌鹤、张莺、吴晓邦改编，石凌鹤导演的《猴儿大王》；由杨村彬编导的《清宫外史》；徐昌霖编剧，史东山导演的《重庆屋檐下》；安特列夫著，师陀、于伶改编，陈鲤庭导演的《大马戏团》；夏衍编剧，金山导演的《芳草天涯》等等。这些话剧的演出，都以其在政治上、艺术上各有其令人难忘的成功之处和特色而轰动山城，在话剧运动史上留下不可磨灭的一页。

《回顾重庆〈抗建堂〉》

❖ **伍子玉**：不畏空袭，弦诵不绝

抗战期间，重庆曾多次遭日本侵略者飞机的狂轰滥炸。如：1939年9月4日，体育专修科办公室及校办铁工厂附近被炸数处；1940年5月29日，工学院大楼及教职员工、学生的宿舍都遭受轰炸，损失严重；同年7月4日，日机对我校肆意狂轰，投弹达数百枚，损失更惨重。为了把教学和科研活动坚持下来，学校下最大决心，整理修缮被炸房屋，并挖掘五个防空洞，及时转移图书和珍贵仪器、实验设备。建筑系、机械系和电机系等分别建立了地下实验室。

这期间，学校还修建了可容200人的女生宿舍楼，添建了盥洗室、厕所和浴室，缓和了学生住宿拥挤的状况；学校在1939年兴建了自来水装置（当时沙坪坝尚无自来水供应），解决了师生食用水的困难。学校还根据教学、科研的需要添设实验室、实验设备和其他设备，如矿冶系建立了采煤室、试金室，化工系添置了制革设备、油脂设备，机械系添置了实习机器，电机系购置了各式电表，商学院还专门购买了一万元图书和必要的外文资料等。

许多知名学者、教授来到战时的陪都后，不少人就聘重庆大学，使学校的师资力量更加雄厚，教学质量进一步提高，声誉蒸蒸日上。著名经济学家马寅初教授出任商学院院长。著名地质学家、中央地质研究院地质研究所所长李四光担任讲座教授。著名数学家何鲁教授继续担任理学院院长。著名无线电专家冯君策（冯简）担任工学院院长。据当时统计，学校聘请专任教授54位（其中17位兼有校内各种职务）、兼任教授58位，合计共有教授112位，学生仅有1016人。

由于师资充足，阵容整齐，使教学质量得以保证和提高。工学院院长冯君策讲授无线电课，内容生动丰富，简明扼要，极易理解消化，深受学生欢迎；他还拿出自己的薪水，印制德文《许特科技手册》，送给本院师生人手一册，解决教与学都缺乏工具书的问题。师生铭感振奋，至今尚犹念念不忘。

土木系教授叶明升讲授河工学课，刘泰琛教授任铁路曲线及土方课，丁观海教授（现代著名物理学家、诺贝尔奖奖金获得者丁肇中的父亲）担任钢筋混凝土、应用力学、材料力学等课的讲授，均认真负责，条理清楚，重点突出，注意联系实际，受到学生好评。

化工系教授傅肖鸿（傅鹰）讲授物理、化学和英语课，彭用仪教授讲分析化学和德语课，胡叔平教授讲普通化学，彭蜀麟教授讲工业化学和化工原理等，他们的知识面宽，教学态度认真，对学生要求极严，尤其是实验课更是如此。

理学院院长何鲁，在教学方面狠抓基础课程，采用启发式，注意基本功的锻炼，大力培养学生的逻辑思维能力和自学能力，深入浅出，引人入胜。

地质专家李四光教授的讲座，更是座无虚席，深受学生喜爱。商学院院长马寅初讲银行学、货币学，并结合抗战时期的财政经济现状，引导学生参加实际斗争，学生受益极大。丁洪范教授讲经济学、初级会计，朱祖晦教授讲初等统计、商情预测和数理统计，朱国璋教授讲成本会计、公司理则和会计报告分析，张圣奘教授讲经济地理等，都普遍受到学生欢迎。

在兼任教授中，有些来自专业工作部门，他们掌握的实际材料比较丰富，增加了教学的生动性。如国民政府交通部统计长王仲武讲统计原理，监察院监委林和成讲高等会计，主计处秘书长杨泽章讲授政府会计，主计处科长马明治讲铁道会计。会计制度设计，中央信托局保险部门经理罗北盛讲授人身保险等，都有较丰富的材料和各自的特色，很受学生的喜爱。

还有一些工厂的厂长、工程师来兼任教授，他们不仅在教学中紧密结合生产实际，而且还为学生提供实习条件，能有效地提高教学质量。如内迁来渝的上海炼钢厂厂长余明钰给矿冶系讲授"钢铁冶金学"，并带领学生回厂实习，使大家既学了理论，又学到了炼钢的实际技术；交通部公路工务总处陈政和为土木系开路工研究讲座；美国机械设计权威、美国战时全国技术训练委员伊顿教授开设了美国战时工业概况、美国战时大学教育等专题讲座，均反映效果良好。

《抗战烽火中的重庆大学》

❖ **李传道：** 白雪国乐社独树一帜

我国的民族器乐在20世纪40年代称为国乐。我当时是一名国乐爱好者，在念中学时就学会了吹笛、吹箫和拉二胡。但没有师傅，也没有受过基础训练，所以只是会而不好。1942年秋，我在中央大学森林系刚刚进入三年级的时候，有幸参加了白雪国乐社，一直到1949年夏国乐社自然解体，我仍是积极参加活动的社员。

白雪国乐社是1941年成立的学生业余音乐社团，社员最多的时候达40多人，每周集体练习一次，每年在校内公演1—2次，此外不定期应校内外各单位（包括广播电台）和社会团体邀请作小型、中型和大型演出，常为校内学生剧团的演出进行音乐伴奏等。

20世纪40年代，中国正是抗日战争时期，后来又是国民党发动内战的黑暗统治和经济崩溃时期，中央大学学生的生活是非常艰苦的。白雪国乐社在没有任何经济来源的条件下，自己制作简陋乐器（大型乐器如锣、鼓、扬琴等则在演出时临时借用），自己刻印乐谱，自力更生克服各种困难。但所有演出活动都是无偿的。由于社员们的勤学苦练和认真演出，每场都取得良好的效果。在当时的陪都重庆和后来在首都南京都享有很高的声誉。

《回忆中央大学白雪国乐社》

▷ 1945 年 11 月，中央大学校园一隅

❖ **刘恺：**章太炎万州留校训

1917 年（民国六年）初，民主革命家章太炎奉孙中山先生之命，跋山涉水到西南（滇、黔、川）几省考察。5 月末，回京时路过万县，住高笋塘驻军的招待所。当时"省四师"的创办人校长钟正懋校长，字雅琚，曾是

太炎先生最早的及门弟子。5月24日这天，他特意带着一些学生，在拂晓时分出发，过木桥，渡苎溪河，走小街，爬小巷，来到高笋塘驻军的住所热烈迎接。太炎先生呢，瘦瘦的身材，中等个子，也专门坐一乘轿子到文昌宫去看看当年的学生。

辛亥革命前，钟校长曾留学日本。章太炎先生已是誉满天下的国学大师，又是坚持反对清朝的革命家，曾为此坐过牢，出狱后东渡日本，加入孙中山发起的同盟会，在中山先生领导下从事反对清朝的革命斗争。他那时，一面革命，一面讲学，因此钟正懋曾拜其为师。

从高笋塘下来，章太炎先生向大家谈起当年在流亡异国时，曾经聚徒讲学的逸事。他一路上津津乐道在日本讲学时参加听讲的弟子有鲁迅、钱玄同、范文澜、朱希祖等以后在我国文化界、思想界赫赫有名的人物。这些人回国后，鲁迅在文学上的成就之大，可说是"青出于蓝，而胜于蓝"了。范文澜嘛，一直从事近代史的研究，可以说著作等身，风行全国。钱玄同呢，一直任北京大学教授，是语言文字学权威，与鲁迅过从甚密；回忆他们在日本听先生讲学情况时，鲁迅曾用生动笔触描写钱玄同"爬来爬去"，那是因为日本室内没有桌椅，席地而坐，而钱玄同的"爬来爬去"是专心听课，生怕把所讲的内容没听清楚，或者漏掉了。再就朱希祖而言，回国后任北京大学中文系主任多年……

随行的人听得非常有味，纷纷赞扬太炎先生国学根底雄厚，无论从知识的广度和深度来说，都远非一般人所能望其项背。

钟校长在"省四师"这些年，一贯提倡"尊师重道"，现在老师章太炎路过万县又亲自到校来看望，他真是衷心感激，欣慰莫名。对章太炎老师的热诚欢迎，非言语所能形容。在欢迎仪式完毕之后，即恭请老师书写一个校训，太炎先生高高兴兴慨然应允，这个校训用篆文写好，后刻在一块石碑上。原全文如下："校训：无冥冥之志者，无昭昭之功；骐骥一跃，不能十步；驽马十驾，功在不舍。章炳麟书。"

这是章太炎节录《荀子·劝学篇》的名言警句所成，前后次序略有颠倒。如用白话文来解释，就是：若没有冥思苦索、深沉志向的人，那就没有彰明卓著功业；像千里马虽走得很快，但它一次跳跃，不可能有十步之远；可劣马拉车十天，当然会比千里马跳一回更远得多。这说明，之所以其两者功效差距这么远，关键在于持之以恒、不断前进啊！

这校训教育我们要学习荀子那种沉潜笃实的学风，而归结于"学贵有恒""锲而不舍、金石可镂"。其意思主要是激励同学努力读书、树立大志、服务社会。

《章太炎在万二三事》

❖ **易光烈：** 张伯苓入渝赋诗

张伯苓，原名寿春，天津人，著名教育家，1892年进入北洋水师学堂学习驾驶，五年后入海军当士官生。1898年英国强租威海卫军港，亲眼看到帝国主义对我国的侵略，认为"苟不自强，奚以国存，而自强之道端在教育"。不久他便抱"教育救国"理想，离职回天津，开始从事教育事业。

他回天津后，先在曾任清朝学士、侍部严修家里当家教馆教师，以后又兼任天津富商王奎章家中的家教馆教师。1904年随严修去日本考察教育，回国后，仿效资本主义国家教育制度，将严、王两家的家教馆合并扩大为私立中学堂，不久改名为敬业学堂，旋又改名私立第一中学。由于学生逐年增多，1907年在天津南开地区新建校舍，遂改称南开中学堂。1915年后南开学校增设英语专科，是年又增设高等师范科。1917年秋，张伯苓到美国哥伦比亚大学研究教育，回国后着手向中外各方募捐筹办南开大学，设文理商三科。1923年应当时社会要求，又开办了南开女子中学；1927年后，又组织东北研究会；1928年开设南开实验小学；1931年设南开经济研究所，次年又设化学研究所。

他把标榜"教育救国"的宗旨，概括为"我中华民族之大病约有五端"，"首曰愚，次曰弱，三曰贫，四曰散，五曰私……创办南开学校，其

▷ 抗战时期重庆南开中学校门

▷ 张伯苓在重庆的旧居

消极目的在矫正上述民族五病，其积极目的为培养救国建设人才，以雪国耻，以图自强。"

抗日战争爆发前，日本在天津的驻军每日清晨在南开学校进行军事操练，张伯苓对此十分愤慨。1935年他眼看日本帝国主义侵略节节进逼，心中十分忧虑，因此他借参加全国禁烟会议之便，入川考察，作迁校的准备。他乘民生公司轮船，在入川途中在轮船甲板上凭依栏杆，目视滚滚江流，心中感慨万千，遂口占一绝云：

大江东去我西来，
北地愁云何日开？
盼到蜀中桑乐土，
为酬壮志育英才。

这首诗展示了他浩瀚的胸怀和他所抱的理想及"教育救国"的雄心壮志。这个乐土，终于等到了，他选定了重庆沙坪坝作为建校育人的基地。因此他以后就派人来重庆沙坪坝修建了重庆南渝中学，以后又改名为重庆南开中学，并在这里设立了南开大学经济研究所。

《张伯苓入川赋诗》

❖ 红水：张书旂与抗战名画《百鸽图》

人们谈起世界和平运动时，往往会想到1951年毕加索的那只飞翔的《和平鸽》。其实早在毕加索之前10年，中国著名花鸟画家张书旂就创作了《百鸽图》，并作为世界和平的信使，由我国赠送给美国总统罗斯福，祝贺他第三次任总统。

1940年12月，时在重庆国立中央大学教书的张书旂，受任国民政府外交部部长王宠惠教授和中大校长罗家伦委托，站在中国国家的立场上，要他创作一幅以鸟为题材的巨幅中国画，赠送给当时的美国总统罗斯福，以争取美国尽快加入世界反法西斯斗争、建立世界和平新秩序的行列。同时，也代表中国政府祝贺同情中国抗战的罗斯福连任美国总统。其时，中国的抗日战争已经进行了四年。中国政府为加强中美两国之间的友好关系，正进一步争取美国早日加入世界反法西斯战争。

　　张书旂是浙江人，当年中央大学在南京时，徐悲鸿、柳子谷、张书旂并称画坛"金陵三杰"。陪都时期，为躲避日机轮番轰炸，在歌乐山下的中央大学艺术系教授、著名画家、花鸟画艺术大师张书旂接受委托后，便在抗战最艰苦的岁月中，在沙坪坝松林坡（今重庆大学校园内）的防空洞内苦苦构思，终于选中了鸽子作为绘画的主题。他在磁器口观察鸽子之各种形态，又从磁器口买来鸽子在家中观摩。当时，张书旂既要教学，又奔忙于住宅与防空洞间，在炸弹停止的间歇，就回到书房潜心作《白鸽图》。用了三周时间在防空洞内，画足了100只神态各异的和平鸽。

▷　百鸽图

　　这张中国画《百鸽图》堪称巨构，整幅画长162.56厘米，宽355.6厘米，是在张书旂惯用的特制熟宣纸上画成。他作画，不用生宣，用熟宣，尤以用粉著称。白粉浓淡又分五色，或调以墨，或调以色，直到现在还没有画家的用粉达到如此精妙绝伦的程度，而且它仍然保持着中国画传统的水墨画技法，表现出了鲜明的民族特色。

　　画面上的100只鸽子，或站，或飞，或咕咕鸣叫，千姿百态，色彩各异；画中浮动着朝霞的色光，鸽群与橄榄树、杜鹃花相辉映，凸显和平憧憬的主题，与眼下战争惨境中的城市形成鲜明对比。画面基本上由三大群鸽子组成。橄榄树下和杜鹃花前的两组鸽子落在地上，它们或啄食或嬉戏，咕咕有声地沐浴在春意无尽的大花园里，似在庆贺着反法西斯战争胜利后亿万人民无比欢欣喜悦的幸福生活。另一大群自右上角由远而近，先向外后转向内地飞向中部聚集一起，散而不乱，整体感很强，形成了一个气势恢宏的乐园。

　　这幅画的色调净朗、宁和，与身边残垣断壁、血肉横飞的景象截然不同。画是横幅的，鸽子有白的，有黑头的，有黑翅膀的，基本上两个颜色，白与黑（没有灰色的）；在画的右上部分有一棵很大的常青树。在色彩方面，现已经60余年之久，仍然非常完好。整张画面秀丽清润，和谐淡雅。他以粉调色，以粉调墨，充分发挥他独创的白粉主义画风。

　　《百鸽图》在1941年1月20日之前，由专机"飞剪号"送往美国，在美国总统就职大典前送给了第三次当选美国总统的罗斯福。罗斯福总统收到画后，委托美驻华大使詹森致函代为表示感谢。

　　这张《百鸽图》飞到白宫前后，受到当时中国大后方的各大报纸和美国各方媒体的关注和报道，轰动一时。1941年张书旂随《百鸽图》出访美国，到美国之后又受到美国和欧洲等各国美术界的礼遇。他在纽约、华盛顿、旧金山、西雅图等十几个城市举办非常成功的画展，很受欢迎。同时也在加利福尼亚大学、墨西哥等大学和美术院校、艺术社团作了艺术表演，当众挥毫。欧美重油画，对中国水墨画知之甚少，他笔墨变幻莫测，用笔洒脱，观众惊奇地赞扬他是"世界上最快速的水彩画家"，有的观众竟拿起他的画笔，仔细观察着，并怀疑地问他笔里是否装有电器。观众问画家，你画一张画最快要多久，画家回答说："五千年。"智慧的回答，把中国绘画历史和五千年文明作了巧妙的诠释。

《张书旂与〈百鸽图〉》

❖ **张义富：**周敬承的《抗日金钱板》

　　抗日战争初期，永川抗日宣传队除采用口头讲、贴标语、放留声机、表演魔术、绘国难图表等形式进行抗日宣传外，还用金钱板曲调唱抗日新闻。趁着到吉安乡（今吉安镇）宣传的机会，周敬承彻夜不眠，写成《日本侵略中国简史》金钱板唱词；第二天到来苏镇作了第一次试唱，听众不少，募捐到130多元；第三天到兴隆乡（今永隆镇）试唱，竹板一响，老少听众都来了；第四天在城内各通俗演讲处演唱，听众更多。消息传出，各方纷纷到民教馆索稿。民教馆将编成的唱段初稿呈县政府主管科审核之后付印。二、三、四集陆续印发。1939年1月，国民政府军事委员会冯玉祥副委员长到永川，为四集金钱板唱词题写了书名：《抗日金钱板》。这就是抗日战争时期在永川及川南地区广为流传的《抗日金钱板》的来历。后来在成都出版了第五集。

《周敬承的〈抗日金钱板〉》

❖ **曾传宜：**话剧《保卫卢沟桥》轰动重庆

　　1937年9月29日，成立不久的怒吼剧社首次在重庆国泰大戏院演出三幕抗战话剧《保卫卢沟桥》，也是怒吼剧社第一次公演，连演四场，场场满座，盛况空前。这出戏揭露了日本军阀凶残的侵略行径，展示我抗日战士大无畏的牺牲精神。舞台上下大声地喊出蒋介石政府多年不允许喊的口号："打倒日本帝国主义。"被当时的舆论推崇为："重庆有真正演出，那是以怒吼剧社为纪元。"

第一炮打响，轰动了重庆，吸引了很多有志青年前来报名参加。《保卫卢沟桥》的怒吼声，震动了重庆，唤醒了许多还不知道中国和日本已经打了几个月"国战"的市民。成百的重庆爱国青年看了演出后投奔剧社，要求参加抗日宣传。因为他们不会讲"国语"，怒吼剧社为他们成立了街村演剧队，用四川话对街村群众作抗日救亡宣传，效果更好。

▷　1937年，《放下你的鞭子》在重庆演出的剧照

《保卫卢沟桥》演出后，怒吼剧社还以多种形式积极开展抗日演出活动。1937年11月21日，怒吼剧社20余人，在海棠溪、黄桷垭演出《张家店》等剧，乡民500余人冒雨观看。1938年7月剧社组建中共党支部，梁少侯为书记，剧社的抗日救亡活动更加蓬勃发展。剧社先后组织街村演剧队，在重庆街头和郊区巡回演出，演出剧目主要有《放下你的鞭子》《沦亡以后》《死亡线上》《壮丁》《三江好》《死里求生》《黎明》《林中口哨》等。与此同时，还配合革命歌咏、漫画、讲演、家庭访问、重庆街头义卖活动等形式，广泛参与抗日救亡活动。同时在救国会的领导下，还组织了读书会，学习革命理论。1938年5月，在中共重庆地下党组织的领导下，组成六七战地工作团随川军六十七军开赴抗战前线，为抗战将士演出。怒吼剧社从1937年到1938年还先后进行了八次公演。1938年10月10日起，重庆举行第一届戏剧节，怒吼剧社参与了重庆有史以来最盛大的戏剧活动。参加1940年第二届戏剧节庆祝活动演出；1942年10月至1943年6月的第二届

雾季公演；1943年10月至1944年6月的第三届雾季公演等。1943年1月曹禺应重庆怒吼剧社之邀参加了焦菊隐翻译、张骏祥导演的《安魂曲》的演出，饰演莫扎特。

《重庆第一家抗战戏剧团体——重庆怒吼剧社》

❖ 汪赫孚：在重庆听京剧

▷ 花旦在向外国人展示耍花枪的技巧

抗战时期，国民政府西迁重庆，原在沦陷区的各种剧团也纷纷落户重庆，迁来的有话剧团、评剧团、汉剧团和京剧团，都公开演出。原在南京的厉家班1938年经武汉迁渝，还有一个赵荣琛京剧团。大批京剧爱好者也来到重庆，一时京剧活动十分活跃，会唱几句京剧的人大有人在，脍炙人口的《女起解》《朱帘寨》《借东风》等唱段，很多人都会唱几段会几句。

在重庆时间最长、影响最大的京剧团当属"斌良"国剧社（即厉家班）。他们在市中心的正阳街开设了"一川"大戏院公演，每天中、晚演两场，星期天加演早场（劳军），除演大型神话剧《西游记》全本外也演其他传统剧全本和折子戏。由于票价低，看戏的人很多，无论外省人和本地人，男女老少，常常客满，也有了一大批戏迷。厉家班的五虎将厉慧良、厉慧斌、厉慧敏、厉慧兰、厉慧森演艺精湛，名扬四海。老大慧良是全国有名的武生泰斗，京剧"四大猴王"之一；老二慧斌是唱花脸的，其身材魁梧，声如洪钟；慧敏是青衣花旦，不但嗓子好，人也相当漂亮；慧兰演老旦兼唱老生；慧森是著名丑角。他们五人联袂演出的《群英会》令人如痴如醉，回味无穷。

《重庆的京剧的兴起和发展》

❖ 韩丹：陶行知创办育才学校

陶行知是曾居住于缙云山、北温泉的文化名人中较为活跃的一个。陶行知是著名的教育家，安徽歙县人。他反对"沿袭陈法，异型他国"，推

▷ 育才学校旧址

行平民教育。九一八事变后，陶行知积极从事抗日救亡运动。1936年，当选为全国各界救国联合会执行委员和常务委员。受全国救国联合会的委托，担任国民外交使节，出访欧、美、亚、非28个国家和地区，出席世界和平大会、世界新教育会议第七次年会、世界青年大会、世界反侵略大会，当选为世界和平大会中国执行委员，为光大中华民族在国际舞台上的形象做出了杰出的贡献。

1939年夏天，陶行知先生在北温泉主持生活教育社暑期共学会，当时吴玉章正在北温泉休养。他向吴谈了办育才的宗旨，他说："我办育才学校的目的是在于培养人才的幼苗，使得特殊才能的幼苗不致枯萎，而能够发展。特别是为了老百姓的穷苦孩子，团结起来，做自觉觉人的小先生；团结起来，做手脑并用的小工人；团结起来，做抵抗侵略的小战士。"他的计划得到吴玉章的热情支持。1939年7月20日，育才学校借用北温泉小学校址，正式开学，学生有70余人。7月31日，邵力子、邹韬奋由卢子英陪同，专程到北温泉为育才师生作了《三民主义教育》和《民族政治与教育》的报告。嗣后，育才校址定在草街子古圣寺。学校设有音乐、戏剧、美术、文学和社会科学五个组。校内的教职工约60人，聘请了贺绿汀、章泯、艾青、陈烟桥、魏东明等许多专家、名教师到校任教。冯玉祥曾到育才学校参观。1940年9月24日周恩来和邓颖超也曾来此小住，并分别挥毫题字："一代胜似一代""未来是属于孩子们的"。陶行知的散文和诗歌创作丰富，他一生留下千余首诗，其中在北碚创作的占三分之一。古圣寺门侧，有一个荷花池，陶先生命名为"君子池"，并写一首《荷花舞》词："天上团团月，地上团团叶。生就玉精神，好像仙姊妹。看不清，是明月美，还是荷叶美。""活泼小弟弟，美丽小妹妹，我和人跳舞，这是第一回。看不清，是明月美，还是少年美。""若问我来历，敦颐最先言，但开君子花，流芳千万年。仍旧是，出生污泥，污泥不能染。"

《抗战文化名人与缙云山》

❖ 宗文：朱自清沙坪坝留背影

朱自清先生写下了散文名篇《背影》，生动细腻地描述了父子深情。

他自己却在沙坪坝留下背影。

抗战胜利后的1946年，西南联大的北大、清华、南开等校都迁回北平、天津原校地复校。师生多取道重庆北归。朱自清趁途经重庆候机回北平的短暂停留，曾到沙坪坝参观、访友和讲学。9月27日，他到重庆南开中学参观，受到喻传鉴主任、陈序教授等学者的欢迎和接待。上午由语文教师杨明志陪同参观了南开中学的语文教学，下午由他在西南联大的得意门生、时任重庆南开中学教务主任的刘兆吉陪同去松林坡附近的中央大学学生分社做了题为《现代散文》的演讲，以丰富的内容、逻辑的推理、独到的见解、朴实的语言，赢得了听众热烈掌声。两小时演讲结束，听众依依不舍地送到靠汉渝路的中大校门，由刘兆吉陪同步行到小龙坎车站候车回城。一位知名散文家，不要汽车接送，不要午餐招待，不取任何报酬，清茶一杯，步行来往，表现了一位名学者的清廉风度。候车两小时，终于等来了一部破旧汽车，人们蜂拥而上，刘兆吉挤入人群费了很大劲才把这位瘦弱的文学家推上汽车。他满怀深情回忆描述当时情景："朱先生身躯比较矮小，一进车门，就被摇晃着的人头淹没了，我在车外跷足仰望，还想再看老师一眼，有没座位？挤伤了没有？都得不到回响，车子已开了，我只望着那辆破旧狭小，像醉汉一样摇摇摆摆的老爷车子的背影。朱先生曾因他父亲的背影，写下了不朽名篇《背影》，我多么想透过车皮再看看老师的背影呀！"

朱自清写《背影》，饱含父子深情。

朱自清留背影，永凝师生厚谊。

《朱自清沙坪坝留背影》

❖ 张静澄："史学巨子"张森楷

张森楷编撰史书，构思缜密，用字严谨，文中凡所揭举，如人文地理、编年纪事等，都要经过反复调查研究，翔实甄录其出处，认为于史实无误才罢休，不摘取前人现成之作，避免因袭雷同。撰写《通史人表》一书时，他发现胡三省注本中人名、地名与史实不符之处有820处，以认真负责的态度逐条逐句加以勘校。为了便于应用，《通史人表》中《经子时务杂抄》卷内，他破除陈规，把帝、相、将、列、士、女划分成六大类，共收入古今126位有代表性的人物之成败及正反的典型事例，以史为鉴，昭示后人，指导为今，充分发扬"古为今用"的治史原则。

一部3000多卷的《二十四史》及历代的点校本，张森楷用了半个世纪校勘完毕，对其中疏漏之处、乖谬之笔都一一笔录详加考证。他以史学家的慧眼，参阅了30余处国内的旧本、孤本以及影印、手抄本，引用古今史料典籍达200本以上，剔除官修史书的弊端，不溢美，不掩过，旨在正本清源，以确凿的、翔实的论证一一加以勘校和点评，具有可信的说服力，竭力还历史一个真实。经张森楷勘校的新本和以往不同时期编撰的旧本比较，一是增强了可信度和真实性；二是条目编排有序，克服了以往前后矛盾的混乱现象；三是简明扼要，便于后人查阅，增强了实用性。《汉书人表》的旧式排列为九等，张森楷参照史料，以年为经，以事为纬，把九等变为十六目。与旧制不同处，所列人物不以职位和地域划分，而以姓氏和主要业绩划分。张森楷这一成功变动，上承扶风，下利当今，沿传后世，功不可没。

张森楷的严谨作风还表现在对自己的作品反复修改上。1928年，他年已古稀，为了寻求善本，修订《史记新校注》，不顾羸弱多病之躯，奔走于川陕道上，往返于津京之间。他手中的《史记新校注》已修改八次了，曾四次修改《二十四史校勘记》中的《史记》及《三国志》，三次修改《晋书》《北史》，两次修改《唐书》《旧五代史》。张森楷不负北京之行，终于在藏园先生处求得珍藏的善本，精心修缮《史记新校注》。这年8月，张森楷病情加重，友人劝他暂停手中的工作，他执意不从，日夜伏案疾书，笔耕不辍。

《史学家张森楷》

❖ 张仲：邹容的"雷霆之声"

邹容，中国近代史上著名的资产阶级民主革命家。1885年，邹容出生在重庆府城内夫子池洪家院子的一个富商家庭。他从小天资聪颖，勤奋好学，从不墨守成规，对新事物、新思潮总是怀着强烈的兴趣去汲取。那个年代正是民族危机严重、清政府愈益腐败的年代，民族的灾难深深地激起了他国家兴亡、匹夫有责的强烈义愤，爱国御侮成了他学习、奋斗的全部目的。

1902年邹容自费到达东京，进神田区文书院读书，此间，他阅读了大量欧美资产阶级革命家的历史书籍和西方资产阶级启蒙思想家的著作，思想产生了质的飞跃，在孙中山民族革命思想的感召下，他积极投身革命运动，在留学生各种集会上，对帝国主义的霸权行径和清政府的腐败大加挞伐，不遗余力地鼓吹只有革命才是中国救亡图强的唯一途径。1903年他因言论过激及剪掉清政府留日学生监督姚文浦的发辫而被迫回国。

1903年4月，他回到上海与章太炎和爱国学社的一些活动分子从事革命宣传活动，开展拒俄运动。为使国人思想挣脱封建忠君意识的束缚，促进革命高潮到来，邹容以极大热情写成《革命军》一书。1903年5月，上海大同书局将该书出版，章太炎为书作序，盛赞《革命军》是震撼社会的雷霆之声。

《革命军》是中国近代史上第一部系统地、热情地宣传革命，主张建立资产阶级民主共和国的著作。该书揭露清政府的封建专制性质是陷民族于危机的根源，指出革命是世界的公理，是拯救国家的唯一药方。强调只有打倒清王朝才能建立共和政府，才能完成国家、民族独立、民主富强的任务。

《革命军》在社会上产生极大影响，被誉为中国的人权宣言。该书发行超过100万册，这引起清廷极大恐慌，借口章太炎为该书作序，《苏报》连载了该文章，遂勾结帝国主义查封了《苏报》，并于6月30日逮捕了章太炎。7月1日，邹容自投巡捕房与章太炎共患难。1905年4月3日，邹容病逝于狱中。

辛亥革命后，为充分肯定邹容对资产阶级民主革命的贡献，孙中山以临时大总统名义批准黄复生等呈请，认为邹容"当国民醉生梦死之时，独能著书立说激发人心"，下令对邹容"照陆军大将军阵亡例赐恤"。重庆蜀军政府把邹容列为四川死难烈士第一名加以表彰。1924年，章炳麟作《赠大将军邹君墓表》，由于右任书写刻石于邹容墓地。1944年，国民党重庆市党政联席会议决定，将原夫子池洪家院子至苍坪街原邹家祠堂路段改名为"邹容路"。

《邹容烈士纪念碑修建纪实》

❖ 张宗：文化战士孙寒冰

最令人悲痛难忘的日子是1940年5月27日，几十架敌机突然飞临重庆北碚上空轮番轰炸，还用机枪扫射，投弹40多枚，我校损失惨重，死七人，伤数十人。我们的教务长兼法学院院长孙寒冰教授，当时正在王家花园打乒乓球，一块破片飞来，正中孙教授前额，当即罹难，时年37岁。同时罹难的有《文摘》旬刊的职员汪兴楷，同学王茂泉、王文炳、陈钟燧、朱锡华及刘皖成。有的炸得遍体鳞伤，有的炸得四肢不全，血肉模糊，惨不忍睹，全体师生员工同声哀悼。同学们采集了许多鲜花，放在孙教授及死去同学的周围，自觉守灵，表达对死者的哀思和敬意。在追悼会上，吴南轩校长手上拿着一块弹片悲愤地说："就是这块弹片把我们敬爱的孙教授打死的，我们要化悲痛为力量，为死难者报仇。"1941年10月1日，学校在夏坝校园内特为罹难者立碑，永资纪念。

▷ 《文摘》战时旬刊

　　孙寒冰教授是一个爱国的正直的知识分子，一生追求真理。他毕业于复旦大学，1927年从美国哈佛大学留学回国后就一直在母校担任教授，并兼任过上海劳动大学和暨南大学教授，1937年担任复旦大学教务长。1936年他创办了《文摘》——这是我国出版的第一家文摘类刊物，他亲自任主编，把国内外各种杂志的文章精华摘录、翻译刊登出来。当时正是日本帝国主义准备大举进攻、企图灭亡中国的前夜，他确定《文摘》的编辑方针是："暴露敌人阴谋，促进全国团结，为抗战做准备。"《文摘》出版，很快销售一空，一、二期加印到第五版，行销几万册。七七事变后，《文摘》为适应抗日救国的需要，将月刊改为战时旬刊，明确提出它的任务是"宣传中国必胜，日本必败"，还专门编辑了《卢沟桥浴血抗战特辑》。1938年孙教授见到斯诺《西行漫记》中的《毛泽东传》，他心中非常激动。他毅然决定把《毛泽东传》放在《文摘》第二卷三版上发表。这样公开登载宣传共产党领袖的文章，在国民党统治区还是第一次，这是冒着很大危险的。这篇文章一刊出，立即在全国引起巨大反响，单行本一再加印。

孙寒冰教授遇难后悼念的文章很多，夏衍先生说："又失去了一个说真话的人。"胡愈之先生说："他是一个真正的学者，是一个为真理而奋斗的文化战士。"郭沫若先生写诗悼念说："战时文摘传，大笔信如椽。磊落如肝胆，鼓吹地动天。成仁何所怨，遗惠正无边。黄桷春风至，桃花正灿然。"

为了纪念这位爱国主义战士，复旦大学建立了"寒冰馆"，重庆复旦大学校友们在母校和重庆市政府的资助下为孙寒冰教授重修了墓地，重庆市还把它作为重点文物保护点和青少年爱国主义教育基地。

《抗日战争中的复旦大学》

❖ 邬冬梅：戏剧大师曹禺

1942年初，曹禺辞去国立剧专职务，由江安到重庆，在复旦大学担任教授，后在中央大学中文系等处也担任了一些戏剧方面的教学和指导工作。曹禺在复旦大学教授英语和外国戏剧，授课生动，受到学生极大的欢迎，听课者很多，甚至教室的地上也常常坐满了人。有时上课要跨过一个个席地而坐的听课学生才能登上讲台。

除了在复旦大学的教学活动，曹禺在重庆进行了大量的创作和翻译，参与了很多大型的文化活动。他的戏剧创作和相关的演出活动影响也相当巨大。

1942年盛夏，曹禺根据巴金小说《家》改编了四幕话剧《家》。当时，曹禺经导演张骏祥介绍，住在重庆以东的唐家沱码头的一艘江轮里。在这里，他用了一个夏天来编写剧本。剧本大致情节与人物都是根据原作改编，但有一些改动，改编后的《家》富有诗情，文笔优美流畅，艺术价值很高，受到了巴金本人的肯定，也受到了观众的热烈欢迎。1943年，《家》由中国艺术剧社首演。演出盛况空前，连演了三个月。此后，其他一些地区也纷纷公演，导演都是欧阳予倩、田汉、熊佛西等在戏剧界较有成就的人。剧本后来由重庆文化生活出版社出版。

▷ 曹禺（左）和张瑞芳演出的话剧《安魂曲》剧照

除此以外，曹禺在抗战期间还有大量重要的戏剧创作与译文，上演后获得了巨大成功，在中国戏剧史上留下了重要的一笔。如1942年12月28日，中国万岁剧团上演曹禺于1939年所写的《蜕变》，《新华日报》就此刊出专辑，发表了《漫谈〈蜕变〉的演出》《再出发的收获》和编者的话。编者说道："因为《蜕变》的公演引起了几乎普遍的赞美，所以今天的篇幅几乎全部奉献给这个戏了。"1943年，他又改译了莎士比亚的《罗密欧与朱丽叶》。同年，《罗密欧与朱丽叶》由怒吼剧社在成都演出，导演是复旦校友张骏祥，由余焰、白杨主演。其后，其他剧团也进行了演出。1944年剧本连载于重庆的《文学修养》杂志，同年3月由重庆文化生活出版社出版。这个作品在中国影响也比较深远。1944年重庆还首演了他改编的独幕剧《镀金》。

作为一个影响巨大的戏剧家，曹禺也进行着抗日民主的宣传，参与了很多这类文化活动，与中国共产党也保持着密切的关系。1942年冬，曹禺接到周恩来同志的信，约他去曾家岩50号，以后他又曾多次见到周恩来。

他积极地投身到抗战文化活动中去，担任文艺界抗敌协会理事、全国戏剧界抗敌协会候补理事等社会职务，编辑刊物、为青年讲座、反对国民党的文化专制等，在大后方以自己的方式为抗日和民主斗争出力。12月30日，曹禺参加了重庆文艺界人士在百龄餐厅举行的庆祝洪深先生50寿辰的茶会。次日，《新华日报》刊载曹禺的《洪深先生50寿献词》："能编、能导、能演，是剧坛的全能；敢说、敢写、敢做，是吾人的模范。"

《重庆夏坝的抗日文化活动》

❖ 杨耀健：茅盾在雾都的日子

早在1929年，客居日本京都的茅盾，即以重庆两路口和江北为背景，创作了长篇小说《虹》，反映20年代知识女性的人生道路选择，但那时他并未到过山城，没想到抗战的洪流真会把他带到这里。

1940年11月，茅盾夫妇来到战时陪都重庆，租借枣子岚垭"良庄"下榻，与王炳南夫妇及沈钧儒为邻。他担任了政治部文化工作委员会常委的公职，兼搞全国抗敌文协和中苏文化协会的工作。他创作的《子夜》带给他很高的声誉，所以到处都有公教单位请他做报告。他从新疆赴渝途中到过延安，于是，他多次报告关于抗日根据地的文艺现状，引起人们对"山那边"的向往。

茅盾到渝的另一使命，是打算筹备《文艺阵地》的复刊，国民党当局不喜欢这个激进的刊物，制造了不少困难。茅盾以很大精力去努力，以致影响他继续写记叙西北之行的《见闻录》，许多读者深以为憾。

不久，皖南事变发生，重庆时局顿趋紧张，茅盾接受中共南方局的劝告，于1941年3月离渝赴香港暂避逆流。此期的重要文学活动，除了创办《笔谈》半月刊，就是创作了第二部与重庆生活有关的长篇小说《腐蚀》，以女主人公赵惠明从失足参加特务组织，继而达到悔悟自新的曲折人生历程，揭示了国统区不少爱国青年受骗上当的真相。小说一经发表，立即在香港、上海和南洋一带引起轰动。

▷ 茅盾在重庆寓所

1943年初，茅盾夫妇再次来重庆，在东郊唐家沱找到一处小楼落脚下来。国民党方面很想拉拢茅盾，宣传部部长张道藩亲自请他吃饭，对他恭维有加，并希望他能与政府合作。为了应付张道藩，茅盾把自己在桂林酝酿的题材撷取出一部分，创作了中篇小说《走上岗位》，写的是一位上海爱国实业家在工人们的支持下，毅然将工厂迁往大后方的故事。

在第二次来渝期间，他先后写了近10部中短篇小说，30多篇文艺评论，还翻译了苏联长篇小说《复仇的火焰》《人民是不朽的》，短篇小说10余种，以及编辑一本30万字的《现代翻译小说选》，充分显示了他的艺术实绩和旺盛的创作力。

茅盾不仅自己从事创作，还不断提携新人。当他听说重庆有名的兼善中学学生自发组织了一个"突兀文学社"的事后，非常高兴，经常邀请一些同学去自己家中做客，探讨文学创作的各种问题，并替他们修改习作。他还给《突兀文艺》题写了刊头，写了《什么是基本的》一文给这家学生杂志，鼓励文学青年深入生活，积累素材。

1945年6月24日，陪都文艺界为茅盾50寿辰和创作活动25周年举行了盛大的庆祝活动。纪念茶会在西南实业大厦隆重举行，到会祝贺者逾700人，除文艺界朋友外，还有王若飞、邵力子、柳亚子、马寅初、邓初民、胡子婴、张道藩，以及苏联和美国友人。沈钧儒代表文艺界向茅盾表示敬意，称他为文化战士。接着，各界社会贤达亦在会上发言，盛赞茅盾在文学活动中所取得的巨大成就。

茅盾在会上致答词说："今天朋友们的鼓励和鞭策，使我产生了战胜体弱多病再活20年的勇气。我要再做一点事，再写几部作品。我一定要看见民主在中国的实现，否则我就是死也不会瞑目的！"

1946年3月，茅盾离开重庆，转道香港返回上海。

《茅盾在雾都的日子》

❖ **高冰锋：**深居简出的陈独秀

陈独秀是在抗战爆发后被释放出狱的，1938年7月到达重庆，借住在上石板街川原公司老板黄炯明宅邸中。后来他的同乡、留学日本时的好友、在北大时一起参加革命活动的邓仲纯，已在江津城中四牌坊街开业行医，邓经常到重庆进药，数番前去看望，并恭请陈迁到江津他家中去同住，并说江津距重庆不足百里，依山临水，物产丰富，既无日机之扰，生活也比重庆便宜得多。这样，陈独秀决定迁往江津。

1938年8月，陈独秀与潘兰珍乘上水小客轮到了江津后，恰逢邓仲纯出诊去了，邓夫人以"住房狭小"为由，将他夫妇二人拒之门外，幸得另一安徽同乡方远接待，才在县城东门内"郭家公馆"（今市政府机关宿舍）租了两间偏屋住下。邓仲纯为此深感内疚，直到次年3月，他在黄荆街83号江津中学校门对面租了一幢带小院的楼房，开办了延年医院，才坚请陈独秀一家七口（陈夫妇、陈之嗣母谢氏、儿子陈松年一家四口）搬去同住。然而在延年医院寄人篱下的日子一久，邓太太脸上便时时露出颜色来了，含沙射影、指桑骂槐的话偶尔背着丈夫也吐出几句，让陈独秀、潘兰珍深感苦恼，但碍着邓仲纯的面子，又不便发作。忍气吞声地住到这年夏天，终于在一场公开的冲突之后，陈独秀与潘兰珍被逐出了延年医院。翌年迁居江津县偏僻的山冈鹤山坪石墙院，从此闭门著述，很少参加政治活动，把主要精力用于继续撰写《小学识字教本》。这期间，陈独秀在生活上受到北大同学会的资助，同他接触最多的是何之瑜（何资深）。何之瑜是陈独秀任北大文科学长时的北大法科学生，他是中共早期的高级干部，此时在江津的国立九中任教。抗战期间，欧阳竟无在江津重建中国内学院，陈独秀与他是多年朋友，在此期间和欧阳大师颇多交往，陈独秀常偕高语罕到学院谈文赏艺，1941年冬，以诗代简，向欧阳竟无借阅《武荣碑》："贯休入蜀唯瓶钵，久病山居生事微。岁暮家家足豚鸭，老馋独羡《武荣碑》。"成为一时佳话。

江津与重庆相通轮船，来往方便，当时有不少学者士绅慕名前来拜访陈独秀，包括国共两党都曾来人拜访，他的学生及同乡也有不少来看望他，包括邓季宣、罗家伦、傅斯年等人。陈独秀也曾经与地方官员有过接触，但大部分时间都深居简出，不愿过多参加江津的社会活动，《江津日报》请他写稿也被他拒绝。

《抗战时期文化名人在（江津）白沙》

❖ 裴国锋：艾芜在重庆大学

老作家艾芜先生，于1944年从桂林逃难到重庆后，曾多次应邀到重庆大学作有关文学创作的讲演。1949年秋，他受聘到重大中文系任教。艾芜先生原名汤道耕。到重大后，师生们都亲切地称呼他汤老师。

1949年下半年，正处于国民党政府全面崩溃的前夕。在重庆，物价飞涨，民不聊生。一直靠稿费维生的汤老师，当时住在市中区张家花园85号原全国作家抗敌协会旧址的一幢仅能遮蔽风雨的楼房里。两夫妻带着四个小孩，由于伪法币贬值，加上他在香港的稿费来源断绝，生活十分窘困。一天，我与一位同学到他住处看望他。一进入85号的院内，就看见这位国内著名的老作家，在楼下一间小小的锐角三角形的厨房里，手拿着一把蒲扇，在固定的没有烟囱的炉灶里，发岚炭烧火，满厨房都是烟雾。他蹲在灶前，不断地扇火，熏得他双目流泪，两眼不能睁开，且不断咳嗽。

汤老师在重大中文系讲授《小说选读》课。他经常穿着一件洗得发白的老蓝布长衫，瘦长的身材，轻言细语的讲话，给人一种朴实、真诚和亲切的感觉。他讲课慢条斯理，形象生动自然，如像摆龙门阵似的，寓深奥的哲理于平凡之中。1949年下半年，讲授《小说选读》，他选用的教材篇目，是苏联法捷耶夫的《毁灭》，辅之以俄国作家契诃夫的《套中人》《变色龙》以及鲁迅的《故乡》《孔乙己》《祥林嫂》等。共产党员莱奋生率领下的一支红军游击队，在抗击白匪和日本干涉军的包围的英雄形象以及胆小怕事、因循守旧、逃避现实、抗拒变革，总想把自己的思想和社会生活都装进"套子"里去的"套中人"的死亡和生活在旧社会中的闰土、孔乙己、祥林嫂等人的悲惨命运，不仅使我们这一群热爱文学的学子们，初步懂得了运用社会主义现实主义的文学创作方法，更重要的是在那暗无天日的黑暗社会中，懂得了吃人的旧的社会制度必然灭亡，觉醒了的革命人民不可战胜的颠扑不破的真理，以小说人物莱奋生为榜样，用战斗去迎接胜利的明天。事隔40余年后的今天，汤老师当年面对反动的统治，在课堂上大义凛然地讲授革命作家法捷耶夫和鲁迅的名作；他以他那文学家特有的妙趣横生的语言和表情，展现出"套中人"的保守而固执的形象和孔乙己"多乎哉，不多矣"的既朴实无华又滑稽可笑的动作，仍深深地刻印在我的记忆之中。

《艾芜在重大》

❖ 老魏：叶君健白天遇"鬼"

著名的文学翻译家叶君健先生，1941年在重庆大学外文系任教。当年的沙坪坝没有什么文化娱乐场所，更没有公园，那条街上只有十多家小店，一半以上是茶馆和饭店。由于业余生活单调枯燥，也由于当教授的生活清苦，物价飞涨，一个月的工薪，维持不了基本生活，为了糊口不得不利用课余翻译些作品换点稿酬。他慢慢地养成业余坐沙坪坝茶馆的习惯，闹中取静地坐在茶桌边埋头译上几段文章，既可消除寂寞又可赶点工作。

▷ 1936年的叶君健

由于业务关系，结识了当时在重庆的美国合众社记者发泼斯坦和杰克·贝尔登等友人，他们很想通过他访问著名经济学家马寅初先生。叶君健将两位美国记者的请求转告给马教授，马欣然同意。随之约好陪他俩来到重庆大学商学院马寅初的办公室，哪知刚坐下，脚跟脚就走过来三个穿着整齐的青年人，大模大样地不给任何人打招呼就在靠墙的椅子上坐了下来。马寅初和来访的三位一见心中就明白了，这在当时陪都是司空见惯的专干监视盯梢的"尾巴"。马寅初随即用英语说："我们白天就碰上'鬼'了，不理他，我们用英语交谈。"叶君健见这三个"鬼"竖起耳朵，全神贯注在听，从表情上可看出这三个蠢猪不懂英语。马寅初与两位美国记者用速度较快的英语从容地交谈着，大家都不把他们放在眼里。直到访问结束，这三个不速之客愣眉愣眼，显然一个字也未听懂，十分尴尬地奉陪一个多小时，最后只有傻乎乎地面带微笑鞠了一躬退了出去。马寅初和叶君健在告别时对两位美国朋友说："特务是无孔不入，但这三个'鬼'今天什么也没有捞到，看他们怎样向主子交代。"

但到放暑假时，叶君健没有接到聘书，猛然想起这与一个月前陪外国记者访问马老遇"鬼"有关。叶君健只好背起铺盖悻悻地离开他生活近两年的沙坪坝。

《叶君健白天遇"鬼"》

❖ 邬冬梅：**"红教授"洪深**

洪深是我国著名的戏剧家。抗战期间他于1943年到北碚复旦大学任教，在外语系开"时事英语"课程。在复旦大学任教之余，他创作了大量质量较高、影响较大的剧本，进行了大量的社会文化活动；《黄百丹青》《鸡鸣早看天》和《女人女人》等作品参加了重庆的戏剧雾季演出；导演了夏衍《法西斯细菌》等宣传抗日的剧目；与马彦祥等人主编了《戏剧时代》；翻译和介绍了西方戏剧理论等。他的作品、有关戏剧的理论文章、导演的戏剧以及他的文化活动在重庆都有很大影响。他在教学之余还时常指导学生排戏，甚至亲自上阵。复旦大学有一次晚会上演了京剧《问樵闹府》，就由他扮演主角范仲禹。

▷ 洪深

除了教学活动和戏剧创作，洪深积极地投入到文化活动，以这种方式进行抗日民主斗争。戏剧界为他举行的50寿辰的庆祝纪念活动，也成了文艺界的一次斗争聚会。同时他时常发表爱国言论、保护进步学生等，以至于被称为"红教授"。

《重庆夏坝的抗日文化活动》

❖ **杨耀健：** 叶圣陶与开明书店

1937年12月，南京弃守，武汉人心浮动，叶圣陶只好打消在汉口建立开明书店的计划，带着家眷与范洗人一道再迁重庆。

叶圣陶到重庆后，因开明书店暂时还重建不起来，生计成问题，只好先后在巴蜀中学、戏剧学校、复旦大学教了一段时间的书。在他看来，教书是培养后人，是发育自身，也是造福社会。有了这样一种既定的基调，他就有了使命感和责任感。

他是小说家，自然是开国文课，他那夹有江浙口音的官话，学生们刚好能听懂。他的开场白总是讲，文学是一条迢迢的朝圣之路，吸引了无数虔诚的信徒，其中也包括他和在座的大家。寥寥数语，立刻引起热烈的交流，师生间的关系一下便十分融洽。同学们有了什么习作，都愿请他指教，他也总是尽心尽力指点他们。实际上，中国现代文学的巨匠巴金、丁玲，也正是他早年发现和提携的，只不过他从不对外人提起罢了。

1938年秋，迁至四川乐山的武汉大学聘叶圣陶为文学系教授。两年后，叶圣陶改任四川省立教育科学馆专门委员，到了成都，对文学青年做了很多辅导工作，深受爱戴。

1942年，开明书店在重庆重建编辑机构，叶圣陶立即辞去教育科学馆公职，返渝主持开明编译所的工作。重建的开明书店，注册资金为30万元，经理为范洗人，叶圣陶主管编辑业务，地址在重庆城内保安路。书店获准开业后，很快复刊了《中学生》《国文》《开明少年》等杂志，并创办了《英语》月刊。短期内，该书店便出版了渝版书38种，拥有了众多新老读者。

《叶圣陶与开明书店》

第四辑

人来人往·
大生意与小买卖

❖ 刘光华：马达一响，黄金万两

随着重庆升格为陪都，带来前所未有的畸形繁荣，商人和他们喂肥的大大小小贪官污吏，主要是靠囤积居奇、贩运倒卖而大发国难财。当时最为引人瞩目的风云儿，当数跑长途货运的卡车司机。当滇缅路尚未中断时，投机商从缅甸仰光、腊戌把内地奇缺的西药、化妆品、高级衣料、玻璃丝袜（即如今的尼龙丝袜）等，经昆明、贵阳运到重庆，那可真说得上是一本万利。而卡车司机运货带走私，沿途私搭黄鱼客，胆大的甚至偷贩烟土，个把月打个往返，少说也能挣一二根大条子（十两一条的足赤黄金）。真如人们所说的："马达一响，黄金万两；车子一停，钞票点名。"腰缠万贯、挥金如土的卡车司机顿成天之骄子，甚至有大学生抛弃学业，去干司机这一行的。

滇缅路中断后，内地各公路线上的司机风光不如往昔，但出手的阔绰仍令人咂舌。重庆七星岗有一家以豪奢著闻的"大三元酒家"，经常备有从印度飞越驼峰运来的海鲜，一餐之费足当得普通公教人员家中半年的开支。"大三元酒家"门口一溜停满卡车，进进出出的全是些满面红光、口叼"骆驼"牌或"好运"牌香烟的货车司机和押运员之流。

《陪都重庆风情画》

❖ 陈兰荪、孔祥云：繁荣的新生市场

罗涤凡，浙江杭州人，在上海长大，抗日战争时他与妻子到了重庆。夫妻二人都是知识分子，穿着讲究，西装笔挺，风度潇洒，谈吐不凡。他

们本为有志青年，报国无门。加上全家生活重担和小孩读书，不得不下海经商，与亲朋好友反复商量，决定办一家"精品商店"。罗涤凡与西餐大亨纪云生，乃是青帮同参的弟兄。罗看上了"留俄餐厅"门口的空地后，就去找纪云生商量合作，纪表示支持，因此专售精品的"玲珑商店"为舞台式的布景出现在都邮街。

当时，日寇封锁了我沿海，中国打通了印度加乐葛达，建立了空中走廊。由于飞机上的工作人员带来大批的私货，多为女人用品，有美国的口红、法国的香水、英国的女用手提包、皮鞋、袜子等，也有男用品，如英美的香烟、烟盒打火机，还有重庆特别奇缺的疟疾特效药奎宁和新药盘尼西林（即现在的青霉素）等。这些都是来之不易的精品，摆在进门的左右两边柜里，不但不影响西餐厅的生意，还给餐厅增色不少。

来买精品货的人络绎不绝，自然地也都是消费得起的主顾，他们更不会计较价格的昂贵。真的是小小生意赚大钱哪！罗涤凡在柜台里一站，文雅大方，一看就不是普通的商人，是千里逃难而来的，下江人彼此都能体谅，客客气气，三言两语生意就成交了。

1939年，"五三""五四"日寇大轰炸，许多民房被夷为平地，瓦砾成堆，满目荒凉，没有人再在那里盖房。罗涤凡确有过人的眼光，他经过一番思考，就与纪云生商量，二人大股投资，再招一些青帮兄弟入股，很快便在那一片废墟上盖起了简易而美观的平房，取名"新生市场"。作为商场，不仅繁荣了市场，还美化了市中心区。

这种设施非常科学，商场外围是小间排列的店面，中间是茶馆、咖啡厅、小吃馆，每间都有相当距离的分隔，一旦有空袭警报又便于疏散，警报解除后又即刻可以回来做生意。花的成本并不高，把一块难看的空地神奇般变成了一个色彩缤纷的商业市场。

他们这一领头，许多商家紧跟而上，不多久，皮鞋店、帽子店、百货店、药店、电料五金，连拍卖行也出现了，凡是市民们生活所需品，在这里都能买到。

《罗涤凡开辟新生市场》

▷ 街边销售日用品的小商店

▷ 商店内的商品琳琅满目

❖ **於福海、於虎：** 邮商云集，各显神通

1937年以后，重庆有了一些零星的集邮爱好者和几家不正规的邮票商店。另外，在市中区较场口的老衣服街，有几家小古玩店和一些在广场卖旧货的地摊上也有一些零星的旧散票出售。这些经营者都是以其他商品为主，邮票只是兼而售之。这些邮票都是由其他省市的人，以及外国人带入的，其中有法国邮票、安南（今越南）邮票、缅甸邮票以及云南"客邮"（注"侵邮"的旧称，旧中国官方使用这一名称，现沿用时多加引号）。外国人常来衣服街与这里的古董店交换古董。因邮票计价很低，古董商见有利可图，便以古董换邮票然后再出售。

日寇大肆入侵中国后，东北、华北、华东和中南的一些集邮者和业邮者纷纷涌向重庆。由于业邮者和集邮者的大量涌入，使业邮者和集邮者、集邮者和集邮者、业邮者与业邮者相互之间有了渠道、桥梁和获得信息和邮品的来源。他们相互依赖，相互依存，共同发展。在这特定历史、特定环境、特定时间和空间，促进了重庆集邮事业的发展。

这些邮商中有的有自己的铺面，邮品丰富，品种齐全，中外邮票应有尽有，资本雄厚；有的是经营其他商品，附带设有邮品柜台，销售各种邮票；有的是在自己的寓所，待购买者上门交易，使其有宾至如归之感，边品茗边观赏邮品，合意就成交，卖不成也热情相送。

这些邮商大多经营灵活，买卖邮品价格比较公道，并可以讨价还价。当你购买的邮品较多时，他还会送你一件小小的纪念品，如放大镜、镊子、量齿器、小邮册或成套外国邮票，或折扣优惠等，希望你成回头客，再次光顾；有的邮商还欢迎你带邮品去交换，相互按质论价，公平交易，老少无欺；有的还会向你讲解邮票常识，帮助你鉴别真伪、好次等。

不少邮商还常在邮刊上刊登广告，或自印邮票目录来推销邮品。遇有"特殊"邮品，还详细登出细目及单价供你方便选购。他们还千方百计地去组织货源满足集邮者需求。

《抗战前后重庆的邮市、邮商和邮人》

❖ 曹庞沛：泰丰——从钱庄到银行

泰丰钱庄组建于20世纪30年代，先前注册资金10万，正式开张营业在陕西路196号。创办人陈德恕，又名陈世忠（1901—1974），巴县长生人，妻子萧淑端，为重庆大阳沟有名的"阑陵别墅"（古代南北朝齐、梁两代开国皇帝宗族后裔）萧家公馆的千金小姐，育三男六女。

陈德恕中等身材，穿着与大多数商人一样的长褂，显得成熟、精明和干练，做练习生、股长、经理，一步一个脚印、一步一个阶梯奋斗出来。

他创建泰丰钱庄，得助于30年代生产重庆黄酒的代表品牌"允丰正"酒厂董事长卢澜康、百货业名宿魏老太爷的支持，主要业务仍是存款、贷款、贴现、汇兑等经营。

放出款子，钱庄的行话叫作"上架子"，全凭信用，其对象择重各货帮。经营汇兑，钱庄的行话叫作"提篮子"，在买卖汇款交易的价格上获取相当利润。

那时与泰丰钱庄打交道的多为百货帮、棉纱帮，往来业务有永诚银行、允丰正酒厂等。泰丰在经营中，充分发挥钱庄的优势：（1）存款期限短、周转快、利率灵活。如多数用半月或月底为存取的比期结算方式，利率除随市场上下浮动外，还要视与存户的关系而定，到时候提取本息，最长期的一种也仅为三个月。（2）放款凭信用和交情，操作也分长（三个月）、短（比期）两种。在旧中国的商场上，向来重信义，对事论事，以"性情中人"关系决定放款对象和利率，甚至规模；常常是"杯酒之间，买卖于斯定交"，犹如延续到今天民间的"酒桌上定乾坤"之意。（3）汇款主动上门服务，方便客商；汇兑分为电汇、信汇和票汇。其主要对象还是上下货帮，做到热情接待、周到服务。这些程序简单、手续方便、交易快捷的经营方式，往往胜过银行。

由于总经理陈德恕诚实从业，讲求信誉，善结人缘，广开财路，特别是利用几十年在银钱业的"滚、爬、摸、打"，洞悉本行业的各个流通详细环节和广泛的人际关系，还有丰富的市场经验，晓畅商情，每遇危机，必调方针，跨渡难关。所以，生意越做越大、越做越火红、越做越兴旺。成为中小钱庄中的佼佼者，曾先后担任重庆市钱业公会理事和主席。

抗日战争时期，重庆成为陪都后，大批沿海沦陷区的工商、金融业纷纷内迁，人口骤增，重庆凸显出全国战时经济、金融中心地位，银钱业得到长足的发展。钱庄从1937年前的23家到1942年就达到56家，且大多位居于小什字至陕西路一带，形成了门类众多、体系完备的典型金融一条街，重庆钱庄也进入了第二次昌盛繁荣时期。

但此时金融业却发生了两项大的变化。一是钱庄成了达官、政客、军阀的投资对象，华夏、正和、华康、成大、裕丰源等钱庄均属该类。他们与人合伙使用化名、妻子名，亲自经营黄金美钞的投机买卖或投资分红，也有一些钱庄攀附权贵人物，自己主动送股金、邀请其担任董事长。二是大部分钱庄开始转轨为银行。这其中又分两种情况：一种为追加股本，扩大规模；另一种为经营失利，于是高价出售招牌让给别人进行增资整改。

然而，泰丰钱庄正是在此时靠着自己的智慧、灵活头脑和经营方略，属于第一种跨入了银行的序列，改泰丰钱庄为泰丰银行，资本注册1000万元，陈德恕任董事长兼总经理。这正是他人生事业走向成功辉煌的标志。

《泰丰——从钱庄到银行》

❖ **杨耀健：** 棉花街上的棉货交易

棉花街位于重庆老城区嘉陵江一侧的高坡上，与沧白路、民族路相邻。

所谓的棉货，包括棉花、棉纱、棉布三种商品，又称花纱布。晚清以来，棉货业一直是重庆最典型和最重要的商业行业，而运送棉货的木船，按行帮规定，主要集中停靠在嘉陵江边的千厮门码头。为便于就近交易，棉货行帮多在棉花街一带开店经营，久而久之形成规模，民国时期更设立棉货同业公会于此，因此得名，沿用至今。

▷ 热闹的布匹市场

早在抗战爆发前，棉货业已成为重庆市第一大商业行业。据重庆市总商会1936年统计，本埠有经营棉纱商72家、匹头绸缎200家、土布290家、夏布40家。至1942年，重庆经营棉货者已达3074家，资本额10227万元，占整个商业资本的20.65%，高居各行业榜首，其中仅304家棉花商的资本即达4000万元，拥有百万元以上资本者有7家。

重庆棉花市场交易的主体，由贩运商、花行、水客及花铺组成。贩运商负责从产地采购棉花并运抵重庆出售。花行是棉花交易的中介组织，是进行批发交易的场所。水客则是各地来渝的买主，花铺是棉花的小量批发商或零售商。据有关资料统计，1942年本埠有贩运商198家、花铺101家、花行5家，大约有资本400万元，其中50万元以上者21家。

重庆的棉纱市场交易，在棉纱字号、纱铺、水客之间进行，字号负责从产地收购棉纱，并运抵重庆销售，许多本身就是生产厂家的代理商。水客为外地客商，来渝购纱，然后销往各地。纱铺则居于字号与水客之间，起着中介商的作用，又可分为商铺、棉纱铺。其交易程序为：重庆字号—纱铺—水客—外地小纱铺—消费者。但重庆许多纱铺也要兼营零售。

《棉花街与棉货交易》

❖ 陈宗树：轿行的发家之道

辛亥革命以后，重庆成为西南军事、政治、经济的重要城市，人口剧增，市区不断扩大，至1913年小轿行发展到108家。从这时起，由于军阀混战，农村生产遭到严重破坏，农民大量流入重庆谋生，小轿行开设更多，迄至1931年，激增到380多家。这一时期，重庆的各个码头、繁华地区、公共娱乐场所，以及大的餐厅、旅馆、烟馆、妓院附近，都开设有小轿行。轿子的种类也增添了凉轿、藤轿和滑竿等几种，轿子总额接近一万乘，以此为生的劳动人民达一万以上，这是小轿业务最兴旺的时期。

花轿行的产生，约在清朝道光末年（1850）。那时，埋葬死人的打更匠滕少友，在米花街（今八一路）开设三合公"差事铺子"，力帮郭金廷也在靴子街开设通行号"差事铺子"，包揽慈善堂的埋葬业务。这两家差事铺子，都不雇用专人，接到生意以后，才临时雇人去抬。这种转手剥削的生意才经营不久，两家铺子就赚了不少的钱。

两三年后，滕少友和郭金廷因看到妇女出嫁时坐花轿都是一些有钱人私自购置的，每遇办喜事的人家借用花轿时常发生打挤；又有的花轿年久破旧，借用之家不愿耗费钱来修理，同时，请别人来帮忙抬轿也颇麻烦。这就引起他们经营花轿业务的兴趣，赓即添置花轿，专供婚嫁租赁使用。从此，这两家差事铺子，便成了经营红、白喜事的花轿行了。

花轿行和小轿行一样，随着当时社会的需要，业务逐年发展。到了清朝光绪末年（1908），力帮的王汉清和担水卖的朱炳安也先后筹借资金在百子巷和杨柳街（今中华路）开设了利合公与协义公两家花轿行。民国初年，又有邓洪顺、谭遂元、兰锡芝、肖荣山等相继开设了万合公、全新公、协兴公、聚兴公等几家花轿行。那时，重庆的花轿行共有八家，是花轿户户数最多的时期，也是它的业务最兴旺的时期。

在信轿行经营长途客运时，他们服务的对象，主要是抬送过境上任或者调动职务的官吏和富商巨贾及其眷属等，街轿兴起以后，坐轿的基本上都是一些有钱有势的人物。他们酬酢往来，嫖赌玩乐，游山逛水，轿子便成了他们的代步工具，虽近在咫尺，也要坐轿，以显示他们的"阔绰"。凡遇做生、祝寿或者大小应酬，更要向轿行订雇若干乘轿子接送宾客；如果是办红、白喜事，那就更加讲排场、闹阔气，极尽挥霍奢侈之能事，而经营轿行的轿商便趁此机会从中攫取厚利。

例如：1916年前，天顺祥票号老板、重庆总商会总理李跃庭的丧事，前后搞了一个多月，算是当时重庆头一个闹排场的丧事。协义公花轿行朱炳安接揽了这笔生意，他为了能多赚钱，便挖空心思迎合丧家心理，在出丧那天的送葬行列里使用了几十堂"执事"，雇用一千四五百人，抬着五花八门的送葬什物；还装扮成吼班、号马、顶马等送葬的仪仗队伍招摇过市。

当时，丧家付给的力资，是每人200文，但朱炳安只发给他们每人50文，吞噬了75％的血汗力资。这笔生意，朱炳安净赚了1000多两银子，成了轿商中的暴发户。

1928年，军阀林翼如和资本家汪云松两个母丧，是聚兴公花轿行肖荣山承办的。这两场丧事，都办理了一个多月，各使用执事十多堂，对雇用的人大肆剥削。肖荣山发财之后，买田置产，开设饭馆，成了花轿行中的另一个暴发户。

1942年，协义公花轿行肖树清承揽了军阀潘文华的母丧。这场丧事，前后出丧两次。第一次是从城区送到山洞墓地，第二次是从山洞送到潘的老家仁寿县。仅在第一次出丧时，肖树清就净赚下法币2万多元，从此购置房产，开设棺材铺子，也陡然暴发起来。

其他如同茂公接揽资本家杨文光的丧事；通行号接揽资本家黄德宣、杨廷五的丧事，也同样大赚其钱。

花轿行兜揽生意，攫取厚利，是和一些和尚、礼生相互利用分不开的。例如，聚兴公老板肖荣山与滴水岩的方丈续乘、长安寺的方丈福缘、真武山涂山寺的方丈续柱等拉上关系，怂恿丧家大举诵经念佛，从中捞取扎制经堂、孝堂的租金；同时又和礼生却恒九、郭寿南等结为好友，通过他们的介绍推荐，把一些大丧事承揽到手。此外，轿行老板还针对地主有驱使佃农无偿给他们抬丧的权力，便编造迷信说：灵柩要轿行"工夫"来抬才平稳，否则死尸受到震动，后代就不昌盛。因此，一心盼望后人昌盛的地主，就不得不找轿行承办丧事。轿商还笼络一些"工夫头"模仿肩舆工人们的报路对话，编了一些迷信的顺口溜来讨好丧家。如在发丧时，就高唱什么"祭龙头，儿子儿孙为公侯"等之类的鬼话，使悭吝的丧家也比较容易多撒一些钱出来。

《重庆轿行》

❖ 俞少庵、萧宇柱：冠生园内迁重庆

1937年七七事变发生，同月28日国民政府资源委员会林继庸等衔命由南京赴上海动员民营工商业内迁，加强后方实业建设，以适应抗战建国需要。上海工商界的爱国人士积极响应，掀起内迁的热潮。

冼冠生于1938年夏末来到重庆，在最热闹的都邮街开设重庆分店，经理由徐佩璇（原南京分店经理）担任，会计主任由俞少庸（原上海总管理处会计、汉口分店会计主任）担任。并在赣江街设立食品厂，来龙巷设立饼干厂。其后，罐头厂迁来，选定化龙桥为厂址，由厂长程道生（原汉口分店协理）负责新建。

重庆地处西南水陆交通枢纽，也是西南经济中心，抗战爆发后，国民政府西迁，又成了战时首都，人口稠密，市场繁荣。冠生园重庆分店成立后，仍是经营各类糖果及新式糕点的产销和粤菜粤点的供应，同业不多，竞争没有上海激烈。本地同业中著名的华山玉、稻香村、日升桃片厂等都是从事川帮、苏帮糕点和"杂糖""蜜饯"产销，与冠生园没有矛盾。由江浙和湖北等地迁来的同业，虽然生产水果糖和一些糕点，因是手工作坊制作，质低、量小、成本高。而冠生园的各种水果糖、饼干等，都是机器生产，产量大、质量高、成本低，因此冠生园几乎以压倒优势独步重庆市场。它的粤菜粤点供应，在京、沪、汉已负盛誉，饮食部开业以来，经常门庭若市，座无虚席。为了满足广大消费者的需要，在关庙街（现在的民权路）设第二支店；道门口设第三支店，这地带是金融业的集中地，特设西餐部；太平门设第四支店，因山货业、药材业等行号颇多，附设饮食部，还在游览胜地南温泉特设支店，附设饮食部、招待所以及面包车间等。重庆分店及所属各厂、支店共有职工400多人，规模颇大，经营面宽，仅次于抗战前

的上海时期，而凌驾各地分店之上。

冼冠生谋求事业的进取、发展，风尘仆仆亲赴各地筹建分店，对选定店址、安排生产经营、布置店堂等，都详加规划，力求得当，由重庆派去的管理和生产人员安置在各地分店作为骨干。

《内迁重庆的冠生园》

❖ 吴光夏、刘祖向：卷烟传入重庆

重庆城区的市面上出现卷烟售卖，大致在1904年。那时的卷烟多是英美烟草公司的出品，主要有鲨船、称人两种牌号，以五支装为主。当然，以后随着销路打开，卷烟的牌号和包装规格也有增加和变化，不过那都是后来的事了。

1905年，英美烟草公司派了四名职员（三名外国人和一名华人，华人即江苏镇江人徐子泉）沿长江溯江而上，来到西南工商重镇重庆推销香烟，并于1911年在重庆设立重庆烟草总经销处，以重庆为根据地向周围辐射。徐子泉担任了首任总经销。

香烟是运到重庆来了，要把它卖出去却不是那么容易的事。其中原因，既有一般人对香烟的认识了解程度问题，也有一个消费能力和消费水平问题。那时的重庆，抽烟的人多数是抽叶子烟、丝烟，还没有抽吸香烟的习惯。加之传说香烟中含有毒品，对人体有伤害，人们害怕再遭到外国人愚弄，重蹈吸食鸦片烟受害的覆辙，因而大都不愿购吸，香烟推销困难。徐子泉等人为了打开香烟在重庆以及周围地区的销路，就雇佣推销员做活广告，在街头闹市或茶馆酒肆当众吸食香烟，以图证明抽吸香烟对人的身体没有害处。不少时候，徐子泉还亲自上阵，以身示范。市民对彬彬有礼的徐子泉印象较好，看见他们长时间抽吸香烟似乎对自己的身体确实没有什么伤害，也就逐渐接受了香烟，尝试着购买香烟来抽。不仅如此，推销员还去联系戏园和商铺，对买票看戏的观众和在商铺购买东西的顾客赠送香烟。有时干脆就在街头赠送香烟，"欢迎试吸"，以此来引诱人们抽吸香烟。

▷ 重庆街头摆地摊卖美国香烟的小贩

经过推销人多年的努力和坚持不懈的宣传，情况逐渐发生了变化，购吸香烟的人增多。一般人在试吸香烟后，感觉香味醇和，携带和抽吸都很方便，于是由试吸到主动买香烟来抽。那时保守一点的市民称抽香烟的人为"操派头""操洋派"。用现在的话说就是追求时尚。当然，那时的人们中也应该是有人追求时尚的，因而也就成了最早的抽香烟的烟民。

特别是1916年以后，重庆抽香烟的人明显增多。1916年1月至7月，曹锟率领三个师的北洋军进攻护国军的时候，坐镇重庆，以重庆为指挥中心，把行营设在重庆的川东师范学校内。北洋军的军中将士抽烟多喜欢买香烟，这也引起重庆城区一些人对抽香烟的兴趣。

当时，长江上游交通不便，从上海、武汉运来重庆的香烟，经过三峡到重庆这一段主要靠木船运输，英美烟草公司重庆经销处运存的香烟不多，竟因一时调运不济出现脱销。

随后，国产的南洋兄弟烟草公司和华成烟草公司先后生产的高塔、白金龙、红金龙、美丽等牌号香烟，也进入重庆市场，相继在重庆销售。不过，数量没有洋烟那么多。

《卷烟在重庆》

❖ 朱俊：电力工业的蓬勃发展

其实，早在清朝末年，即1905年（一说1907年）就有重庆绅商刘沛膏、赵资生等联合创办了重庆的第一家电业局"烛川电灯公司"。但由于资金短缺，最初只有100千瓦的直流发电机一部。所发之电仅供工厂附近的少数住户和上半城（即今渝中区解放碑一带）的少数商家使用。且为火力发电，电压极不稳定。昏黄的点点灯火与重庆天空夜晚的星辰，形成了以后闻名于世的"山城夜景"的雏形。

1926年，军阀混战暂时告一段落。重庆市面上呈现出短时的稳定状态，商业日趋繁荣，更彰显出电力设备和电力供应不敷使用的现象。虽然，当时一些较大的企业如第五十兵工厂、第一纺织厂、大渡口钢铁厂、第廿四兵工厂及自来水公司等，利用自己的发电设备，将多余的电力转供市民使用，仍然不能满足市场要求。

1933年，刘湘出任四川善后督办，实事求是地说，刘湘还算得上是一个较具改良思想的地方军阀。从他就任后公布的《四川建设三年计划纲领》和《国防基本建设大纲》中可以看到，刘湘政府对发展四川及重庆地区的动力资源做出了比较详细的规划。为此他特令重庆市政府成立了重庆电力厂筹备处，并委任重庆市市长潘文华兼任该处处长，川康银行总经理刘航琛为副处长，市府秘书长石体元和美丰银行总经理康心如、工务局长傅友周为筹委。在这个班子中，刘航琛和康心如这两位财神，主要的职责就是"出血"。这两位接到任命后自然心知肚明，在枪杆子下叫苦是无用的，在一番讨价还价后，川康银行出资70万元、美丰银行出资80万元为启动资金。由刘湘二十一军参股的华西公司承办了所有施工建厂及各项设备、线路的安装。1935年1月1日正式定名为重庆电力股份有限公司。当时谁也没想到，至1935年底其总发电量达6093700度，是以前烛川公司年发电量的10倍，得到了丰厚的回报。这里有一张民国二十四年即1935年重庆电力有限公司收到法真原堂交来的电费收据。从缴费项目上看，有检验费、接火费、电表安装费、杆线补助费、铅皮线补助费。从这张薄薄的收据中，我们可从侧面了解当时电力行业的油水还是不少。此后重庆的工商业日趋发达，各类工厂更如雨后春笋般发展起来。大者如四川水泥厂、自来水厂、轮船修造厂等，其他如汽车修配厂、机件制造厂、翻砂厂和难以计数的修理店、商店等。

电力工业在重庆的蓬勃发展刺激了投资者继续扩大生产的积极性，时逢全民抗战开始，上海、江浙等地纷纷沦陷，重庆一跃成为大后方重要的工业基地。重庆电力有限公司报经国民政府财政部批准，又向英商订购了4500千瓦的透平发电机、大型锅炉及附属设备两套。通过华侨机工队，取道滇湎公路，历经艰难险阻，1938年春，终于将机器陆续运到重庆，安装在大溪沟原厂址，称为第一厂；原有旧机器移往弹子石，称为第二厂；"重庆大轰炸"后，为避免损失，人们又将一台4500千瓦的电机撤装鹅公岩防空洞，称为第三厂。面对重庆如此发达的电力工业，再加上战时陪都和太平洋战场反法西斯战争指挥中心的名气，大大促进了重庆电力工业的发展。新添置的设备在一二年便达到饱和。当时的中央银行、中国银行、交通银行、农业银行四大著名的官僚资本银行见电力业大有利润，便主动将前期贷款改为参股，这样，经过几番不停地强大资金注入，据有关统计，到中华人民共和国成立初，官僚资本已占重庆电力公司总资本的33％，成为强有力的控股方。

《漫话老重庆的电力工业》

❖ 於福海、廖阿媛：重庆挑花刺绣业

重庆民间挑花刺绣工艺历史悠久，源远流长。

什么是挑花？这是指刺绣的针法。如十字花，即在平布上面依纱眼用绣花线逐眼扣上十字形，组成各种花纹。作为服饰及手巾等装饰，具有朴实、耐用的特点。在织花布或织锦缎花纹时，须依据花样设计，在经线上挑成花本，作为织花的根据。这种花本也要计算经纱根数，用挑花钩针或小梭子顺次将一部分经纱挑起，而后把纬纱穿过经纱的开口，逐梭交织成花纹。何谓刺绣？就是用彩色丝、绒、棉线在绸、缎、布等上面绣成花纹、图像或文字，绣成物品。

民国初年，重庆挑花刺绣店铺集中在市区道门口莲花街一带，如程海荣的荣记绣花铺生意兴旺。抗日战争时期，省、市内外的工艺美术民间艺人、能工巧匠聚集山城市区，仅较有名气的绣花铺就有十多家，专业人员200多名。生产剧装、绢花等工艺美术品。中华人民共和国成立前夕，绣花铺则多集中在大阳沟附近，约20家，著名的有春生润绣花庄、蒲润生绣花铺、汪顺祥、彭天景、刘根源等字号，刺绣工人多数来自铜梁、潼南、遂宁等县，约有200多人。艺人中绝大多数受雇于资本家，按月付给微薄工资。其他是"出提工"，就是按计件或分成领取报酬。他们的社会地位低下，生活十分凄苦。

清代和民国时期，绣品多为实用品，如官服、朝服、日用花衣、镜帘、彩帐、婚装、寿幛、挽幛等。清光绪年间，画家童梓全雇佣一批刺绣高手，将他的画稿绣出销售，画坛人士仿而效之，蜀绣出现了条屏、中堂、斗方等规格的鉴赏品。山城解放前，春生润绣花铺老板的儿子谢培根，开设润园绣花铺，曾为川剧名演员筱桐凤（阳友鹤）专门绣刺《凤栖梧桐图》装

饰的全套戏装，开创了蜀绣川剧戏装生产的先河。

重庆挑花刺绣业继承和发扬了蜀绣"爬""滚""逗""掺""打""拉""闩"等传统针法，品种由中华人民共和国成立初期的戏衣、屏风、壁挂等十几种，发展到服装、围巾、领带、枕套、台布和靠垫等装饰品达120余种。

中华人民共和国成立后，经过发掘、整理和不断改革创新，蜀绣已有12个大类、132种针法，可以挑花刺绣各种题材、各类画种的美术、摄影等作品。

《重庆挑花刺绣业与重庆挑花刺绣厂》

❖ 茅盾：拍卖行，并非"拍"而卖之

拍卖行之多而且营业发达，表示了中产阶层部分的新陈代谢。究竟有多少拍卖行？恐怕不容易回答，因为这一项"新兴事业"天天在滋长，而且"两栖类"也应时而生了，一家卖文具什么的铺子可以加一块招牌"旧货寄售"，一家糖果店也可以来这么一套；而且堂堂的百货商店内也有所谓"旧货部"。所谓"拍卖行"者，其实也并不"拍"而卖之，只是旧货店而已；但因各物皆为"寄售"性质，标价由物主自定，店方仅取佣金百分之十五，故与"民族形式"之旧货店不同。此种没本钱的生意，自然容易经营，尤其是那些"两栖类"，连开销都可省。据说每家平均每日约有2000元的生意，倘以最低限度全市50家计算，每天就有十万元的买卖，照重庆物价之高而言，十万元其实也没有几注生意好做。被卖的物品，形形色色都有，就只不曾见过下列三样：棺木、军火和文稿。也没有什么好东西，比方说，一件磨光了绒头的毛织的女大衣，标价一百四五十元，立刻就卖出了；这好像有点出奇，但再看一看，所谓"平民式"的棉织品（而且极劣）的女人大衣，在"牺牲"的名义下也要卖到199元一件，就知道旧货之吃香，正是理所当然了。旧货的物主，当然是生活天天下降的一部分中产阶

层，可是买主是哪一路角色呢？真正发国难财的阔佬们甚至真阔佬们，对这些"破烂古董"连正眼也不会瞧一眼的；反之，300元左右收入的薪水阶级，如果是五口之家，那他的所入刚够吃饭，也没有余力上拍卖行。剩下来的一层，就是略有办法的小商人以及走运的汽车司机，乃至其他想也想不到的幸运的国难的产儿。这班小小的暴发户，除了吃喝、女色之外，当然要打扮得"高贵些"，而他们的新宠或少爷小姐当然也要装饰一下，于是战前中产者的旧货就有了出路。

《见闻杂记》

▷　1942 年的重庆街景

❖ **方文博：** 荣生昌的榨菜，久销不衰

荣生昌酱园（简称荣生昌）由邱寿安创办于1899年（清光绪二十五年），园址在四川省中部的涪州（今涪陵区）城西洗墨溪下邱家湾，是一家因首创涪陵榨菜而闻名全国的风味酱园。

涪陵民间有着种植青菜头并经自然风脱水而制成腌菜的悠久历史。城西古刹名寺天子殿的僧人，每年都自种自腌许多腌菜。他们除自食外还将其装小坛馈赠施主，招引了许多远方香客，受施颇多。邱寿安是住在天子殿附近的一个商人。他见众多香客喜爱小坛腌菜，便萌生了要把腌菜进一步加工投放市场的想法。1899年，邱寿安雇了一个名叫邓炳南的雇工，让他学习涪陵民间腌制青菜头的技艺。邓炳南是资中人，有一手资中腌制大头青的好手艺。而资中腌制的大头青，不仅靠自然风脱水，还要施以外力将大头青中的盐渍迅速压除，以保持大头青的清香原味。邓炳南有心将两种腌制方法结合起来，但数量较多，不能全靠人力。于是，他就根据涪陵腌菜的要领，先把青菜头用盐和辣椒腌好，然后用大木榨压除盐渍水分，创制成功一种风味胜过民间腌菜的新品种。邱寿安与邓炳南都把腌菜的这种新口味归功于迅速压除盐渍的大木榨，因此取名为涪陵榨菜。

涪陵榨菜一上市，就以其鲜香脆嫩的独特风味吸引了顾客。当年，邱寿安就将榨菜运往湖北省宜昌府试销，结果一抢而空，大获成功。这使邱寿安极受鼓舞，第二年就招工扩大生产，并在涪陵和宜昌设店销售，获利颇丰。从此，荣生昌酱园前店后场，生产经营以榨菜为主的各种腌菜，利润年年增长。1908年，邱寿安的弟弟将80坛榨菜运到上海试销。他一面在报纸上作宣传，一面将榨菜分成小包送往茶房饭店和戏院码头等公共场所，先尝后买，立即以其独特的风味吸引了口味要求较高的上海顾客，迅速地打开了销路。邱寿安见上海的销量急剧增加，便于1914年在上海设立了道生恒榨菜庄，当年销售量就达到1000坛（每坛50公斤）。此后，上海人把涪陵榨菜作为佐餐佳肴和上乘的馈赠礼品，涪陵榨菜随着南来北往的各族人民而名扬天下。

邱寿安见榨菜获利日丰，遂对配方和腌制工艺严格保密，闭门腌制。为了防备外人仿制，邱寿安严令采购人员在买香辅佐料时，要分往各家购买，不准在一处备齐。这样严密封锁长达16年之久，榨菜作为荣生昌酱园的独家产品，先后销往宜昌、上海、汉口、重庆、天津等各大城市，并远销菲律宾、新加坡等东南亚各国，以及美国、日本、朝鲜和我国的香港，被誉为世界三大著名腌菜之一。

辛亥革命后，涪陵一些商人见荣生昌发家而眼红，又见荣生昌的榨菜供不应求，便不惜重金雇佣荣生昌的雇工，在1915年前后仿制成功，并相继传入毗邻的重庆、丰都、万县等地。四川榨菜从此品牌众多，销量日大，但仍以涪陵荣生昌酱园的榨菜为正宗。荣生昌酱园面对同行业的竞争，也更加注意改进工艺，努力维护名牌声誉，始终生意兴隆。尤其是到了抗战爆发后，荣生昌的榨菜因价廉物美，受到转移于大后方的各界名流和流亡学生的喜爱，名声更大，久销不衰。

《荣生昌——重庆涪陵首家榨菜酱园》

❖ 吴安：群林商场，一开业便门庭若市

群林国货精品商场原名群林大楼，1948年春开业于重庆市区中心的民族路，由当时重庆著名金融家、美丰银行董事长康心如先生出资修建。

群林大楼所在，原本是一家经营国货的大型商场，40年代初被日机炸毁，从此成为一片废墟。康心如先生以其金融家敏锐的洞察力，认为这块地是经商的黄金宝地，遂向房地产公司买下此地，决定修建招租经营的商场。商场于1947年4月动工，于年底竣工，取名"群林大楼"，由于右任手书店名招牌。

为便于出租，大楼在修建时将底楼建为中间是通道、两边纵向横排成数个大小不等的小开间格局。在修建的过程中，康心如就开始标价出租。鉴于当时通货膨胀情况严重，出租采取以黄金硬通货为抵押或签订短期合同两种方式进行。1948年大楼开业之际，由美丰银行派四名职员组成群林大楼管理委员会，对大楼进行综合管理。当时，进楼经营的门店商号共68家，经营服装、百货、委托、钟表、文化用品、医药、糖果、照相等，以服装和委托为主，分别占当时经营额的50％和35％。经营服装的店号计有25家，其中"九龙""利君""金美""宜隆""鸿祥""金风"等字号不仅在

市内，且在省内外甚至港澳都有一定影响，其经营方式是备料选用，代客加工；百货业主要经营香港产品；委托业主要经营旧货及美国罐头、奶粉、夹克、军用品等，以商界、金融界和军界为主要服务对象。群林大楼一开业，就以其门类齐全的经营、琳琅满目的商品、优质的服务吸引了众多顾客。入夜后，群林店堂内的"琼楼玉阁"与霓虹灯交相辉映，被称为"香港夜景"。这些使得群林一开张就跻身于重庆名、大店行列。

《群林——重庆国货精品商场》

❖ 董振武：留真照相馆，顾客盈门

1912年清朝被推翻，黄少怀随家人回到重庆。为生计，他开始筹办照相馆事宜。由于筹款艰难，几经波折，于1919年才在左营街与人合租两楼一底40余平方米的临街门面，起名为"留真照相馆"。注册资金四万元（旧币）。

黄少怀初办照相馆不顾资金匮乏，为追求摄影艺术质量和风格，多次去上海参观学习，从门面设计到摄影室的布置，都经过精心构思和设计，并依照上海闻名的王开照相馆模式建造。道具和家具一律采用上等红木。摄影设备全部从国外进口。主要设备有：英国库克F3.5—14寸可变焦距镜头，美国沙克梯10号旋转照相机和两部美国格莱佛单镜头、反光手相机等。由于留真照相馆起点高，照相设备先进，摄影技术高超，制作精湛，赢得了同行的赞赏和顾客的信誉，一段时间顾客盈门，引起了社会各界的关注。

1926年，军阀混战，民生凋敝，照相生意十分清淡。黄少怀将经营转向为政府和军队及官僚阶层服务，不久与驻重庆北伐军二十一军政工处处长陈某建立了服务关系，为其拍摄工作证、身份证，使生意又兴隆了起来。

1934年，黄少怀用积累多年的资金，买下民族路临街地皮500余平方米，建起六间有三个摄影室的门面房屋。从此，留真照相馆走上了新的发展道路。从照相室设计着手，内辟小花园，并配置了精巧的盆景，同时完成室内布景照相系统。增设灯光照相室，建立摄影资料室，以培养摄影技术人才。

这时期，黄少怀的经营方式也独具风格。他为了提高人们的摄影兴趣，特邀请顾客到照相馆参观做客。由专人向顾客不厌其烦地介绍摄影技术，散发摄影资料，并将人像照片镶在橱窗内或楼梯、走廊的墙上，让顾客能尽兴欣赏摄影作品的艺术魅力。客人离开照相馆时还一一送上礼品作纪念。

翌年，留真照相馆开设摄影展览资料室，培养摄影技术人才，并在中央公园（现在的人民公园）、陶源（现在的人民小学附近）设立分馆。留真对重庆及川东地区照相行业的发展起了积极的推动作用。

1937年抗日战争爆发，照相馆几次被日机炸中。黄少怀就在废墟上搭起简易棚，坚持开馆。尤其对即将奔赴前线的抗日官兵实行"三优先"，即照相、洗印、取邮优先。为了不使照相器材再遭破坏，黄少怀又在四川成都市开设分馆。这一时期，为了宣传抗日，留真照相馆开办摄影培训业务，培训的对象大多数为抗日军队的摄影者，受到了当地政府的表彰。

第三次国内革命战争前期，留真照相馆已发展到一定规模，有分馆7个，职工80余人，仅民族路照相馆就有6个摄影室。营业额达到每年16万元（旧币）。此后，内战不断升级，经营急转直下，几乎滑到倒闭的边缘，加之苛捐杂税沉重，营业额减至每年万余元。

中华人民共和国成立初期，经济繁荣，一时间留真照相馆门前排起长队等候照相，节假日更是拥挤。留真照相馆的经营状况大为改善。于是黄少怀扩大经营规模，增设照相室，开展冲洗业务。

《留真——重庆照相馆》

第五辑

动荡年代·
山城的百年风云流转

❖ 伯乔：重庆光复

辛亥之役，武汉首义，同盟会重庆支部密谋响应。当时杨沧白任重庆府中学堂监督，成员多系学界中人，且在各校负责，共同策商，如何响应起义。闻夏之时新军已在成都龙泉驿发难，手下数百人，已为敌人跟踪追击。夏之时昼伏夜行，穿过敌军封锁，欲返武汉支援，将抵达重庆。因派朱之洪缒城而下，急行百余里，在合川附近，与之相遇。朱告以重庆同盟会支部之部署，请其先估重庆，事定再行东下，决定以11月22日为期，树立白汉字旗为号，开门迎接，否则即行开炮攻城。

朱之洪回城后，即分头布置。先由杨沧白约集各校学生军，与石青阳所率敢死队为骨干，在朝天观开受降大会，派人押送重庆知府钮传善、巴县知县段荣嘉到场缴纳印信，宣告成立蜀军政府。继由朱必谦带领学生军到通远门待令，时将午，派况春发乘城防军吃饭之际，将炮上保险针取下，以便举事。春发乃退职敌军，相叙旧谊，故城防军不防也。朱必谦始率学生军持假炸弹蜂拥而上，威逼城防军，斩关锤锁，夺门立旗，欢迎夏军整队而入，正午后1时也，赶往朝天观会场适正开会。重庆避免炮轰，未起动乱，诚万幸矣。

《记辛亥重庆光复事》

❖ 衡元庆：大革命时期的革命摇篮

中法学校是大革命时期重庆地方党组织为培养革命力量在重庆开办的

一所学校，该校由吴玉章、杨闇公、杨伯恺、童庸生等同志创办，吴玉章任校长。

中法学校成立于1925年9月。学校创办之初，江北中学、二女师等学校开除了一批闹学潮的进步学生，他们都踊跃来报考，包括一些共青团员，学校立即把他们招收下来。消息传开后，省内各地的进步学生闻风而来，在几天内学校就招收了学生300多人。学校除开设日常课程外，还专门开设了政治课和历史课，通过政治课，给学生讲授中国社会性质、帝国主义的侵略、军阀的压迫和中国革命的任务，讲授国共合作，国民革命的任务、方针、方法，启发和提高了学生们的思想认识。历史课讲的是太平天国、甲午战争、义和团运动、戊戌变法、辛亥革命等革命斗争，启发学生的爱国主义思想，激发他们反帝反封建的革命热忱。

在中法学校内，党团组织的活动是半公开的，党团员听报告、过组织生活都很方便。同学们对党团员很亲热，很羡慕。党团员则主动亲近同学，关心爱护同学，彼此的关系很好，非常团结友爱，大家都感受到了革命大家庭的温暖。正因为有这样好的政治环境，所以，杨闇公、吴玉章等共产党人于1926年2月，在这里秘密召开了四川地区的党代表会议，光荣地完成了建立中国共产党重庆地方执行委员会的历史任务。

此外，中法学校还成立了学生会，在学校的支持下，学生会创办了平民夜校，把穷苦人特别是工人及其子弟吸收入校，由学生会的骨干及共青团员当老师，教文化，教政治，讲解时事，宣传国共合作、三大政策等革命道理。重庆的书店当时不销售革命书籍，学生会还在校内设立了一个小书店，专卖革命书刊。买不起书的同学可以在书店内自由阅读，从中汲取精神营养，促进思想革命化。

中法学校在学生运动中，总是站在斗争的前列，是重庆学生运动的中坚力量。当国民革命军从广州出师北伐，进入湖南、逼近武汉，革命浪潮弥漫全国的时候，整个中法学校呈现出一派热气腾腾的革命景象，课堂内外到处张贴着红绿标语，上面大书"拥护国共合作""拥护国民革命军""拥护联俄联共扶助农工的三大政策""反对国家主义派"等口号。课间休息和晚间自由活动时，"打倒列强除军阀"的歌声响遍校园，许多学生从此走上了革命的道路，成为革命骨干。

《大革命时期的革命摇篮——中法学校》

❖ 老田：国民政府大西迁

1937年冬，中国江南一片肃杀。日本华中方面军司令官松井石根大将、第六师团师团长谷寿夫中将和上海派遣军司令官朝香宫鸠彦率部沿沪杭铁路、京沪铁路和太湖南侧，分兵三路，以合围之势进逼中华民国首都南京。

1937年11月17日凌晨，在严密的保安措施和新闻封锁下，年逾古稀的国民政府主席林森率领1000余名官员，穿过挹江门，趁夜登上内河装甲兵船"永绥舰"，撤离南京。三日后，林森一行抵达武汉，前方将士和中外各界才从《国民政府移驻重庆宣言》中获悉：为国家生命计，为民族人格计，为国际正义与世界和平计，皆已无屈服之余地，凡有血气者，无不具"宁为玉碎，不为瓦全"之决心；国民政府兹为适应战况，统筹全局，长期抗战起见，本日移驻重庆。

1937年11月28日，重庆市各界抗敌后援会发表《欢迎国府主席暨各委员莅渝告民众书》，对国府移渝表示衷心拥护，号召重庆各界"在长期抗战的决策下，有钱的出钱，有力的出力，去和倭鬼拼个死活，以争取国家民族最后生存的胜利"。15天后，中华民国首都南京失守。30万南京市民惨死日军屠刀之下。再三日后，蒋介石再从前线大本营发布《告全国民众书》，宣告："中国持久抗战，其最后决胜之中心，不但不在南京，抑且不在各大都市，而寄于全国之乡村与广大强国之民心。"

此前此后，中国军队在长城内外、大河上下、长江南岸，在卢沟桥畔、淞沪平原、南京城外、武汉三镇与日本野蛮军队展开了空前惨烈、暗无天日的激战，中国军队以简陋的武器和血肉之躯，整连、整营、整团、整旅、整师地前仆后继，慷慨殉国，以生命和热血践履"持久抗战"，以争取整个国家和民族的重心完成由东向西空前的战略大转移。

此前此后，国共两党领袖频繁发表讲话、声明，在西安、南京、上海、武汉、庐山、衡山等地频繁会晤，紧急共商前线战局、两党合作事宜和迁都大计，在抗日民族统一阵线基础上达成国共第二次合作新局面。

此前此后，根据国民政府行政院"厂矿内迁"决议，来自华北、上海、济南、南京、长沙、武汉等地的钢铁、机械、军工、造船、纺织、化工等关乎战时军需民用的1300余家工业企业辗转迁渝，拉开了中国近代工业史上规模空前、意义深远的"工业西渐"的序幕，重庆因之被誉为"中国战时工业之家"。

此前此后，南京中央大学、国立政治大学、上海复旦大学、上海交通大学、国立药学专科学校、天津南开大学经济研究所、青岛国立山东大学、私立东吴大学、蒙藏学校、国立中央职业学校、北平师范大学劳作专修科、私立武昌大学、国立江苏医政大学、国立上海音乐学院、私立沪江大学、私立立信会计专科学校、国立上海医学院、江苏省立教育学院、北平铁道管理学院、杭州私立三江文理学院、湖南长沙湘雅医学院、香港私立华侨工商学院、国立东方语文专科学校、中央图书馆、故宫博物院、中央电影制片厂、中国艺术剧社、中央广播电台、商务印书馆、中华书局、生活书店、大公报社、中央日报社、新华日报社、新民报社等中国著名高等学校和文化艺术团体、新闻出版机构相继移设重庆，成千上万名教授、学者、专家、诗人、记者、科学家、艺术家和几十万流亡学生颠沛奔波，踏上空前的中国文化教育重心由东向西转移的悲壮征程。重庆因此被誉为战时中国的"齐之稷下"。

此前此后，世界反法西斯同盟美、苏、英、法、加、新、澳等30余国驻华使领馆迁驻重庆，苏联塔斯社、英国路透社、美联社、合众社、法国哈瓦斯社、英国《泰晤士报》、美国《纽约时报》《时代周刊》、法国《巴黎日报》、苏联《消息报》等世界著名通讯社、报社以及几十个反法西斯反战国际机构、团体也先后在重庆派驻机构。重庆成为独撑东亚战局的国际外交舞台。

此前此后，从白山黑水到黄河两岸，从中原大地到苏杭沃野，从江汉平原到珠江三角洲，数以千万计不愿做亡国奴的沦陷区同胞流离失所，扶老携幼，往重庆移动，往大后方移动，第一次汇聚成由东往西、从沿海往内地的民族大迁徙。

《国府西迁始末》

❖ 张志凡：为抗战而生的汉渝公路

汉渝公路是陕西汉中至重庆的公路，起自汉中，止于重庆，故称汉渝公路。它是川东向陕西及北方各省市的重要捷径干线公路，因此又称川陕东路。此路的具体线路是：从陕西省汉中起，实际上从汉白（白河）公路上的西乡起，经镇巴翻大巴山，再经四川省境内万源、宣汉、达县（今达州）、大竹、邻水、江北（现重庆渝北区），到重庆沙坪坝区三角碑（今沙坪坝转盘），全程587公里。其中四川境内438公里，重庆境内从邻水与江北交界处方家沟至沙坪坝区三角碑的里程80公里。

汉渝公路是重庆的北大门，为抗日战争军运急需而修筑。1937年七七卢沟桥事变的枪声，宣告了中国抗日战争的全面大爆发，国民政府西迁重庆，并于同年11月定重庆为战时首都，后来定为陪都。不久，重庆又成为第二次世界大战时期同盟军司令部在远东战区的指挥中心。从此，重庆成为我国抗战时期政治、军事、经济、文化、教育的重要基地，担负着夺取抗日战争胜利和反法西斯战争胜利的重要任务。当时，重庆对外交通十分困难。铁路未修；空运初建，只有九龙坡和珊瑚坝两个小型机场；水路受阻，川江航运只能到达湖北省三斗坪；公路有限，重庆到湖南、广东等公路被截断，仅存关山险阻的渝黔公路和滇缅公路可联络海外；成渝公路虽与川陕西路相连，还可接通西北运输线，但运输任务重，运输战线长，远远不能适应抗日战争运输的紧迫需要。那时，重庆军需物资和人民生活物资的供应非常紧张，物价飞涨，工商业濒于绝境。为了保证抗日战争所需军用物资和民用生活物资能迅速运到重庆，国民政府决定以"自款自办"方式投资修筑汉渝公路，便于沟通大西北国际运输线陇海铁路，接运西北及苏联援华物资直运重庆，缓解军需物资和民用物资严重紧缺的状况。

▷ 珊瑚坝机场

汉渝公路的修建，历史作用很大。它大大缩短了重庆至陕西的里程和时间，这条川陕东路是重庆至陕西的重要捷径干线公路，比由重庆经璧（山）、绵（阳）的川陕中路至褒城缩短90公里，比由重庆经成渝公路转川陕西路至褒城缩短270公里。此路的修筑对战时运输和后来的交通都起到了巨大作用。抗日战争中，军车在汉渝公路上奔驰，来往如梭，客车和货车也往返频繁，在运输军用物资、民用物资和广大乘客等方面都起了非常突出的作用，对抗日战争和世界反法西斯战争取得胜利做出了巨大贡献。

《为抗战而生的汉渝公路》

❖ **杨筱：**斯诺笔下的重庆大轰炸

1939年6月，斯诺从香港搭乘"夜间游击飞行"班机，进入刚刚遭受"五三""五四"大轰炸烟火与血泪洗礼之后的重庆，这年他34岁。

他清楚地知道，第一次世界大战后，海牙国际法规曾多次对战争手段做出了限制，即不得对非战争的人员、地区和机关单位进行轰炸和恫吓。这就是国际法准则规定的战争区别原则。

而斯诺眼睁睁地看着正在对重庆进行肆无忌惮的无区别战略轰炸。他在《亚洲的战争》（1941年版，迄今没有中译，因此只能看到一些零星片段）一书中愤慨地写道："新瓦砾随着晴朗季节，一星期、一星期地增多。"此时"重庆行动"已成为日方空袭部队的主要作战任务。

斯诺判断的战略空袭理论，被日本学者前田哲男尊重地称为"斯诺公理四原则"，即四个条件：

第一，成为攻击目标的城市防空设施和防卫体制薄弱；

第二，高爆炸弹和燃烧弹必须搭配得当并在广泛地区投掷；

第三，进攻者长期控制上空以剥夺市民以及城市的正常活动（睡眠、粮食、安全、交通、工业），居民对城市的命运感到渺茫；

第四，地面部队必须随之而来准备攻入和占领。这些条件的长期连续导致失望、恐慌和颓废直至最后投降。

斯诺认为第四个条件缺乏，而最主要的是随着无区别的战略轰炸必将激怒而不是消灭重庆市民抗战的意志。事实上重庆市民的确一天也没有放弃和暂停过自己的生活、工作、事业、学习和抗战。

1941年，斯诺又奔波于别的战场，他离开了中国。战后，他回忆道："我依然赞成中国的事业，从根本上说，真理、公正和正义属于中国人民的

▷　遭遇大轰炸后的重庆街景

▷　坚强的重庆人正在修复被摧毁的房屋

事业。我赞成任何有助于中国人民自己帮助自己的措施，因为只有采用这种方法，才能使他们解救自己……纵然我不能贸然自称是中国的一部分，但中国却已承认我是她的一部分。"

《斯诺笔下的重庆大轰炸》

❖ 伍子玉：重庆大学的抗日救亡活动

七七事变前，重庆大学的抗日救亡运动就有所开展。卢沟桥的枪声，更加振奋了师生们的爱国激情，祖国民族的生死存亡牵动着大家的心，救亡运动随即在重大推进到一个新的阶段。许多教授和学生发表演说，纷纷表示要坚决与日本侵略者奋战到底。同时还开展了自动捐款、募集寒衣为前方抗敌战士御寒等活动。

在一段时期，学校师生满腔热血，运用各种生动活泼的形式，开展抗日救亡宣传。在许多活动中，重庆地下"学联"的成员起了骨干核心作用。他们发起组织"重庆大学文艺研究社"，并办起一个壁报《重大文艺》，除刊登一些文艺作品外，主要刊登宣传抗日的文章。同时，还团结一批进步同学，去广泛发动学生群众以抗日为中心办壁报，做演讲，演戏剧，唱救亡歌曲等。

同时"重大抗敌后援会"成立以后，"学联"的成员就先后参加到里面去，利用该组织积极搞抗日宣传活动。如"学联"成员曾乃凡、张兴富就在会里负责宣传组的工作，编辑出版了《五月》抗日宣传专刊，发表了工学院院长税西恒的文章，揭露日本帝国主义侵略中国的目的，就是"要并吞中国，作东亚的主人翁，更把中国人作为工具去侵略他洲"。文章还强烈呼吁："只有举国一致的抗战，才能不当亡国奴，抗战胜利才有希望。"这个专刊在师生中影响很大，推动了学校的救亡活动向前发展。

"学联"还派出成员参加校外沙磁区"各界救国会"的工作。该会由中央大学的中共地下党员黄大明任总干事，重大学生聂士悫、尹文源分别任组织干事和宣传干事。他们联络沙磁区各大专院校、职业学校以及中小学的师生，展开多种宣传活动。有的在工厂区帮助建立工人救国会小组；有的去农场帮助建立农民救国会小组；有的在沙磁小学办民众夜校。地下"学联"成员在夜校里，用通俗易懂的语言，给群众介绍抗战形势，宣传共产党的方针政策，也进行文化知识的传授。从而对沙磁区的抗日救亡运动，起了积极的推动作用。

这个时期，学校师生对开展农村抗日宣传方面的活动特别活跃，收到良好效果。从1937年到1940年，曾先后组织了四次乡村宣传团，奔赴重庆周围专县进行抗日宣传，推动了重大抗日救亡爱国民主运动走向社会，同工农结合，并得以蓬勃地向纵深发展。

第一次是1937年12月28日至1938年元旦，赴合川、北碚等地；第二次是1938年1月26日至2月21日赴永川、内江、自贡、泸州、江津等县市；第三次是1939年3月下旬，去巴县白市驿到璧山来风驿地区；第四次是1940年寒假，去北碚、合川县农村。前两次宣传团，是以中共地下党员和地下学联成员为骨干，以重大抗敌后援会的名义发起组织的；后两次宣传团，都是由中共重大地下党支部领导，以兵役宣传为名，组织同学去开展的。宣传团由同学志愿报名组成，连团员的伙食费都是自理。其他经费除由抗敌后援会提供一部分外，主要靠募捐。广大师生对这些活动十分支持，一些人自动解囊资助宣传团经费，工学院院长税西恒教授，一次就捐助了60元。在四次农村抗日宣传中，以第二次的队伍最大、时间最长、行程最远、宣传的人数最多。他们历时27天，跑了八个县与三个市、镇和三个乡场，约行一千五六百里的路程。使各方面的群众三万多人受到了一次生动的抗日救国教育，同时也使参加宣传团的同学受到了一次全面的锻炼。

《抗战烽火中的重庆大学》

❖ **伍子玉：** 中共重庆大学支部的成立

在学校抗日救亡运动蓬勃发展的过程中，涌现了大批投身活动的学生积极分子。同时，大批从沦陷区辗转来到大后方的学生中间，有些是中共党员或地下学联成员，有的是当地学生运动的骨干。他们进入重大以后，给学校进步力量增添了新的血液。1937年10月，共产党员梁华昌由北京大学转入重大化学系借读，他积极投入学校和重庆市的抗日救亡运动；1938年春，他和中共重庆市工委成员漆鲁鱼接上关系后，编入沙磁区大中小学中党员共同组成的党小组，进行救亡活动；他根据上级关于发展党员的指示，注意在斗争中锻炼培养积极分子，先后发展了重大一些同学为地下学联成员，如魏琼、聂士惷等，然后分别吸收入党。同年5月初，重大学生曹自明经中央大学学生、共产党员黄大明介绍参加中共党组织。此时建立重大地下党支部的条件已日趋成熟。

1938年5月，经中共重庆市工委批准，中共重大支部正式成立。当时，梁华昌已调往成都工作，支部仅有魏琼、聂士惷、曹自明、曾乃凡等几个党员。成立会是在南岸文峰塔下一座僻静的庙里秘密举行的，会上，确定支部委员的分工，由魏琼担任支部书记，曹自明任组织委员，聂士惷任宣传委员。

党支部成立后，除了组织和领导群众继续开展抗日救亡运动外，还抓了自身的思想建设和大力发展党员的工作。1938年6月，重庆地下党在沙坪坝举办"支部干部训练班"，重大党支部的委员都参加了这一干训班的学习。干训班由中共重庆地下市委（已由市工委改为市委）青年委员杨述主持，市委书记廖志高也到干训班讲了话。通过学习，使支委的思想得到了武装，受到一次党的基本知识和搞好支部工作的教育，进一步明确了党在这一时期的主要任务。

重大党支部随即抓紧发展党员的工作，取得了显著的成绩。这段时间，陆续接收了工学院的张兴富、杨华昌，理学院的何叔宽，化学系的朱时雍，商学院的李湘陵、何伯梁等同学入党。这年暑假期间，魏琼因身份暴露，转移到中梁山煤矿搞工人运动，改由曹自明任支部书记，曾乃凡、袁玲做支部具体工作。9月，中共党员方和璧、沙轶因等考入重大，党员人数又有增加。新的支委会则由曹自明任书记，曾乃凡任组织委员，方和璧任宣传委员。10月，沙磁区成立中共区委，曹自明担任区委组织委员，沙轶因担任区委妇女委员。中共沙磁区委的成立，加强了对重大支部的领导，推动了校内抗日救亡运动和党的思想建设、组织建设进一步向前发展。

当时，党支部除了通过斗争实践来提高党员的思想觉悟外，还用上党课的形式进行党的基本知识教育、政策教育、纪律教育和气节教育，要求每个党员都要成为实现党的最低纲领和最高纲领的英勇战士，并要在行动上切实遵守地下工作的原则，严防国民党反动派破坏。上党课的形式多种多样，有时用郊游的名义，或到附近某处住家户，由讲课人主讲；有时则用抗战烽火中的重庆大学散步的方式，由支部委员或老党员给新入党的同志上课。

1938年10月下旬，抗日战争形势发生了变化，斗争进入相持阶段。在新形势面前，重大师生和国统区人民一样，一时对抗战前途忧虑重重，思想紊乱。这时，重大党支部和中央大学党支部一道，通过"中苏问题研究会"出面，曾邀请中共中央南方局书记、国民政府军事委员会政治部副部长周恩来给两校师生演讲。12月下旬，周恩来在夫人邓颖超陪同下，来到松林坡礼堂，做了题为《第二期抗战形势》的重要报告，帮助师生们正确分析抗战形势，坚定抗战必胜的信念，推动学校抗日民主运动继续向前发展。

《抗战烽火中的重庆大学》

❖ 丁艾：女子乡村服务队的抗日宣传

1938年秋，山城重庆。

正当全国人民抗日热情日益高涨，党的民族统一战线日益深入人心的时刻，中共川东特委青委书记杨述向林琼传达上级的指示："特委根据南方局指示精神，为了扩大抗日救国的宣传和发展党组织，组织上决定派你去参加中华基督教女青年会乡村服务队工作。""什么时候去？去干什么？"林琼感到几分突然。杨述接着交代："你原有的工作组织已派人接替，立刻就去服务队报到。组织还决定由你担任支部书记，李铿同志为队长。你们的主要任务是：利用这个合法组织，深入潼南广大乡村，开展抗日救国的宣传工作；发现和培养抗日积极分子，发展一批党员，恢复重建潼南的党组织。关于工作的具体方针和办法，南方局邓颖超同志还将亲自向你们交代。"就这样，林琼受命于川东特委，一支女青年会乡村服务队建立了。

1938年12月下旬，女青年会乡村服务队顾不得过新年，便风尘仆仆地赶到潼南，她们要在这块贫瘠的土地上去点燃一把把抗日的火种，她们牢记邓颖超大姐的叮咛，以党的抗日救国十大纲领和国民党统治区的工作任务为指导："宣传和动员群众，发展进步力量，争取和团结一切可以团结的力量，扩大抗日民族统一战线。"首先抓住第二次国共合作的时机，与潼南县国民党当局联系，争取上层人士的支持。加之这支队伍又是以基督教所属组织的身份出现的，因此争取国民党上层人士的工作进行得比较顺利。

她们到达潼南只几天，便得到县长赵秉衡的认可，在城关纪念碑广场举办庆祝1939年元旦的群众集会上，赵秉衡在大会上公开向群众介绍了女子服务队来潼南工作的情况，并表示欢迎和支持，这就为服务队后来开展工作创造了条件。同时，队长李铿还在这次会上做了抗日宣传讲话，这便是服务队向潼南民众进行的第一次抗日宣传，也是服务队在潼南点起的第一把火，自此拉开了潼南抗日宣传的序幕。接着服务队又在万寿宫举办了为期一个月的妇女训练班，对各乡镇选派来的学员进行抗日教育、妇女解放教育，进行教唱抗日歌曲等培训，为潼南培养了一批抗日宣传的妇女骨干，把抗日火种引向广大的乡村。

第二把火点燃了中、小学师生和社会知识青年的抗日热情。服务队员高唱着抗日歌曲："黄河水黄又黄，东洋鬼太猖狂。昨天烧了王家寨，今天占我张家庄。逼着那青年当炮灰，逼着老年运军粮。这样活着有啥用哟！拿起刀枪打东洋。"为了发动和组织更多的人一起干，她们又把队员分为五个小组，分赴双江、柏梓、塘坝、古溪和城关等五个乡镇，发动群众，组织群众，将抗日的火种引向乡镇，迅速蔓延成熊熊的燎原之势。

第三把火点燃在潼南妇女的心上。妇女深受帝国主义、官僚资本主义和封建主义的三重压迫，因此更是女子服务队工作的重点。但是要对妇女进行抗日宣传，只靠一般的工作是不行的，首先得从关心妇女的生活疾苦入手。于是她们走村串户，访贫问苦，帮助建立妇女纺织社之类的生产自救组织，解决妇女们的生活问题。服务队还在各乡办起了妇女识字班，以冯玉祥编写的《抗日三字经》为教材，教妇女学文化和进行抗日的教育。在服务队的宣传教育下，深受封建束缚的农村妇女也纷纷走上街头，唱歌演戏，宣传抗日。

1939年5月，在双江镇举行了一次盛大的抗日火炬大游行。数以千计的爱国民众，高举火炬，伴着震撼山乡的抗日歌声和口号声，走上街头。长长的游行队伍，好似一条愤怒的火龙，腾飞在山乡的夜空。更为振奋人心的是，在这条火龙中，有一支庞大的妇女队伍。这在当时国统区的大后方，封建势力笼罩的偏僻山乡，尚属前所未有的景象，这充分反映了潼南妇女可贵的抗日热情。

《抗日宣传女子乡村服务队》

❖ **甘文峰：** 救死扶伤的僧侣救护队

抗战期中，重庆空袭频繁，日机滥施轰炸，杀害我无辜同胞的罪恶行径，山城人民永远也不会忘记。可知道，在这万分紧急的时刻，有一支身着圆领短袍、头顶戒疤的和尚担架队。当日机尚在上空盘旋，他们冒着硝烟烈火，踏着滚烫的瓦砾，穿行在残垣断壁之下，从垮塌的房椽下，燃烧的房屋内，救出了无以数计的受伤难民。他们，就是由南岸区玄坛庙慈云寺的和尚组成的重庆僧侣救护队。

重庆僧侣救护队，直属重庆市空袭服务救济联合办事处。下设总队长一人，为慈云寺方丈澄一和尚；副总队长二人，一为慈云寺监院（当家和尚）觉通，一为乐观法师，他曾经参加过上海僧侣救护队，有着卓越的组织才能和丰富的救护知识。下辖四个分队和总务、救护、研究三个组。1940

▷ 重庆慈云寺的僧侣救护队

年3月18日正式宣告成立，这天，陪都各报以"脱去袈裟换战袍"的醒目生动标题，报道了这个消息。

僧侣救护队成立后，先后举办医护、军事、政治三个训练班。由空袭联办处派医护委员会周立信医官担任训练医护常识；新编二十五师一旅二团派杨某担任训练军事常识；巴县团管区派员担任政治常识教官，学习三个月结业。结业典礼时，美国记者侯安那访问该队，与全体队员合影，并在题词簿上留下"佛陀再世"四个字，以资鼓励。

僧侣救护队的活动区域，包括南岸、江北、市中区三地。按照规定，必须得到空袭联办处的出发命令，方能出动。但6月12日这天，日机又来轰炸江北一带，他们再也抑制不住同仇敌忾的愤怒心情，救人如救火，顾不得命令，也不待警报解除，背起担架、药品、器材，蜂拥冲到江边。刚刚踏上渡船，又听到第二批敌机来袭的声音，为了要救人，哪顾得自己的死活，正划到江心，敌机群已经临头，只见一排密集的炸弹，倾泻下来，大家跳上岸去，扛起担架药包，踏着火路，分途奔向被炸地点。抬的抬，包扎的包扎，将伤员立即护送到救伤站去。等到警报解除以后，又把那些受伤的同胞转移到正式医院。这一战役下来，总计成绩，救出了被压在房架下和封锁在火海里呻吟的群众，有一百多人，其中二十五名重伤号，转送医院进行急救。

第二天，敌机又来狂炸市区，照样不等待联办处的命令，紧急出动，将受伤群众先行包扎，运往安全地带，又折回运第二批、三批、四批……直至抢送完毕为止。

1942年6月的一天，敌机又飞临市区上空，轮番轰炸，造成大隧道惨案。他们抢救完毕后，又及时在洞内施放焰口三日，以超度死亡同胞，更加赢得了山城人民的高度赞扬。当时《中央日报》以"救生救死"为题，大加褒奖。

《陪都重庆僧侣救护队》

❖ **刘光华：** 1941年的大隧道惨案

1941年春雾季过后，日机开始加紧轰炸重庆。5月中旬，敌人开始连续进行所谓"疲劳轰炸"，一拨敌机刚走，二拨接着又到，弄得全城军民疲于奔命。6月5日这天，空袭警报从傍晚6时拉响，直到午夜2时才解除。在市中心十八梯一带的大隧道里，因空袭时间过长，洞内严重缺氧，避难者呼吸困难争相外涌，在出口处挤成一团，而反锁的粗木栅门无法打开，结果在隧道里被活活挤压和窒息而致死的人，起码有上千人。次日警报解除，城内最热闹的商业区，竟有许多家店铺和住户未开门，原来店老板全家带伙计统统被闷死在隧道里，成为绝户。死难者的尸体集中到千厮门，用木船载运过江北，埋在利用洼坑掘成的万人坑中。江滨附近尸臭熏天，经日始散。

自从惨案发生后，十八梯地段隧道的出口，每逢天黑就很少有人敢独自经过。据说某夜有人因急事匆匆走过这里，突然听见里面有人大声问道："警报解除了没有？"吓得他毛骨悚然，转身就跑。这句无从查证的鬼话，很快就传遍全城，闻者莫不感到心酸。

《陪都重庆风情画》

❖ **钟永毅：** 江津五岔场的抗战歌声

1943年9月，父母亲带着我回到了老家江津县五岔场。綦江从场边流过，每天上上下下要过几百艘木船，下水载的是綦江和贵州出产的煤炭、铁矿和农副产品，上行载的是盐巴和百货。场的下游在修水闸，由导淮委员会负责。綦江铁路正在修建。场上还有许多穿着奇异服装的青少年来赶场，他们是国立华侨第二中学的学生，来自泰国、缅甸、美国、秘鲁等10多个国家和地区。场上手艺好的蔡裁缝铺更是门庭若市。五岔虽是乡场，却有些异国情调。

父亲钟循则与当地小学校长较熟，很快为我办好了入学手续。第二天一上学，只见班上有两个小女孩穿得很漂亮，原来她们是华侨二中校长王德玺的女儿，是从大城市来的。还有一个本地小女孩刘世蓉，受侨中学生的影响，衣着也是新样式。下午放学时，全校学生集合，教师指挥我们齐唱《黄河大合唱》中的《保卫黄河》：

风在吼，马在叫，
黄河在咆哮，黄河在咆哮。
河西山高万丈高，
河东河北高粱熟了。
……

同学们满怀激情，放声歌唱，心系祖国的危亡，个个要拿起刀枪，尤其是唱到"保卫黄河，保卫华北，保卫全中国"时，气壮山河，像在战场拼杀。回想起我在成都、乐山上学时还没有听到这样昂扬奋进的歌声，顿觉家乡是走在抗战前列的。

我们的音乐老师郭长志是聘请的华侨二中学生，上音乐课时教我们唱《延水谣》：

延水长，延水清，
情郎哥哥去当兵。
当兵要当抗日军，
不是好铁不打钉。

当时，我们虽在唱，却不知延水（延安）在哪里。"当兵要当抗日军"，成了我们小时的志向。郭老师还教我们唱《朱大嫂送鸡蛋》等。

华侨二中高中部设在小鱼梁程氏宗祠，初中部设在我家老屋"洋房子"（与当时英国驻重庆领事馆同一样式）。该校有海韵歌唱团和綦江合唱团。他们排练了《垦春泥》《生产大合唱》《黄河大合唱》。该校举办晚会时，我们也到校里观看。

1944年冬，日本侵略军发动进攻广西、贵州，其先头部队一度攻占贵州省独山。当时政府发起知识青年参军运动，口号是："一寸河山一寸血，十万青年十万军。"华侨二中有20多名学生报名参加青年军，奔赴抗日前线。

该校和当地乡亲在五岔小学操场举行欢送仪式，校长李次温在司令台上一一介绍参军的同学的姓名和侨居国（地区），女同学们给他们戴上红花，送给慰问品，还表演歌舞《打长江》。

你呀你打桩，我呀我拉绳，
我们不靠天，我们不求神，
只要大家一条心，只要大家一条心。

参军的同学出发了，走向军营，走向前线，人们心里都这样想，只要大家一条心，定能战胜日本人。

《抗战胜利前后重庆见闻》

❖ 杨耀健：欢庆抗战胜利

在中央通讯社内短而狭窄的灰墙上，贴出了"日本投降了"的巨幅号外。该社几位记者驾着三轮车狂敲响锣，绕主干道一周，向市民报告特大

▷ 1945 年 9 月，为庆祝抗战胜利，重庆市民表演舞龙

▷ 1945 年 9 月，重庆市民举着同盟国四位领袖的头像旗帜庆祝抗战胜利

喜讯。马路上立刻就汇集了许多人，欣喜若狂，手舞足蹈，高声欢呼。谁也不去查问这消息是从哪里来的，谁也不关心它是否真实，它只是像长了翅膀似的，由一个人传给另一个人，由这一处传到那一处。

《国民公报》印制的日本投降的号外，最先送到城区，市民抢购，供不应求。各鞭炮店生意大佳，数年的库存瞬间全部售罄。鹅岭、江北、南岸的防空探照灯齐放，将市区照耀得如同白昼。一些会动脑筋的餐馆老板，立即将先前畅销的"轰炸东京""踏平三岛"的川菜名擦去，代之以"普天同庆""金瓯一统"的新菜名。有名的"皇后""松鹤楼""凯歌归""云龙园"等餐厅的生意好得很，连那些末等的小酒馆也卖出了最后的存酒。

数十万市民连夜涌上街头，马路上挤满了自发游行的市民，载歌载舞，阻断了交通。到处都有人张灯结彩，到处都有人敲锣打鼓，爆竹声震耳欲聋。美国盟军的吉普车陷入了人海，无法行驶，他们就跳下车来，见了中国人就握手拥抱，嘴里叽叽咕咕地讲着洋文，欢快之情溢于言表。人们的衣服都汗湿透了，人们的嗓子都喊哑了，没有人能分辨得清各种声音，没有笔墨能形容这种场面，重庆已经变成了欢浪迭起的大海。

《陪都重庆庆祝抗战胜利纪实》

❖ 刘原：重庆解放，山城迎来新曙光

重庆是1949年11月30日解放的。11月30日早上，许多旧市参议会议员和商会负责人及其他社会人士不约而同地聚集在林森路（现解放东路）西三街市商会会堂，即旧市参议会临时会址（这年"九二"大火，烧毁了旧市参议会会址）商议如何对付目前重庆市无人管理的局面。参议长范众渠介绍了重庆的局面：市长杨森带领卫队逃逸，国民党军队大部分沿成渝公路去成都，城内盛传国民党特务组织留有爆破、暗杀人员以阻止解放军正规部队入城，还说一些黑社会人士及青、红帮、"一贯道"等，也准备窥

探时机而动，希望大家出出主意，缓解民困。不少人提出各种意见，最后统一成三点：一是迅速与解放军联系，尽快进城维持地方秩序；二是旧议会与商会应帮助解放军组织军管以推动各项工作的开展；三是动员旧市政府人员照常工作，旧警察局照常站岗，维护社会秩序，听候军管安排。

按照达成的共识，"重庆市各界代表迎接解放军代表团"立即成立了，公推议长范众渠、商会会长蔡鹤年为负责人，人们用整幅白布，写上代表团的名称，以供解放军识别。代表团一行四十多人，在望龙门码头上船，准备横渡长江去南岸找寻解放军负责人。那天是个阴天，枯水季节，江面不宽，但水势很急。船刚离岸，还未到江心，突然一声清脆的枪声发自望龙门东侧城墙。一时，有些人面无人色，直往船舱下层钻，有位姓刘的参议员浑身颤动，有人说他腰下湿了一块。船继续逆江向海棠溪方向前进，南岸河滩十分宽阔，江上又响起了两声枪声。有人主张都下到底舱去，以免发生危险。这时，我发现长江两岸悄然无声，静得使人害怕，只听见船壳外的哗哗水流声。

代表团派人向南岸河滩喊话，但始终无人应声。这时，有人大喊："当心水雷"，全船人为之一震。人们看见，一捆捆的青菜擦船身而过，船上管事叫水手用竹竿将菜捆一一推开。水雷之说，有"惊弓之鸟"之嫌。轮船快到海棠溪正码头时，我们才见到一穿黑布衣裤，头扎白毛巾，身背卡宾枪的汉子。在他的指引下，我们去了"海棠别墅"（旧时一旅馆）见到了解放军的负责人。

我们被引进一会议室，让茶敬烟，人们心中一惊：原来解放军也讲究礼仪。据这位同志介绍，他们是二野某部的先遣团，他的名字叫刘明辉（事后得知他是先遣团长，后任重庆市公安局局长，60年代曾任云南省副省长）。他们两天前从贵州进入四川，分三路靠近重庆市区（泸州、巴县、涪陵）。他代表部队，欢迎重庆市代表团的到来。同时，这位先遣团长提出以下要求：希望以民生公司为主将所有能渡江的交通工具天黑前集中南岸沿江各码头，便于解放军渡江进城；旧市政府照常上班工作，推出负责人主动与部队联系；盼望各界支持军管工作。他希望新闻界帮助宣传中央人民政府的有关政策、法令和解放军的"三大纪律、八项注意"等文件。大家对这位年轻的先遣团长的谈话、风度都留下极好的印象。

在回程的路途中，我们见到了五六位先遣团的战士。他们个个年轻彪悍，脸膛黑红，一式黑色中式上衣、黑裤、扎绑腿，身背美式卡宾枪，腰插盒子短枪。在交谈中，这些战士彬彬有礼，有的甚至害羞。据他们用河南口音谈，一般都参军有三年了。先遣团的任务是为后续部队扫清道路，遇小股敌人也有战斗任务。昨夜在南温泉地区曾与地方武装战斗，我军伤亡二十多人。他们每个人身上带有法币及数十块银元，以备急需。

过江十分顺利。一到岸，一时鞭炮齐响，爆竹声声，鼓锣齐鸣，人们把代表团像"凯旋英雄"般地欢迎起来。从人们的笑脸中看出，恐怖和不安已经过去了！

晚上，当我写完稿子时，已得知解放军的正规部队十分顺利有序地入城了。当我走上大街时，深感整个重庆沸腾了起来。

▷ 1949年，人民解放军进入重庆，市民夹道欢迎

从1949年11月30日深夜解放军入城后一直到1950年元旦以后，整个重庆市都是在狂欢中度过。

从朝天门至小什字，由小什字至解放碑、较场口、七星岗、上清寺，一连十几里都成了红旗的海洋，欢乐的世界。

群众穿着彩色衣服，跳秧歌、打腰鼓、打连宵，边舞边唱，宣传党的政策，这种自发的热情真是旷古未闻。在交通要道，自发地形成了许多表演的"舞台"，许多著名的演员如京剧界的厉慧良、厉慧敏、厉慧兰、厉慧森等；川剧界的陈书舫、周企和等；还有许多文艺界前辈、著名曲艺名人，都热情地为群众献艺，以祝贺城市的新生。

《迎接中国人民解放军入城》

第六辑

地道川味·
让人念念不忘的鲜香麻辣

❖ 吴洛加、廖清鉴：重庆火锅，香飘全国

火锅，古称"古董羹"，因投料入沸水时发出的"咕咚"声而得名。唐代白居易的诗："绿蚁新醅酒，红泥小火炉。晚来天欲雪，能饮一杯无？"即惟妙惟肖地描述了当时火锅的情景。"围炉聚饮欢呼处，百味消融小釜中"，这是清代咸丰进士桐乡人严辰吟咏的诗句，描绘出吃火锅时的欢乐情景。以"麻、辣、鲜、香、烫"为特点的重庆火锅更是香飘全国，享誉神州。

重庆火锅起源于民间，著名作家李劼人在1947年四川《风土什志》上发表《漫谈中国人的衣、食、住、行·饮食篇》中说："吃水牛的毛肚火锅，则发源于重庆对岸的江北。最初一般挑担子零卖贩子将水牛内脏买得，洗净煮一煮，而后将肝子、肚子等切成小块，于担头置泥炉一具，炉上置分格的大洋铁盆一只，盆内翻煎倒滚着一种又麻又咸的卤汁。于是河边、桥头的一般卖劳力的朋友，便围着炉子受用起来。各人认定一格，且烫且吃，吃若干块，算若干块钱，既经济，又能增加热量。直到民国二十三年

▷ 正在吃火锅的重庆市民

（1934），重庆城内才有一家小饭店将它高尚化了，从担头移到桌上，泥炉依然，只将分格铁盆换成赤铜小锅，卤汁、蘸汁也改由食客自行配合，以求干净而适合各人的口味"，这是对重庆火锅的形成所做的生动记述。

重庆火锅的独特风味形成于民国年间，火红于陪都时期。抗战时期，重庆火锅特别兴旺，许多外省人也爱上了火锅，军政要人宴客多以火锅为席上珍肴，如国民党军统头目戴笠就曾摆过500人的火锅宴以示阔绰。当时文化界的名流也是火锅店的座上客，如电影界的名导演谢添就是一个爱吃火锅的"老饕"。抗战时期新开的重庆火锅店很多，当时最有名的火锅店是临江门杨海林开的"云龙园火锅店"和杨述林开的"述园火锅店"，保安路蓝树云开的"一四一火锅店"，五四路杨建臣开的"不醉无归火锅店"，还有在南岸海棠溪桥头由李文俊开的"桥头火锅店"。

《重庆火锅誉满神州》

❖ 向道坤：北泉银丝面，风味独特

1928年前后，北温泉一家手工面作坊出现奇迹，生产出一种雪白如银，纤细如丝，中心空通，回锅不泥，风味独特的手工挂面。它一应市，小小作坊便蓬荜生辉，顾客盈门。

此面的创制者是世居在北碚场的张海州和张树兴弟兄。张海州排行第四，在澄江镇、北温泉一带做挂面生意多年，其九弟张树兴做得一手好韭叶手工面（面条形似韭菜叶，人们叫他"张韭叶"），是北碚挂面行业的能工巧匠。

当时，北碚场和澄江镇一带利用水磨磨土粉做挂面生意的就有十多家，竞争十分激烈。深谙生意经的张海州，决心要在挂面上胜过别人。一天他在重庆街头看到一些饮食店用美国和加拿大的特粉（当时叫洋灰面）做点心，其色雪白，入口松软，便灵机一动，心想每天到北温泉来游玩的游客多是外国人和一些富商阔少，如果用洋灰面生产挂面，销路一定很好，有利可图。他们计议停妥，就动起手来搞新品种挂面的试制。经过潜心摸索和多次失败，终于找到了诀窍，制出了一种配方别致、工艺独特的上乘挂面，为象征吉祥如意，取名孔雀牌北温泉手工面。因其纤细如丝，人们又叫它北温泉银丝面。

北泉银丝面以选料严格，制作精细，质量优异，风味独特著称。它选用精加工小麦面粉为主料，配以适当比例的麻油、鸡蛋、味精、胡椒、全清豆粉和精盐等辅料，经过和面、拌条、上棍、扯卜、行槽（静置）、晒面、收面、包装等八个工序才能制成成品。一架面做下来，通常要花费12至16小时，工艺极其精细。北泉银丝面加盐用水和静置时间也很考究，每百斤特粉一般掺水60市斤左右，加盐7—9斤，并随季节温度变化而灵活掌握。特别是盐用多了烂面断节，少了又流面稀不成形。故流传有"杯水钱盐"之说，意即以杯水计水，以钱盐计盐，极言其精确奥妙。若按现代化科学解释，正是盐水适中，分离出的钠离子恰到好处，形成面粉间（面筋质）的"亲和力"，再加上麻油的"张力"，使面条上架用力拉扯后自然形成条条空心的细丝，即便扯上一两丈长，也粗细均匀，迎风飘拂不断，故有"面粉纤维"之称。有人誉北泉银丝面色玉莹而含润彩，味鲜美不失稻根芳香，形若牵丝缕玉，幽雅别致为"三绝"，实非过褒。单就其制作之妙就颇饶同趣了。每当晨曦，架架面柱银丝飘拂，袅娜多姿，像柔和起皱的素绸，点染于水碧山青之间，为名山胜水增添了又一异彩。一些骚人墨客食用银丝面后，即兴填词赋诗赞扬备至。至今北碚一带还流传着一首"金梭玉帛，牵丝如缕"的诗句，把北泉银丝细面同丝帛相媲美。

北泉银丝面由于质量殊优，1930年10月北碚建设分局（属巴县建设局）的万雨林曾携带此品前往重庆夫子池参加当时由巴县建设局长黄伯竟主持的重庆农副特产品展览会的展评。在这次展览会上北泉银丝面获奖，因之名声大振，不仅蜚声渝碚，而且名扬省内外。一时间，买面的商贾纷至沓来，门庭若市。张家作坊也结束了寒薄的光阴，财源滚滚而来。

《漫话北泉银丝面》

❖ **吴络加：**有口皆碑的担担面

旧时的重庆，有许多物美价廉的风味小吃，其中给食客留有深刻印象的首推担担面。

担担面因其别具一格的供应方式而得名。据老重庆们的回忆，经营此项生意的，多是那些既无雄厚资金，也无固定店铺的普通饮食小贩。他们将开面馆所需物品满当当地塞进特制的担子内：一边是鼎锅、火炉、煤炭，另一边则盛着面条、佐料、碗筷和其他杂什，扁担穿进绳套，说走就走，说停就停，甚是方便。

指望靠担担面养家糊口的小贩，具有腿勤、手勤、嘴勤三大特点。大小食店不屑一顾的穷街陋巷，就是他们纵横驰骋的天地。"煮碗面！"听到食客一声招呼，他们马上应允："要得！"立即寻个平坦坝儿卸担，然后以娴熟的动作下面、调味，嘴里还不厌其烦地应酬左右。片刻工夫，汤沸面熟，香气四溢地递到食客手上。即令只有一碗面的生意，小贩们也毫不推辞，官商作风与他们素来无缘。

担担面也有自己经常"扎营"的地方，那一般是人流量大、用水方便的所在。久而久之，那些善调五味、讲究信誉、注重卫生的摊上，就形成了数量可观的食客群，既有引车卖浆者流，也不乏西装革履之名媛雅士。长篇小说《巴山月》曾披露孔二小姐当年在陪都嗜食担担面的逸闻。虽属难以稽考之稗史，但担担面的诱惑力却是有口皆碑的。

眼下，挑起面担子串街走巷者已经绝迹了，若生品尝之念，只得动足到餐馆去。重庆经营担担面的地方不少，较有名气的要算八一路上的"正东担担面店"。他们坚持按传统方法制作，仅佐料就有红酱油、化猪油、麻油、芝麻酱、蒜泥、葱花、红油海椒、花椒面、醋、芽菜、味精等，经厨师的巧妙搭配，咸甜麻辣酸鲜香七味俱全，吃了这样的担担面不大快朵颐那才怪哩！

《重庆风味小吃撷英》

❖ 唐沙波：老四川的"三汤"

　　一位外地的友人莅渝，提出要尝尝地方特色，于是我请他在老四川品尝了一顿全牛便宴，宴后他发出了这样的赞叹："此味只应天上有，人间哪得几回尝"，尤其是牛肉"三汤"，他认为是人间极品。我十分了解制作"三汤"的艰辛，对于他的谀辞，虽觉稍过，亦示默许。

　　老四川的牛肉"三汤"，为陈青云老师所创制，已有六十年的历史了。陈老师11岁学徒，先在川北羊肉馆，又在顺庆羊肉馆，1943年转到了粤香村，专攻清真菜的制作。他在极端清苦的环境中摸索积累，从清炖牛肉汤上升到自创了牛尾汤和牛鞭汤。多少岁月的锤炼，这"牛肉三汤"便成了他的拿手绝活儿，就好比京剧大师李少春的《野猪林》和李维康的《玉堂春》。后来经过合并，牛肉"三汤"成为老四川的金牌菜，为前来的每一位食客所必点。

　　走进老四川欢声笑语的店堂，常常能够看到这样的场景：一位鹤发童颜的老者，独坐一隅，一酒一汤一菜，再加三两米饭一碟泡菜，细酌慢品，陶然自乐，数十年不辍，最大限度地享受着"三汤"带给他的快乐和养分，成为"三汤"延年益寿的最佳见证。

　　炖汤绝在做工，小小一汤，需费九道工序：解骨、浸漂、煨炖、看火、掠沫、滤渣等等。前日黄昏升火，炖汤人通宵达旦守候灶旁，偷不得懒，打不得盹儿，保持荧荧一灯的火势，使汤气蕴而不发，只见鸡蛋大的一个气泡，蠢蠢欲动，挣扎着冲破厚厚的油层而始终不能，汤面油光湛然，波澜不惊，油层下水深火热，暗流汹涌，如此近十个小时的熬煎，次日清晨渐渐熄火，一切才归于宁静，牛肉、牛尾、牛鞭，虽未失形，然已出神入化，一啜而散，老少皆宜了。

▷ 老四川饭店

但见一汤，金色潋滟，粲然炫目，肉条爽洁，萝卜晶莹，扑鼻生香，令人绝倒。

按传统的炖法，汤中要加鸡骨、鸭架、火腿等，并用姜、葱、酒、盐、花椒调味，辅以歌乐山特产粉头萝卜或冬瓜作配，这样的口感，需要食客自己去心领神会。

《"三汤"的精神》

❖ 沈智敏：别有洞天的"小洞天"

"小洞天"之名，来源于我国道教传说中的"洞天福地"，即神仙居住的名山胜境。唐末五代道士杜光庭著《洞天福地岳渎名山记》(《道藏》所收) 有"十大洞天""三十六小洞天"和"七十二福地"之说。"洞天福地"给人们以神秘、静雅、神往之感。

重庆"小洞天"是中华人民共和国成立前本城首屈一指的川菜食府。于20世纪20年代创立，最初设在后嗣坡（棉花街背后），依山建楼，以洞为室，置席其间，举杯进肴，其环境氛围令客人有"洞天福地"之悟。以后店址先后迁至长安寺、金十万街、公园路（文化馆背后）、铁板街等地，1950年歇业。而当年的美味佳肴，令知味者们久久难忘。

"小洞天"的创始者廖青亭、朱康林、韩青云三人，本是烹调行家，又是经营能手，他们既博采川菜之精华，又善于钻研创新。因而技压群芳，享誉海内外，受到当时军政商贾、社会名流等高层消费者的赞扬。如范绍增、刘湘、康心如都是那里的座上宾，生意兴隆，号称"日有百宴，座无虚席"。抗战时期的"清蒸肥头"等品，饮誉山城。巴金之弟美食家李济生称赞"小洞天"的菜做得好。1992年在"美食杂忆"撰文说："我想到在抗战胜利后，在重庆小洞天吃到的奶汤鲍鱼，不觉舌下生液，美哉斯味也！"

《"小洞天"与廖青亭》

❖ 卢延辉：春卷好吃，春卷皮难做

春卷是一款粤点小吃，其最初传到巴蜀地区的确切时间现已无考。大约在20世纪30年代，位于重庆城市中心地带邹容路、都邮街一带已有专门做春卷以谋生的小贩。最有名者当数在小较场（即后来的依仁巷，现今的大都会）落户的川北卢氏兄弟。卢氏兄弟大哥叫卢春林，老二名卢鹤龄、老么名卢海清。卢氏兄弟做春卷的历史长达半个多世纪，其手艺传给很多邻居和徒弟。至今，重庆人要自己做春卷吃，或餐厅食店要卖这款小吃，多半还是要到大阳沟农贸市场去买春卷皮。因为有几十年的传统，大阳沟的这个"专利地位"，其他地方很难争得去。为什么？概因春卷这款小吃虽然人人都爱吃，却非家家都能做。最考人的还是做春卷皮。而做春卷皮必须靠手工，不能以机器批量生产，做起来利润有限。大阳沟及过去的依仁巷小较场地区素以个体劳动者为主，很多人即靠这种别人难以轻易夺走的手艺谋生，长久以往便形成了特殊的传统。

做春卷皮的手艺大致是这样：首先是要有一只特制的锅——一块约50厘米直径的圆铁板，完全平坦，不能有向上兜起的裙边，铆焊上锅把，用一只手可以随意提起。其次是面粉加水调拌的比例要精确适中，太干了粘不上锅，太稀了又抓不起来。再次便是火候的把握也很严格，火大了面粘不上锅，且要煳边；火小了久烙不熟，还揭不下来。上述一切条件都具备了，操作者左手持锅，加热，右手抓面，抖动（抖动是必须的，因为面团是半流质的），在平锅上按顺时针方向抹动，稀软的面团在锅上粘出一张圆圆的薄皮，几秒钟后烙熟的薄皮揭下来，一张春卷皮就做成了。春卷皮的大小是有一定规格的，通常一斤面粉能做30多张。面和得好，炉火适中，技术过硬，能做40张。由于做春卷皮全凭经验掌控，因此质量好坏，面粉材料的节省或浪费都系于师傅的手艺。

《重庆春卷第一人》

❖ **沈智敏：** 丰富多彩的早晚点

　　山城的早晚点繁花似锦，令人目不暇接。店、摊供应的大众化蒸点有：黄糕、白糕、冲冲糕、馒头、咸甜荤素包子、各式花卷、甜咸发糕、糯米团、八宝饭、鸭参粥等；油炸的有：油条、油钱、馓子、麻圆、麻花、糍粑块、糖油果子、烫面油糕、面窝、苕窝、椒盐油炸粑、油炸苞谷粑、豌豆饼、臭豆干等；烙的有锅贴饺子、煎包、烙大饼、多种熨斗糕、热糍粑、烙汤圆粑等等。烤的有烧饼、锅魁、揉糖饼子、方酥锅魁、椒盐酥锅魁、卤肉夹锅魁、猪牛肉焦包、烤红苕等，煮的有甜咸豆浆、各种稀饭、油茶、醪糟小汤圆、各式大小汤圆、咸汤圆（用芽菜、猪肉做心、骨头、冬菜、豆芽吊汤）、醪糟荷包蛋、各式水饺、小面、数十种臊子面、荤素刀削面、

▷ 街边的小吃店

凉面、抄手（云吞、馄饨）、年糕、粽子、五香盐茶蛋、豆腐脑、冲藕粉、肠肠粉、冒结面（大肠洗净挽结）、通心粉冒大豆烧番茄臊子，还有神仙耙下挂面，洽泥等，数不胜数。清晨有的小贩头顶蒸笼，手拎提篮，走街串巷，方便群众。下午夜间有肩挑"梆梆糕"，用平锅柴火烙方形白糕，边走边敲边卖，一手执竹梆，一手拿竹竿，敲出"梆梆"的响声，故名。

夜宵最具特色的，是在夜深人静时分，在闹市、码头挑担叫卖的"炒米糖开水""藕粉""面茶""五香盐茶蛋"的声音。略带凄凉，有的嘶涩沙哑，在夜空中回荡。还有少数摊架、提篮出售的油炸豆鱼、麻辣鸡块、水八块、豆干等。水八块是将熟猪头片薄，泡在兑好的作料里，麻辣鲜香，按块计价，最受小孩欢迎。

《天下名吃聚陪都》

❖ 唐沙波：颐之时的菜肴，川味十足

时值20世纪20年代，驻防成都的刘文辉、邓锡侯和李家钰等三位军长的副官们私下里商量着开办一个餐厅，他们最终选中了成都市华兴正街的一处楼院并聘请了当时的名人丁次鹤的伙房师傅名厨罗国荣先生来合伙经营并主厨。由此，揭开了颐之时历史之扉页。颐之时行将开业，百事待兴。然而，倡办此店的那些个副官们却苦于公务缠身而无暇顾及店堂的经营与管理，故只好将各项事务交由罗国荣先生一手操办。饭店开业在即，如何命名颇费了罗先生一番心思。为此，他特地宴请了当时成都名气很大的所谓"五老七贤"，并恭请他们为餐馆题取店名，"五老七贤"们几经磋商，拟议用"颐之时"作为店名，众人大悦，只因颐之时其名乃取颐养身体、延年益寿之意，其取自于《易经》上之《十三经注疏》，故此名既吉祥如意，又深邃高雅，实在是惟妙惟肖！

有了一个称心的店名，还得要有一个如意的买卖。颐之时的主事罗国

荣对买卖十分尽心尽力，他要求手下的所有员工在业务上要力求精益求精。为此，颐之时在诸如菜式及菜料的选用、菜品的设计与制作上极为认真严谨且不断推陈出新和改进烹饪技艺，以满足食客们各种不同的需求，故颐之时餐馆在成都顿时名声大振，买卖十分兴隆。

1935年，蒋介石派遣参谋团入川并设立了重庆行辕。是时，原任四川省省长的张群则被调任重庆行辕主任。由于张群在成都时乃颐之时之常客，故罗国荣先生与之非常熟识且颇有一些交往。因此，在张群调来重庆以后，罗国荣几经考虑为了给店铺寻得更大的生机与谋取新的发展，决计携手下十几位名厨追随张群而至重庆。自此，成都的老店关门歇业。

来到重庆以后，罗国荣选定当时重庆银行工会的顶楼（现道门口重庆中西医结合医院一侧）作为颐之时在重庆的新址。重庆颐之时开张以后，仍然突出川菜的特色，由于罗国荣主厨的菜肴川味十足而且地道，故吸引了当时重庆的党、政、军要员以及各界社会名流、人士常来颐之时光顾。随着颐之时生意的日益红火，罗国荣师傅的烹饪技术也迅速提高乃至于到了炉火纯青的地步。罗师傅和他的弟子们在业务上摒弃保守思想，开阔新的思路，学习先进技艺，不断推陈出新。罗师傅经常训导他的徒弟要将烹菜看成是"火中取宝"，故火候第一，不及则生，过火则老。并告诫弟子们，提高烹饪技术必须要立足于一个"变"字，要刻意求新、博采众长，切不可墨守成规。罗国荣的拿手好菜如"香酥熊掌""脆皮烤鸡""火腿虾仁""清蒸江团"等就是在这样的思想指导下创制出来的。所以，到颐之时来品尝美味佳肴的食客们，不管他是来自于何种阶层，均会在酒香味美之中有着如入仙界的感觉。

《颐之时史话》

❖ 沈智敏："白玫瑰"的特色枣糕

中华人民共和国成立前民族路会仙桥，有著名的"白玫瑰"中餐厅，创建于1933年。所售枣糕，是当时全市独一无二的川味传统美食。因以蜜枣为主，故名。1925年，唐志荣到重庆蜜香餐馆拜罗兴武为师，他刻苦学艺，融众家之长，精心研究，当时许多餐厅都仿制未成，唯独他的枣糕，能在行业中独占鳌头，成品棕色油亮，香甜柔润，松软不腻，营养爽口，为同行师尊颔首称许。30年代，唐师到该厅白案掌墨，筵席的点心，通常都要上2—6道，小吃与筵席似红花与绿叶交错搭配，很具特色。席散，还要向每位客人赠送一盒精美的礼品点心，蒸炸煎烤，小巧玲珑，形似水果，五颜六色，客人们无不欣喜，满载而归。唐技艺超群，还创制了许多名点，如蒸窝粑、各式花卷、烧麦（川称刷把头）、火腿饼、鲜花酥饼、萝卜酥饼、鸡蛋手工面等等。抗战胜利后，餐厅改业为"皇后"兼音乐舞厅。

《天下名吃聚陪都》

❖ 邹元良：鸿园餐厅的坛子肉

水土沱的餐馆有多家，但最有名气的要算"鸿园"。而鸿园餐厅的菜品中，最值得一提的是坛子肉。这份菜肴，既属上等菜，又算大众菜。做法上讲究，有蒸、有炖、有炸、又有汤。菜中有红烧蹄髈一个，炖母鸡半边，油炸鸡蛋两个，红烧狮子头一对，外添浓汁肉汤，加上葱花调料合在一起，就成了"坛子肉"。此菜将蒸、炸、烧、炖集为一体，做到了一菜多样，一菜多能，佐酒、下饭皆宜，有钱人点此菜壮席面，下力人合伙买来打牙祭，既实惠，又便宜，是鸿园餐厅最畅销的菜品之一。

《难忘水土沱的名酒名小吃》

❖ 陈兰荪、孔祥云：吃西餐的风气

自从外国教会进入后，重庆就有西餐业出现。最早是青年会和英年会为了供应会员设有西餐部，对外虽营业，但问津者少。20世纪30年代初，上海帮会人物杨子尧（人称杨阿毛），在上海打死了法国人，法国巡捕房要抓人，在帮会掩护下跑到四川，先在万县参加地方义字袍哥，以后到重庆投靠仁字大爷唐绍武，唐支持他在下半城商业场（现工商联侧）开设"沙利文饭店"（实际是旅馆），既有中餐部，又设西餐部。其西餐部是上海流行的大众化，容易为人所接受，加之地设商业中心，生意不错，价廉物美，没有那么让人感到高不可攀，从此吃西餐的人多了。由于商业中心从下半城转移至上半城（即现解放碑一带），杨子尧又在会仙桥开办上海式的"水云乡"浴室（即被人称为扬州帮），这也是重庆第一家下江人所开的"苏帮"浴室，杨从此入重庆籍，成为地方袍哥，义字三爷，结婚成家。除语言夹杂上海话外，其余完全重庆化了！

直到抗战中，大批的下江人来到重庆，西餐业才有了一定的地位。继留俄同学餐厅之外，逐渐又有了临江门的留法、比、瑞同学会西餐部、中美友协西餐部、中英文协西餐部、胜利大厅西餐部、盟军招待所西餐部、皇后餐厅西餐部。一时吃西餐成风，西餐一般要比中餐贵，但又比满汉全席便宜得多，更适宜于集会，更适宜婚宴招待亲友。因为西餐是一人一份，没有吃中国酒宴那么浪费，主人可以省钱省事，客人也因各吃各的，讲究卫生，避免疾病的传染。

抗战时期重庆先后有十多家西餐厅，几乎所有西餐厅都有纪云生的股子，那些西餐厅都要依附于他。有的厨师是他的徒弟，有的经理人又是他的老伙计，还要靠他指导。如中国留法、比、瑞同学会西餐厅（简称中法比瑞餐厅），纪云生就是大股东，这无形中就以纪为中心成了个西餐业帮口。有人说，他那是个无可争议的西餐业"托拉斯"。

《西餐大亨纪云生》

❖ 沈智敏：名扬山城的"星临轩"

抗战时，重庆七星岗至圣宫11号（旧门牌号）有一家回民小食店。店主人为马星临、马有碧夫妇俩。马星临原是《新民报》的报贩，后来病逝。派报同业为了照顾马有碧，就凑钱帮她开了个牛肉馆，出售凉拌牛肉、五香卷子牛肉、红烧牛肉、清炖牛肉、油炸牛肉、水晶包等。

马有碧，人称"马老太婆"，为人热情好客，动作麻利，有一手烹制牛肉的好手艺，单凉拌牛肉的红油海椒，做法特别，非同一般。味极鲜浓，经年不坏；同时讲究卫生，并适当赊账。由于该店价廉物美，加之文化界人士、三厅官员、报业同仁均不断前往光顾，这个无名小店，便逐渐有了名气。

一天，郭沫若与老舍、阳翰笙、宋之的以及马彦祥等在办公室讨论剧本，不觉已到深夜，于是，郭沫若请大家到牛肉馆吃宵夜。兴趣盎然之际，有人提出，这个小店的味道虽好，但美中不足是缺少一块招牌。郭沫若即主动为之命名，书写"星临轩"招牌，并盖上了大印。"轩"者，小室也，意即文星光临小室，又恰与主人之名巧合。马老太婆甚为喜悦，嵌在玻璃镜框中，但并不悬挂（中华人民共和国成立前，无招牌算小店，可不纳筵席捐税）。同时，郭沫若还即兴赋诗，题赠单条，备赞小店风貌曰：

如享太牢，如登春台。此庐虽小，其味隽永。

小牛肉馆有了名人书写的招牌和墨宝，更是锦上添花，扬名山城。

《郭沫若在天官府的二三事》

❖ 吴络加：驰誉重庆的"王鸭子"

重庆饮食行业的小吃中，唯有一款被中国商业部命名为"优质产品"，它就是驰誉全市的"王鸭子"。

王鸭子的创始人叫王忠吉，1940年，他在夫子池街口摆了个小摊，专售烟熏鸭、堂片鸭子、挂炉烤鸭、风鸭、白卤鸭和盐水鸭，统称"王记鸭子"。在他摊上的"系列鸭品"中，最有代表性的首推烟熏鸭。此鸭制作时选用1500克以内的子鸭，洗净、剁去翅尖、鸭脚、码味腌渍，入特制的熏炉熏至茶色，然后下卤锅卤熟。成品王鸭子，鸭色润泽光亮，色如琥珀，香味浓郁，脱骨化渣。久而久之，王忠吉的"王记鸭子"声播远近。1956年，王忠吉成了八一路鸭子专业店的主制厨师，该店店名正式定为"王鸭子"。

《重庆风味小吃撷英》

❖ 吴络加：九园包子，皮薄馅丰

在市中区小什字繁华地区，有一家门面不大但声名显赫的小吃店——"九园"，该店经营的包子颇有名气，这包子与市面上其他包子不同，一客两个，咸甜俱备。据制作者介绍：包子皮里揉有清糖、白糖、牛奶和猪油，咸馅的原料是酱肉、金钩、火腿、干贝、口蘑（或者荸荠、地瓜、冬笋、嫩豌豆）；至于甜馅，则由蜜枣、猪油、冰糖、玫瑰、蜜樱桃、核桃仁、瓜条、芝麻、橘饼、白糖等物构成。九园包子的特点是馅料精粹，皮薄馅丰，面皮松泡，味美可口。

▷　1945 年的小什字街

　　说起九园包子的由来，颇有些传奇色彩。据中华人民共和国成立前在九园食店当过厨子的闵祖槐师傅回忆，九园最初的店名叫浦德食店，创办于30年代，店址在两三街，老板是内江人舒泽九。开张时间不久，它就被邻近崛起的一家大餐馆挤垮了，只得从两三街迁到鱼市街，赁了一幢二楼一底的房屋重起炉灶。再用老招牌恐不吉利，舒泽九遂求教于楼上一位靠卖字画为生的同乡人公孙长子。公孙沉吟片刻，说："那就以舒老板姓名中的'九'字作招牌头吧！"旋即饱蘸浓墨，用孩儿体在宣纸上写出"九园"二字。说来巧得很，最后一笔刚写完，窗外传来巴县衙门放午时炮的声响。舒泽九喜不自禁，连称"吉利"，于是大开店门，专营包子、鸭参粥和鸡蛋手工面，声誉从此大振。一些店伙淘了"金"后，竟相继离店另立，开设冠名"八园""十园"的食店，在山城食坛上留下了一段趣闻。

《重庆风味小吃撷英》

❖ 沈智敏："陆稿荐"，正宗苏州菜

邹容路往西的中青年路有家苏州味的"陆稿荐"（原五金公司处），是1944年苏州人孙云飞逃难来渝，同几个老乡开馆，专营苏州味卤菜出堂。江浙一带，苏式卤菜久享盛誉，而苏式卤菜又首推"陆稿荐"产品。苏州观前街的"陆稿荐"老店已有一百多年的历史。相传，老板姓陆，因经营不善，生意清淡。一天，有个又累又饿的叫花子到店内借宿，老板收留并款待了他。夜晚，这个叫花子铺上稿荐（草垫），用两个瓦钵当枕头睡觉。第二天清早临走时，就将稿荐、瓦钵送给店主为谢，老板嫌破草荐无用，就放到灶里烧了。哪知，用这块稿荐煮出来的酱汁肉，香气四溢，鲜甜味美，远近顾客都来争购，店内生意从此兴旺起来。传说那个叫花子正是八仙之一的吕洞宾。此事一传出去，老板就干脆把店名改为"陆稿荐"。该店有卤菜以酱汁肉最为有名，色泽酱红，香甜不腻，入口就化。春节期间，当地人竞相用此肉招待外地宾客，日销售达千斤以上。

重庆的"陆稿荐"，保持了苏州的传统风味。常年供应酱汁肉、酱牛肉、酱鸭、酱豆干（兰花干）、酱黄豆；卤猪上杂、头蹄、肠头；熏鱼、熏鳝丝、糖醋排骨、葱烧鲫鱼；野味有斑鸠、野鸡、竹鸡、鸽子、麻雀；夏天有糟鱼、糟鹅、糟蛋、烤麸、白斩鸡、鸡骨酱、秋有卤鸭等；冬有羊羔、镇江水晶猪肉、腌火腿、腌蹄髈、腌内脏、香肠等。四时品种，琳琅满目，门庭若市，长盛不衰，大受江浙老乡嗜爱，也深得山城人民的欢迎。

《天下名吃聚陪都》

❖ 沈智敏：罗汉寺的素斋，遐迩闻名

小什字罗汉寺的素斋，遐迩闻名。抗战时期吃的人多，而且价格比一般荤菜馆包席高。用豆腐、豆腐干、豆油皮、豆筋棒等原材料，做成像荤菜一样的全鸡、全鸭、全鱼、烧白、夹沙肉等三十多个菜，蒸炒烧炖俱全，一开席先吃一道点心和一小碗面条。素食可口，清淡宜人，刺激食欲，调剂口味。长安寺下面，有"醉东风"餐厅。主营包席，兼营零餐。三鲜烩面做得好，我曾吃过一回，碗内红、黄、白、乌、青五彩斑斓，鸡片、火腿片、玉兰片做臊子，旗子块鸡蛋面带豌豆尖，用高汤现烩，上桌香味扑鼻，入口面韧香滑，汤酽浓鲜，鲜美无比，令人终生难忘，回忆都垂涎欲滴。

《天下名吃聚陪都》

❖ 张恨水：江苏人的小吃馆

江苏人在重庆开小吃馆，专卖元宵（上海人谓之汤团）、汤面、馄饨三项者，例书市招为三六九。此项小吃店，极便于公教人员，生意乃极兴隆。因之元宵店遍布重庆市，三六九之市招，亦遍布重庆市。好事者因口占一联曰：处处三六九，家家二五八。下联谓麻雀牌之风盛行也。成都人闻之，笑谓此与开小吃店者用三六九市招，同一伧俗，不够幽默。或问：蓉人固以幽默见长，试问当如何出之？某君曰：就原来十字，一字不改，仅调换一番上下而已，应当曰：三六九处处，二五八家家耳。

若于三六九，二五八下之，念之作顿，则尤为神气活现。细思其言，颇有
至理。

《三六九处处　二五八家家》

❖ 谢向全：川菜的风格

川菜的风格特点主要是：（一）调味多变，善用麻辣：有鱼香、麻辣、
怪味、家常、荔枝等二十多个常用味型，在不失川菜风格的前提下，还能
因时、因地、因人变化，有"一菜一格、百菜百味"的赞誉；虽用麻辣，
但能做到辣而不燥。（二）味重清鲜，突出本味：川菜讲究吊汤，以高汤制
菜，能除尽异味，突出食物本身之鲜味，例如清蒸江团。（三）收浓滋味，
油而不腻：川菜擅长干烧、干煸，烧菜做到自然收汁。滋味浓厚，入口不
腻，例如干烧岩鲤、干煸鳝鱼。（四）小煎小炒，鲜嫩味美：川菜在使用
炒、熘、爆的烹法上，是用急火短炒，一锅成菜，并且成菜鲜嫩，营养丰
富，例如宫保鸡丁、鱼香肉丝等。

《川菜之都渝中区》

❖ 吴络加：巴山汤圆，油润甘纯

新春佳节，合家团聚，重庆人家总要吃汤圆，好像不这样，节日就少了团
团圆圆、甜甜蜜蜜的韵味。汤圆年年做，自有佼佼者。在市中区临江门，就有
一家"巴山汤圆"店，他们制作的大汤圆与众不同，对消费者颇有些诱惑力。

先看制作。重庆诸多汤圆，用的是水磨糯米粉，加水揉至"熟"后即包
心剂，但巴山汤圆多了一道工序，在粉团里加化猪油。正因为多了这一点"内

容"，揉出来的汤圆面，更加洁白光亮，滋糯绵软，下锅久煮也不会浑汤的。

再看进食方式。其他汤圆一般是煮熟便食用，而巴山汤圆则要"过桥"——蘸芝麻面和黄豆面。芝麻、黄豆炒得很香，磨得极细，分别拌上磨细的白糖，分两边同盛入一只味碟。制作人是颇懂食客心理的，你想，一般的猪油大汤圆油足糖重，吃来不是令人甜腻吗？可是蘸了芝麻面和黄豆面后，因为这半路里杀出的两种"香"，无疑就缓解了甜腻对味蕾的冲击，使人觉得油润甘纯，酥香可口。

《重庆风味小吃撷英》

❖ 邹元良：土沱麻饼，香甜可口

土沱麻饼名声久远，是名牌糖食品之一。老板叫李成章。20世纪40年代，每逢中秋佳节和春节，李老板总要在重庆市中心"精神堡垒"（现在的解放碑）扯横幅打广告、促销土沱麻饼。麻饼原料中的面粉、芝麻、麻油，多从遂宁、合川进货。金钩、火腿来自广东、云南，就连师傅李国清、费云安也是从冠生园出来的。土沱麻饼的特色是油多、糖重、皮薄、层多、馅厚、体重，每个饼都是沉甸甸的，吃起来香甜可口。人们买土沱麻饼送礼，在当时是很时尚的。

《难忘水土沱的名酒名小吃》

❖ 吴络加：别具一格的燃面

市中区经营面条的食店、食摊可谓多矣。担担面、麻辣面、炸酱面、牛肉面、排骨面、鸡蛋面、凉面……令人应接不暇，然而，荣登重庆名小吃金榜的燃面，却以别具一格的烹制法和独特的风味，倾倒了无数中外食客。

燃面制作比较讲究。面条下锅煮至刚熟后便捞起，盛入装有化猪油、芽菜、葱花、味精、酱油、精盐等调味品的碗内，淋入烧至六成热的猪油，用筷子令面疏散，与各种味料拌匀。制燃面注意面不能肥，甩干水分，油温适度，酱油宜少。燃面还有"红燃""糖燃"之分，前者要加花椒油，后者则只要白糖与化猪油，酌加鸡丝、火腿丝效果更佳。因此面淋热油时"刺啦啦"发出声响，犹如燃烧，故得了"燃面"的称谓。

《重庆风味小吃撷英》

❖ **谢向全：** 各地美食，汇聚陪都

抗日战争时期，重庆成为国民政府的战时陪都，各界要人和商贾云集于此，各种地方风味的名店、名厨也随之涌来。例如苏州的"陆稿荐"、北平的"丘二馆""丘三馆"、湖北的"四象村"等。但专营川菜的大型餐馆也相继开业，并且越来越多。由于饮食店的增加和厨师技艺的提高，涌现了一大批饮誉全城的特殊风味菜点，使川菜一族更加丰富多彩。例如"小洞天"的清蒸肥头、"大乐天"的梅花火锅、"久华源"的清蒸火腿、"老四川"的灯影牛肉、"一四一"的毛肚火锅、"陆稿荐"的麻雀熏鱼。这些菜品做工精细，用料考究，色、形、香、味俱佳，赢得广大消费者的赞赏和喜爱。

《川菜之都渝中区》

❖ 张恨水：螃蟹每只四千元

重庆市上，有江苏阳澄湖活螃蟹出卖，每只四千元。这绝不是冒充的，价钱应该是不贵。你想，四川决不会产生大螃蟹，九江以上也没有碟子大的螃蟹。这小东西纵然不是阳澄湖的，也是江苏的。螃蟹到市上，很难维持一个星期的寿命，由江苏的乡下到江苏的城市，由江苏的城市再到重庆，必是在一个星期以内，否则它是不会活的。若在十余年前，说要在重庆市上，持蟹赏菊，那是可以想象的吗？于今身居华西，可以享受华东的活螃蟹，四千元一只，实在是透值。从前杨贵妃在西安，吃广东新鲜荔枝，用八百里加紧驿马传送，诗人欣称为"一骑红尘妃子笑，无人知是荔枝来"。史家特书一笔，词家也专编一折戏，是怎样的大惊小怪？而且非帝王之家，也休想得到。于今的新鲜荔枝、螃蟹，不管你是什么人，只要你肯花四千元，就可以买一只尝新，人都可以做杨贵妃，还不是便宜事吗？

话又说回来，吃一只螃蟹谁也不会过瘾，而且一人吃不过瘾。邀这么两三位朋友，每人吃上四五只，学学刘姥姥进大观园，算算吧，一四得四，四五二十，共是六万元，就有点骇人了。

根据这一点，可知重庆人不穷，而且我们也不要怨恨着坐不到轮船东下，下江的东西，自有最快的交通工具给你送来啊！至于你没钱买下江东西，那就活该了，谁叫你没钱？至于什么人不如蟹，尤其不合逻辑；人吃螃蟹，螃蟹并没有吃人啊！

《螃蟹每只四千元》

❖ 沈智敏："心心"咖啡厅，名扬亚美欧

西餐，原是西方饮食，英、法、德、意、俄是世界上有名的几大西餐国家。据传我国在清朝就开始引进，所以国内的西餐烹饪技术较高。重庆在抗战前的1936年，就有西餐馆五家。

"心心"咖啡厅，在国际国内都享有盛誉。抗战初起，资本家田常松、田常柏两兄弟，先在来龙巷开茶馆，因被日机轰炸，才向民族路姓陈的租房办咖啡厅，兼营西餐、西点、舞厅。田氏资金雄厚，有经营头脑和生意眼光，西餐厅厨房设备比中餐厅讲究、所需设备，如冰柜（那时重庆的中餐厅没有这个设备，在世界上也是20年代才生产的）、小型加工机器、部分材料、餐具都向香港购进国外名品，同时聘请一流全能厨师操作，非常讲究口味质量，十分重视清洁卫生和服务质量。

该厅主营咖啡、可可、牛奶、红茶、柠檬茶、奶茶、广柑汁、柠檬汁等上乘饮料，夏天冷饮中的冰激凌、泗瓜泗均为全市之冠。西餐属欧美派，西点新鲜质好品种多，在行业中出类拔萃，食客来自四大洲、五大洋、生意一直兴旺。该厅的咖啡豆从巴西进口，用咖啡机磨碎，定量现煮，白糖、牛奶由顾客自加，以香浓醇好而驰名山城。为了保证牛奶质量，自办牛奶场喂养近百头进口乳牛，从不掺水掺豆浆，售前用开水现蒸，令当时20多家西餐店望尘莫及。该厅冰激凌特好出名，白糖经消毒，鸡蛋用高锰酸钾水泡后一洗二清，然后将蛋白、蛋黄分开，前者制粉，后者用分离机分过制冰激凌。香料则订购进口法、意、荷产香兰素。先用机器生产，颗粒粗糙，后改用人工手摇才光滑细腻。花色有香草、咖啡、可可、双色，由顾客任选。有两台冰柜专供冰激凌冷藏，其余五台单冰专用原料。水果冰激凌则用鲜桃、鲜苹果等切块配制，后增加蛋卷冰激凌以方便顾客。做冰

激凌工作之认真，工艺之精细，可见一斑。我曾吃过一次泗瓜泗，用高脚喇叭形玻杯盛装，内有一片广柑，冰凉酸甜，味好解渴，令人舒畅，至今难忘。

该厅西点自己提炼黄油、奶油，每天旋做20—30个品种，畅销的有淇淋派、烤麸、各色布丁、黄油、奶油蛋糕、土司、各式面包等等。中晚正餐供应西餐。所谓欧美派、俄国派，是以炸牛排是否带血而区别，若带血者质嫩即为欧美派，不带血者为俄国派。餐具用日、美制造，赛银刀叉，淇淋瓢为美制轻巧灵活。餐具一洗二清三进消毒柜。老板进店用白衣袖拭擦是否清洁，否则洗碗工将被开除。柜上收银机计价收款打字，供应有序，当时管理在餐饮业中堪称一流。

《天下名吃聚陪都》

❖ 杨耀健：以"醉"字命名的酒馆

抗战时期，重庆的酒馆也并不比茶馆少。酒馆以"醉"字命名的很多，如"醉东风"。其次因饮酒赋诗是骚人雅事，所以开酒馆的，纵然无知少识，也要附庸风雅，取一个富有情趣诗意的招牌以广招徕。比如有以欧阳修的醉翁亭作招牌的，有以杜甫的《饮中八仙歌》取名"醉八仙""太白楼"的。"醉花荫"虽是一个曲牌，名字本身并不发生意义，可是作为酒招，置于黄桷树的浓荫之下，便显得贴切且有诗意了。其他如取自"不醉无归""借问酒家何处有，牧童遥指杏花村""隔篱呼取尽余杯"，命名为"不醉无归""杏花村""尽余杯"，都属此类。至于垆当闹市，而取名"巷子深"者，就不切题了。

《重庆老店招琐谈》

第七辑

苦中作乐·
坚韧乐观的重庆人

❖ 陈未云：难忘的跑警报

抗日战争时期，重庆人把躲空袭叫作跑警报。

1937年七七事变之后，日寇大举侵华，一年之间平津、上海先后沦陷，国民政府迁都重庆，我省调集十个军和一个独立师的兵力出川抗日，后方人民以大量人力物力财力支援前线，爱国之情，与日俱增。

战火毕竟远在千里之外，重庆人对自身的安全没去多想。1938年2月18日，敌机9架从武汉起飞首次袭渝，在广阳坝投弹数枚，开始了对重庆的大轰炸。

居安思危，重庆成立防空司令部，川东各地遍设防空监视哨，建立通讯网，各大机关、银行、工厂、学校加紧开凿防空洞。

山城的岩石坚硬，依山势横向开凿二米宽三米高的巷道式洞穴，进深十余丈，可容百人，无须水泥坑木加固，南纪门至菜园坝，牛角沱至沙坪坝两线山腰排满平洞；原有修地下通道开凿的大隧道，可容万人，也作为市民避炸之所。当时重庆的防空洞曾受到盟国称赞，国民党当局沾沾自喜。但是，洞内通风设施简陋，留下隐患。

每当敌机进入夔门，大溪沟发电厂的汽笛长鸣，街头高秆上升起一个红球，人们就收拾贵重财物准备撤离，防护团出动警戒。敌机越过万县时，发出紧急警报，挂两个红球，人们蜂拥奔走，进入防空洞或渡江奔向江北、南岸乡间躲避，梁山我空军前进基地的战斗机起飞在外围迎敌，白市驿机场的战斗机升空警卫市区，歌乐山、南岸诸山的高射炮阵地进入一级战斗准备。

我在重庆曾跑过三次警报。一次是躲进报恩堂（现重庆宾馆所在地）下面的国民大会专用防空洞，里面有电灯、电话、自来水、鼓风机、办公

▷ 防空洞内躲避日机空袭的重庆市民

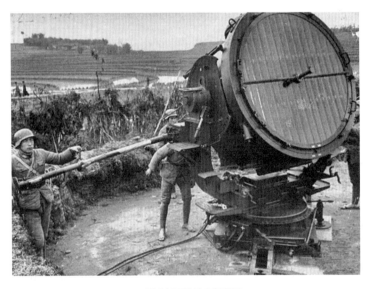

▷ 重庆地面的防空探照灯

室，可算高级掩体。第二次钻进十八梯的洞子，漆黑一片，里面早已坐满了人。宪兵拉着我向里面硬挤，踏在别人身上，两边的人把我推来推去，最后跌坐在人堆之中，那滋味可想而知。一小时后出洞，阳光刺目，好一阵才能适应。第三次在南岸崇文路，我随人流奔向凉风垭，那儿有一个天然溶洞，深不可测，那次敌机没来，人们坐在洞外树荫下高谈阔论，并不进洞。

战时的人民，恪守社会公德，我没听说过跑警报中发生趁乱盗窃、抢劫的事件。有时，餐馆里高朋满座，忽传空袭，为了争时间，食客一哄而散，但过后多数人会回来付钱的。有一次我正在街头理发，刚剪了半边，警报响了，我和理发师各奔东西，过后我到处找理发师付钱都没找到。

《在重庆跑警报》

❖ 淦康成：防空洞也有高低贵贱之分

陪都重庆的防空洞跟人一样，有高低贵贱之分。国民党高官显贵有自己的专用防空洞，洞内设备先进、清洁卫生，是普通市民望尘莫及的。就是一般市民，防空洞也是有等级的，大的公司、商号、银行、钱庄有自备的防空洞，职工家属发有凭证，凭证出入，外人不得入内。洞内条件尚好，有通风设备，比较干燥，备有桌凳可以休息。有的大户人家在私家宅院备有私人防空洞，一般不大，只供家人亲友躲藏。此外，一般贫民百姓只好跑到简易的洞内避难。这些洞最多，设备简陋，油灯照明，无通风设备，人多就觉得喘不过气来，且潮湿肮脏、空气污浊，不过那时敌机袭来，顾命要紧，哪管得到那么多？

市民中有些人有点钱，如高级职员、公务员、记者之类的，单位又无防空洞，可以花钱买个进入高等一点的防空洞的票证，如当时的美丰银行防空洞，就对外卖过票证，但价格昂贵，一般市民不敢问津。

遇有空袭，市民纷纷入洞，神态、心态各一，有的人惦记在外亲人，忧心忡忡，有的人则泰然处之，但多数面无表情，一片肃然。

防空洞来人多了，也有一些习惯动作。先是争先挤坐在保险、干燥一点的地段，然后尽量寻找同伴难友聊天。因为无照明设备，总不能几个钟头、几天在黑暗中冥思苦想，也因为这不是茶馆、酒店，没有"休谈国事"的条件限制，遇上气味相投的，也就三皇五帝、天南地北、中外奇闻……海阔天空地扯开了。

抗战以来，重庆市民（一般老弱、妇孺已早疏散到市郊去了）在敌人炸弹下过日子早已习以为常了。一般防空洞没有电灯照明，由于缺氧，油灯只在拐角处设一盏。阅读不可能，除聊天就只有打瞌睡了。几个钟头待在洞里，欲坐无凳，碰上一块棱角石头或半截砖头，就此坐下是万幸了。你不可能直立两三小时，何况站着挡风影响空气流通，也是不行的。我在此期间凡外出时，总携带一件雨衣（可坐或靠在干的石墙上）、一把能放在裤包的小电筒。食物没有人带。一进洞得两三小时，渴、饿、拉是令人难受的，但得克服，日子久了，也就得到"锻炼"了。

《日机轰炸下的市民生活》

❖ **杨耀健：** 行帮茶馆，多如牛毛

老重庆的大茶馆一般都是袍哥团伙的香堂，即办事机构，负责日常工作和接待外地来的兄弟伙。每年农历腊月吃团年饭、五月"单刀会"、七月"中元会"，一律谢绝空子（非袍哥）喝茶，专搞大开香堂、朝圣摆宴、栽培兄弟伙（介绍参加袍哥）、晋升座次等帮会仪式。因此，挂名老板大多是袍哥中的"三爷"，即管事。

旧重庆袍哥大小香堂近百个，帮会茶馆多如牛毛。除袍哥开设的茶馆外，各行帮各有自己的茶馆。旧重庆历时久名气大的行帮茶馆集中在老城区。

粮食业茶馆设在较场口米亭子，顾名思义，米亭子的得名就是由于粮食交易在此进行。每年五月半早稻成熟，便有新米进城，直到七八月晚稻才收割完，这段时间米亭子的茶馆总是座上人常满、杯中茶不空的。

屠宰业茶馆设在张飞庙（即今中华路第二实验小学内），店堂供奉刘备、关羽、张飞，规模宏伟。之所以供奉刘、关、张，一是因为他们讲义气，二是因为巴蜀本是三国时期蜀国的地盘，所以敬重刘、关、张。巴县、璧山、荣昌、大足等县每天有生猪运来，怎样分配，怎样分担附加的教育费等杂税，喝茶时大家要讲清楚。

油脂干菜业会所设在鱼市街"上三元"茶馆，即今民权路与民生路交汇处，有茶桌十多张，晚上是固定的评书馆。

布匹业茶馆设在鼎新街，共两处，各占房数十间。由于川东大量种桑养蚕，重庆成为四川的纺织业中心，土布市场内除有鸽笼式的小店铺几十家外，还有若干一桌、一席的布摊，中留几十张方桌空地，均为茶馆。各有老板，无壁垒间隔，大约以厅柱为界，一屋两头坐，生意各做各。晚上布贩收市，茶馆成为演出评书、清音及卖假药、旧货，看星相、算命的地方，茶客多为四乡来渝进货的小布贩。春节期间休市，这个茶馆成了临时的儿童玩具市场，是孩子们的天地，压岁钱多耗在那里。

棉纱业会所在棉花街陆玉成茶馆，兼为叶子烟贩的交易处所。

鞋帮业在县城隍庙茶馆。重庆有两处城隍庙：府城隍庙在道门口，县城隍庙在今二府衙巷口望龙门对面。鞋帮以孙膑为祖师，无店。

石、木、泥、竹业供奉鲁班，有庙，庙外为茶馆，在现鲁祖庙街。

餐饮业茶馆位于大阳沟雷祖庙，茶客大多带着白围裙和菜刀，表示待雇用。大户人家办席，提前一天来找人，被雇用者次日会带着一帮手下的伙计，准时出现在雇主家中。

理发业茶馆在南纪门，供奉罗祖，除自有门面的老板外，其他人喝过早茶就要走街串巷，手持铁夹刮得嚓嚓响，以此招徕顾客。抗日中江苏理发业来渝，在来龙巷内建公会开茶馆，称"江都同善社"。

香烟业在米亭子一带大小茶馆中交易，半非法性质，因为香烟由烟草局专卖。抗战胜利则建为纸烟市场大楼茶馆，其第三层设有重庆首创的民营广播电台"谷声"。

糖帮业茶馆在朝天门三层土地（节约街）及陕西街茶馆。

山货业茶馆在现解放路陆羽茶馆、杨柳街茶馆，茶客多为猪鬃小老板及中介人。

《老重庆的茶馆》

❖ 张恨水：茶肆卧饮之趣

古人茶经茶言，谓茶出蜀。然吾人至渝，殊不得好茶。普通饮料，为滇来之沱茶，此外则香片。原所谓香片，殊异北平所饮，叶极粗，略有一二焦花，转不如沱茶之有苦味也。虽然，渝人上茶馆则有特嗜，晨昏两次，大小茶馆，均满坑满谷。粗桌一，板凳四，群客围坐，各于其前置盖碗所泡之沱茶一，议论纷纭，喧哗于户外。间有卖瓜子花生香烟小贩，点缀其间，如是而已。

但较小茶肆，颇有闲趣，例于屋之四周，排列支架之卧椅。椅以数根木棍支之，或蒙以布面，或串以竹片，客来，各踞一榻，虽卧而饮之，以椅旁例夹一矮几也。草草劳人，日为平价米所苦，遑论娱乐？工作之余，邀两三好友，觅僻静地区之小茶馆，购狗屁牌一盘，泡茶数碗，支足，仰卧椅上，闲谈上下古今事，所费有限，亦足销费二三小时。间数日不知肉味，偶遇牙祭，乃得饱啖油大（打牙祭油大，均川语）。腹便便，转思有以消化，于是亟趋小茶馆，大呼沱茶来。此时，闲啜数口，较真正龙井有味多多也。尤其郊外式之小茶馆，仅有桌凳四五，而于屋檐下置卧椅两排，颇似北平之雨来，仰视雾空，微风拂面，平林小谷，环绕四周，辄与其中，时得佳趣，八年中抗战生活，特足提笔大书者也。

《山城回忆录》

❖ 张恨水：自制沱茶，色香味均佳

"听罢笙歌樵唱好，看完花卉稻芒香"，世上真有这样的情理。何以知之？请证之于我的品茶。

我之喝茶，那是出了名的。而我喝茶，又是明清小品式的，喜欢冲淡。这只有六安瓜片，杭州明前，洞庭碧螺，最为合适。在四川九年，这可苦了我。四川是喝沱茶的，味重，色浓，对付不了。我对于吃平价米，戴起老花眼镜挑谷子，毫无难色，只有找不着淡茶，颇是窘相毕露。后来茶叶公司有湖北的淡茶输入，倒是对龙井之类，有"状似淞江之鲈"的好处。但四川茶，也并非全不合我口味。我还记得清楚，五三大轰炸这夜，在胡子昂兄家里晚饭，那一杯自制沱茶，色香味均佳，我至今每喝不忘。又逛灌口的时候，在二王庙买了两斤山上清茶，喝了一个月的舒服茶。"当时经过浑无赖，事后相思尽可怜。"我不知怎么着，有一点"怀古之幽情"了。在北平买不到好茶叶喝，你将认为是个笑话。然而我以北平土话答复你："现在吗！"前晚我亲自跑了几家茶叶店，请对付点好龙井，说什么也不行。要就是柜上卖的。回家之后，肝气上升。我几乎学了范增的撞碎玉斗。但我不像苏东坡说的"归而谋诸妇"。可是她竟仿了那话"家有斗酒，为君藏之久矣"。她把曹仲英兄早送的一块沱茶，给我熬了一壶。喝过之后，连声说过瘾。仲英兄休怪，这并不是比之于樵唱稻芒，或是"渴者易为饮"。原因是我喜欢明清小品的，而变了觉得两汉赋体的"大块文章"也很好了。

"一粟中见大千世界"，而我感到我们是一种什么的生活反映。

《槐荫呓语——沱茶好》

❖ 杨耀健：吃闲茶，摆龙门阵

到茶馆喝茶者，有的是约人办事，更多的人则是吃闲茶。市民多在工作之余、劳动之后到茶馆去泡上一碗茶，不慌不忙，优哉游哉。他们左手端茶船，右手揭茶盖，搅沉浮叶，一口一口慢饮，舌品茶味，鼻嗅茶香，暖胃涤肠，清心醒脾。有烟瘾的茶客，一支香烟在手，吞云吐雾，于是觉得疲劳消失，烦闷解除。所以当时茶馆有这样一副对联道："忙里偷闲，吃碗茶去；闷中寻乐，拿支烟来。"

▷ 在茶馆小聚的重庆市民

吃闲茶的人大都爱摆龙门阵，重庆叫"吹牛"。凡进茶馆者，不论街坊邻居，也不论萍水相逢，都可视为互相"吹牛"的伙伴。旧社会的茶馆里多悬有"休谈国事"的禁条，但茶客们视而不见，不吐不快，既谈国事，也发牢骚。他们天南地北，上下古今，漫无边际，东拉西扯，道尽人间的丑恶和不平，揭露当权者的种种勾当。

抗战末期，重庆出现了一首流传甚广的讽刺歌曲《茶馆小调》，就以茶馆为题材，对当时的社会现实进行了辛辣的讽刺。

《老重庆的茶馆》

❖ 杨耀健：老茶馆里盛行"吃讲茶"

老茶馆里盛行"吃讲茶"，就是发生纠纷时不经法律手续，私下了结。旧时重庆人称茶馆为"理信铺子"，即民事纠纷调解处，这也算重庆老茶馆的一大功能和特色。

普通老百姓怕打官司，弄不好两败俱伤，倾家荡产。因此民间发生债务、吵嘴、打架、斗殴等民事纠纷，大家都习惯于上茶馆当众评理解决，称之为"吃讲茶"。在约定的时间内，双方当事人约集自己的部分亲友"扎场子"，一同到茶馆，一人泡茶一碗，双方当事人各说各的理，称之为"一张桌子四只脚，说得脱来走得脱"。如果谁家的理说亏了，就负责付给全部茶钱，赔礼认错。如果双方各有不是之处，那就两家各付一半茶钱。

有关"吃讲茶"的故事很多，其中最有名的是下半城的药材帮找洋人"吃讲茶"，要拉洋人下河吃水的故事。

1930年8月25日，储奇门突发一场大火，十多条街化为焦土。这里是药材帮交易的中心市场，除专用库房囤积了大老板的药材外，中小药商都是前店后库，即前面一间店堂是营业部，后面一间屋就是库房。当时正值药材交易的旺季，四面八方都有重庆药商收购的货物运来，储奇门半夜三更还在卸货。其中最主要的药材来自西康，包括理化、德格的虫草，昌台、道孚的贝母，青界的知母，还有从四川各地收购的大黄、秦艽、羌活。上川东一带主要运来黄连、天麻。

药材中最珍贵的就是麝香，麝香又分为蛇头、猪脂及菜油麝香三种，而以蛇头最为珍贵。麝的年龄愈大而产麝香愈多，年龄在10岁以上者，所产麝香每枚重28克至56克，其价格远远超过黄金。另一种值钱货就是来自松潘的鹿茸。在夏至以后、立秋之前割下的鹿茸被称为"伏茸"，质量最佳。"伏茸"又以头伏天、二伏天、三伏天所割划分为头面、二面、三面三个等级。"伏茸"晒干后，最大的也不足5公斤，每500克标价在100块银元以上。鹿茸还不能用骡马驮用，要人背着走，否则就要变质。它的运费要收双倍，还要请保镖武装押送，那时四川既无铁路，又无公路，千辛万苦运到重庆，价格自然要猛升一大截。

这场大火灾使重庆药材帮损失惨重，不少人倾家荡产。好在有一些商家是向英商太古保险公司投过保的，于是理所当然提出索赔，按投保额计算，一共是50万银元。洋商见索赔数字巨大，不免心痛，就要赖拒赔。被激怒的药商们公推出周懋植等七名代表与上海派来的英商经理乌特谈判，乌特一会儿说忙不过来，一会儿又说有要事要办，一直找借口，一个星期过去了，也不出来打照面。

洋人的无赖行径，激起药商的公愤。有一天，他们得知乌特的藏身之处，一同上门，二话不说，拉着乌特到药帮茶馆吃讲茶，评理谈判。即便如此，乌特仍然强词夺理，说是还要进一步调查核实。周懋植大怒道："老子们的药铺子都烧光了，实话对你说，你们赔的那点钱根本不能弥补我们的损失，早知如此，我们起码要投保100万！"其他人也怒火满腔，群起打翻了茶桌，七手八脚揪住乌特，说是反正一命抵一命，要拉他下河吃水。这样一来，吓得乌特全身发抖，当众告饶，乖乖地在赔偿协议上签字。这场吃讲茶制服洋人的事，一时传为美谈。

《老重庆的茶馆》

❖ **何瑞瑶："吃茶不忘救国"**

但是，世界是在剧变中，别的地方的这种小茶馆，是否尚保持着这古朴的面貌，不得而知；不过，在新陪都的四郊所看见的，可似乎有点改变了。

现在，就先从在这里所看见的那些小茶馆的外景说起吧。天生就那两条滚滚的大流，配合着一群怪象万千的青山，构成了一幅雄伟秀丽的图画，这是天然的力，不说；难得的，是这些小茶馆的主人——有许多是外乡的流亡者——大都能在山脚水边，挑选了一块空旷清静的地方，用木、竹、茅草，搭起一间小巧玲珑的房屋来招呼顾客；而这些房屋，于临水的一面，除了一列一尺多高的竹栏杆外，又大都别无丝毫掩遮，好让坐在里面的人，可随意看看山上的云，天上的鸟，江上的风帆。白天里，坐在河船上，抬头看上去，看见栏杆里晃动着的人影，就像一台傀儡戏，正在开锣；再把距离移远一点看过去，那些人物，就像雕在窗框中的一幅古典画。夜里，天上的繁星，水里的灯火，在它的四周晃动闪耀，如拣定一个适当的距离看过去，就怪像出现在缥缈的梦境中的一座仙居。这个外景，是同脑子中的那种馆子的影像异趣了；可是仍然十分的迷醉人。

茶馆子里面的布置：中间大都摆着几张桌、几张凳，桌与凳的式样，高矮长短新旧不一，正像这里面所用的杯壶碗碟，各具有一个不同的体态一样。形式虽没有纯一的美，但这却可说明战时物资的艰难，每一样东西，都是具有一段艰险的历史，经了多少的操心才凑集起来的。靠壁的两侧，大都摆着两列竹或土布做成的靠椅，椅与椅之间，则安置着一只矮小的茶几，以为摆烟煮茶之用。物质虽十分艰难，但主人对于顾客的舒适，仍然不肯马虎。墙上没有楹联，没有中堂，没有财神像；素净的竹壁上（墙壁大多以竹编成），间或出现一两幅标语、漫画之类的战时宣传品，就是略示"吃茶不忘救国"之意。

《陪都战时杂景》

❖ 朱自清：短便装风行

战时一切从简，衬衫赴宴正是"从简"。"从简"提高了便装的地位，于是乎造成了短便装的风气。先有皮夹克，春秋冬三季（在昆明是四季），大街上到处都见，黄的、黑的、拉链的、扣纽的、收底的、不收底边的，花样繁多。穿的人青年中年不分彼此，只除了六十以上的老头儿。从前穿的人多少带些个"洋"关系，现在不然，我曾在昆明乡下见过一个种地的，穿的正是这皮夹克，虽然旧些。不过还是司机穿得最早，这成个司机文化一个重要项目。皮夹克更是哪儿都可去，昆明我的一位教授朋友，就穿着一件老皮夹克教书、演讲、赴宴、参加典礼、到重庆开会，差不多是皮夹

▷ 重庆街头的时装店

克为记。这位教授穿皮夹克，似乎在学晏子穿狐裘，三十年就靠那一件衣服，他是不是赶时髦，我不能冤枉人。然而皮夹克上了运是真的。

再就是我要说的这两年至少在重庆风行的夏威夷衬衫，简称夏威夷衫，最简称夏威衣。这种衬衫创自夏威夷，就是檀香山，原是一种土风。夏威夷岛在热带，译名虽从音，似乎也兼义。夏威夷衣自然只宜于热天，只宜于有"夏威"的地方，如中国的重庆等。重庆流行夏威衣却似乎只是近一两年的事。去年夏天一位朋友从重庆回到昆明，说是曾看见某首长穿着这种衣服在别墅的路上散步，虽然在黄昏时分，我的这位书生朋友总觉得不大像样子。今年我却看见满街都是的，这就是所谓上行下效罢?

夏威衣翻领像西服的上装，对襟面袖，前后等长，不收底边，还开衩儿，比衬衫短些。除了翻领，简直跟中国的短衫或小衫一般无二。但短衫穿不上街，夏威衣即可堂哉皇哉在重庆市中走来走去。那翻领是具体而微的西服，不缺少洋味，至于凉快，也是有的。夏威衣的确比衬衫通风; 而看起来飘飘然，心上也爽利。重庆的夏威衣五光十色，好像白绸子黄咔叽居多，土布也有，绸的便更见其飘飘然，配长裤的好像比配短裤的多一些。在人行道上有时通过持续来了三五件夏威衣，一阵飘过去似的，倒也别有风味，参差零落就差点劲儿。夏威衣在重庆似乎比皮夹克还普遍些，因为便宜得多，但不知也会像皮夹克那样上品否。到了成都时，宴会上遇见一位上海新来的青年衬衫短裤入门，却不喜欢夏威衣（他说上海也有），说是无礼貌。这可是在成都、重庆人大概不会这样想吧?

《重庆行记》

❖ 杨耀健: 江湖杂技班的真功夫

中华人民共和国成立后驰名国内外的飞车世家蔡绍武、华侨武术杂技团团主吴氏兄弟等，抗战时期都曾一度沦落到沙咀卖艺。大约因曲高和寡，上座不佳，据闻他们曾卖掉小铜号付旅店费。

江湖杂技班自备有布棚、网索，圈一块场地的被称为"大棚"，在沙咀最负盛名。年年必至的是河北人刘凤朝的马戏班，因他留髯一尺许，被取绰号为"老一撮毛"。开场前吹奏洋号洋鼓，女孩子在场外骑马驰骋呼叫吸引观众，称为"喊马趟子"。节目常年不变，共有八名小男孩表演云梯、钻圈、顶碗等杂技，压轴戏则是高空绝技。在四五丈高的杉木杆上，60多岁的"老一撮毛"缘索如飞，直登顶端，站在仅有碗口大小的杆尖上立正、摇晃，表演"金鸡独立""王八晒背"，观众都为他捏了一把汗。其子"小一撮毛"与另一小孩也上场表演高空秋千。在没有保护网、保险索的条件下，这简直是玩命的险技，的确要点真功夫。

据说"老一撮毛"刘凤朝早年是军官，很少对人谈自己的经历。那群男孩子其实全是女孩子，女扮男装，经受过严格苛刻的杂技训练。抗战中，这个杂技团曾有一次参加在"精神堡垒"举行的募捐献艺演出活动。是日，刘凤朝牵了一匹好马前去捐献，受到当局好言嘉誉，却没有接受他赖以谋生的马匹，当时报刊还发表新闻，表扬民间艺人的爱国精神。然而不久刘凤朝在内江演出，得罪了当地恶霸，被人暗中做手脚，致使女扮男装的艺名"十二妹"的姑娘从高空摔下身亡。中华人民共和国成立后"老一撮毛"病故，"小一撮毛"与相声演员"亚司令"（艺名，曾与富少舫搭档，长期在保安路"升平"电影院演出）组成直鲁豫杂技团，来重庆各厂矿演出过。

《昔日朝天门的集市》

❖ 杨耀健：河边码头的艺人表演

朝天门河边既然有这么一个复杂的商业区，民间艺人也纷纷前来讨生活。

评书、荷叶、金钱板的表演，多在临江的草棚茶馆内，艺人的收入不能附加在茶资内，都是在一段书说或唱到关键时，卖关子收钱。如果听众凑的钱不多，艺人磨蹭半天不开口，自有急于想知道"下回分解"的人慷慨解囊再掏腰包。

技术好声誉高的民间艺人，不屑于到水流沙坝的篾席棚棚里表演，多在城里大茶馆中卖艺。但沦落到河边码头的，也有佼佼者。

评书艺人刘敬轩，能说"江湖八大条"（口传无本的大书，计有《金鸡芙蓉图》《五美图》《宁王访将图》《天宝图》等，实不止八部，每部可说上两个月）。他擅长以固定的诗句加上口头表演，描绘人物的穿戴和战斗场景，在朝天门卖艺最久。

打荷叶唱大书的艺人余跃渊，四十来岁，穿着漂亮，嗓音清脆，坐在台上一副斯文相。他敲水镲、撞牙板，唱《封神榜》，随口编词，合韵合辙。他不加说白，不拉功架，内行称为"文案"，拥有众多听众，中华人民共和国成立后不知所终。

刘绍华原系川军范绍增部的弁兵，退伍唱荷叶大书。他也是以唱《封神榜》驰名，有一副高亢的嗓子，每次以川戏曲牌《锁南枝》唱序曲，响彻云霄。接下去，他会用《红衲袄》曲牌一口气唱上几十句，加以大段说白并辅以功架，属于"武案"。他后来因此发了财，开茶馆，当袍哥礼字大爷，成了沙咀曲艺界中一霸。到朝天门一带卖艺的艺人，不拜刘绍华的码头休想立足。

花鼓艺人孙海山，大胖子，善以怪腔怪调逗趣找乐。他也是在沙咀攒了钱开茶馆，嗨袍哥，收了不少男女徒弟，成了小把头，以后改行专搞西洋镜直至中华人民共和国成立。

花鼓表演必有女艺人，抛刀掷棒，击鼓传花，好似春燕在堂。唱词正经的有《梁祝》《白蛇传》等，但为了迎合某些旅客的低级趣味，也唱《十八摸》《魁星楼》《干妈问病》等。女艺人容易受欺负，出于无奈，也要拜袍哥大爷为"干爹"，寻找保护伞。连箫、莲花落常与花鼓搭伴。

清音这一曲艺形式，自重庆建市后，即以"有伤风化"之名被禁止在城内定点演出，艺人只好夜间串街头巷尾及"钻格子"（到茶旅社）卖艺，有如电影《马路天使》中的天涯歌女。沙咀则设有专门的竹棚清音茶馆，茶客盈门，女艺人汤金美姐妹在此卖艺最久，中华人民共和国成立后她们被吸收到重庆市曲艺团工作。

《昔日朝天门的集市》

❖ 石曼、余叙昌：一流的话剧演出

▷ 《屈原》在重庆的演出剧照

1937年10月15日，由陈白尘、沈浮、孟君谋率领，拥有白杨、吴茵、谢添、路曦、施超、王献斋、龚稼农等新老电影明星的上海影人剧团抵渝，这是第一个从外地来到重庆宣传抗日救亡的演剧团体，他们在重庆演出了《卢沟桥之战》等剧。

刚刚跨进1938年，四川旅外剧人抗敌演剧队来了，在国泰大戏院公演《塞上风云》，这出在武汉来渝的轮船上抢排出来的新戏，李思琪饰金花，吴雪饰丁世雄。抗战期间许多著名剧团演过《塞上风云》，众家评论，唯李思琪的金花演得最好。

1938年1月28日，全国唯一的第一流话剧演出团体——上海业余剧人协会到重庆。这里面有陈鲤庭、赵慧深夫妇，宋之的、王苹夫妇，赵丹、叶露茜夫妇，陶金、章曼苹夫妇。还有顾而已、魏鹤龄、钱千里、谢添、高步霄等著名演员。这群艺术家不愿收编在国民政府门下，他们靠演出的收入养活自己，从事抗日宣传活动。被文艺界人士尊称为阳大哥的阳翰笙，因他革命资深，有四面八方的社会关系，肯为人排忧解难，受命于周恩来，在文艺界做统一战线的工作。阳翰笙尊重业余协会艺术家的选择，并把他的新作话剧《塞上风云》，拿给业余协会首先在汉口演出。

上海业余剧人协会在重庆演出《民族万岁》《塞上风云》等拿手好戏。《塞上风云》写的是蒙古族、汉族人民，清除了在他们中间制造矛盾的日本间谍，消除隔阂，团结抗日的故事。是抗战时期第一部以各民族联合杀敌为题材的话剧，形象地体现了抗日民族统一战线的作用。赵丹在剧中饰汉族青年丁世雄，叶露茜饰蒙古族少女金花，陶金饰蒙古族青年迪鲁瓦。他们高超的表演技艺，蓝天白云的灯光布景，让重庆观众大开眼界，获得舆论界的"演得太好、太逼真、太感动人"的赞誉。

上海业余剧人协会的明星们，他们不仅在国泰大戏院演出，更走上街头作抗日救亡的宣传。上海电影明星谢添、陶金、章曼苹、高步霄、刘郁民、田烈等上街演戏，这一消息马上传遍大街小巷，成千上万的群众追着看演剧的队伍。明星们从七星岗演到夫子池（今405电车起点站），沿都邮街（今民权路）演到较场口。观众们连声夸奖地说："这些明星没得架子，上街演戏给老百姓看，这样的明星我们看得起，合得来。"

《重庆创造了中国话剧的黄金时代》

❖ 唐政：街巷常见木偶戏

重庆乃巴国古都、川东重镇、西南交通要道、文化名城，历代都有各种文化艺术在重庆活动，古老的木偶艺术也不例外。

重庆的木偶戏班，历来都无固定的场地演出，多以"担担班"巡回流动于城乡各地临时搭围台演出，尤以农村乡镇居多，到城市仅能在庙地、街头、河坝、院宅演出。戏班人员一般都在农闲时聚、农忙时散，需要时，临时组合成班。只需要"顶签子"的四柱（操纵生、旦、净、丑的四位演员）和一班"场面"（打击乐和管弦乐）即可演出。

由于重庆木偶戏班的活动与民间风俗密切相关，每年的演出规律一般是：二、九月间演"观音戏"，三、四月间演"秧苗戏"，十月以后，若无"还愿戏"，就要"扎冬班"、散班歇业。要待来年正月才再组班演出。

20世纪30年代中期，老艺人罗青云、邓兴发、方成之等人就曾在重庆古镇磁器口、城内的小米市、朝天门、千厮门等地演出过。重庆"二二俱乐部"附设的木偶班也常于节假日演出。另有四川安岳县王秉云主办的"永胜乐"木偶戏班，也常来重庆演出。重庆城的街巷即能见到一种叫"被单戏"的"一人班"演出，用一块像被单大的深色布围着舞台，操纵者坐在板凳上，腿上捆着响器（锣、钵），用两只手操纵布袋木偶，自念自唱。节目有《大哥打老虎》等。节假日，在河坝及闹市区能常见戴面具的笑和尚逗"车幺鸡"的表演。

《话说重庆木偶戏》

❖ 张恨水：夜半呼声炒米糖

客有稍住春明门内者，对硬面饽饽呼声，必有其深刻印象。若求其仿似声于重庆，则炒米糖开水是已。此类小贩，其负担至者，左提一壶，右携一筐，筐上置小灯，其事遂毕。或荷小扁杖，前壶而后筐，手提八方寸立体之玻璃罩油灯，亦尽乃事。壶多有胆，内燃小炭，其火待死，作紫色，仅有微温，水沸与否，天知之矣。筐中有粗碗，有竹箸，有纸包之炒米糖块。食时，以米糖碎置碗内，提壶水冲之，即可以箸挑食。糖殊不佳，亦复不甜，温水中不溶化其味可知也。

虽然，吆唤其声之情调，乃诗意充沛，至为凄凉。每于夜深，大街人静，万籁无声。陋巷中电灯惨白，人家尽闭门户。而"炒米糖开水"之声，漫声遥播，由夜空中传来。尤其将明未明，宿雾弥漫，晚风拂户，境至凄然。于是而闻此不绝如缕之呼声，较之寒山夜钟声更为不耐也。

《山城回忆录》

❖ 沧一：新书店，集战时读物之大成

在此比较满意的事，要算跑书店了。因为一个人无聊时，总可借此混去一些时光。这里原有商务、中华、世界、北新、开明等分店，但这些书店的新书来源，都全靠上海。"八一三"后，交通被阻，来源断绝，以致毫无活气可言。上海失陷后，文化出版的重心移到了汉口、香港、广州等处，而战时的书报杂志，便如雨后春笋般蓬勃起来。重庆这地方因为出

版事业一向落后，加以目前纸贵如金，殊无刊物可言。近有《新民族》周刊出现，系中大校长罗家伦氏主编。内容不脱教授气，颇似以前的《独立评论》。

▷ 生活书店重庆分店

　　但读者也有读者的福气，自政府移来后，文化的活力也随之增长了。如从南京搬来的中央书店、拔提书店、正中书局、军用书局等；从上海分来的生活书店、上海杂志公司等；从汉口分来的新生书店、华中图书公司等，它们最近都先后在此开幕，生意热闹非常。这些新书店可说全部都以关于战时读物——书报、刊物、图画——作为主要的营业。它们搜罗的很丰富，而且十分完备，可说是集中了全国战时读物之大成。而且它们经营方法也很巧妙，如销路最广的《抗战》《群众》《解放》《全民周刊》《世界知识》《文摘旬刊》等，都是从汉口打好纸板，用航空寄来重庆印刷。同时，它们又有所谓"航空杂志"，销售的办法，就是将各处出版的主要杂志，全用航空寄递，只需加上相当邮费而已。这对于有读尽天下新书杂志狂的人们，确是很合口味的。

《重庆现状》

❖ 子冈：上层社会的消暑经

我们不讳言，在我们的上层社会中，科学的享用不下于欧美科学昌明的国家。

年来遇到纪念节日，流行着广播宣传、广播座谈，甚至广播周。也许对国外的尚有效，对国内的不论其他次要城市，即以重庆而论，私人装设无线电收音机的，只五六十架；但若说到电炉、电风扇、电熨斗就怕要以万计了，一些营商或兼营商的暴发户而外，尤其是一些机关中的家眷宿舍，浪费得尤其可以。电炉可以省了燃料，电熨斗在阴雨天可以熨婴孩的尿布，因为既消毒，又省了木炭烘烤，电灯更无分日夜地开着。

就是电冰箱，重庆也还未绝迹，冷饮被深锁在许多宦门中。茶馆与兼售冷饮的餐厅日间谒见市长陈情。市长曾经对记者说：封闭若干茶馆，是为了防止宵小，厉行战时生活；禁止冷饮，是为了卫生，为了防止霍乱。我来到重庆四年，只进过一次茶馆。

那些重庆人一家一间屋或几家一间屋的租客们，那些在码头边湫隘的小胡同里住蒸笼的租客们，应该打开门窗，像燕大、清华似的，来一次宿舍开放，欢迎参观。

峨眉山上传来避暑的消息：若干有福的人们，找到了比牯岭、莫干山、青岛更好的避暑地点，庙宇客满，捐簿上施主比赛着"乐善好施"的善心。滑竿背子们的力价涨了价。

峨眉的凉风吹不到重庆来——不，谁说吹不来，有良心点的阔客们，至少也在山洞南岸"溪""洞"之旁盖着别墅，平日作为周末游憩之地，暑天便蛰居消夏。退一步在新市区，在国府路，在嘉陵新村，也不少在绿荫掩映中的新型洋楼，纱窗竹帘，一层层地把太阳光焰削弱，客厅里是分季节的沙发，花草陈设，外加冰凉冷饮，在市上还找不出这种茶室冰店。

北碚南温泉游客如云，单人房间旅舍卖到五十元一天。私人汽车之外，公共汽车的挨次售票等于虚文，有面子可找的早已可以在自售票房里面想到办法。

在炎热中受熏蒸的人，只好纸上谈冰，聊以解嘲（这也可以算作读书人的特权罢）。

《陪都近闻》

❖ 张恨水：街头卖旧衣

入秋以来，城郊发生了一种新贸易，便是流浪入川的旅客，全把衣被及日用器具，摆摊出售。你如在客籍人集居的市镇去看，总会有这种现象。似乎成了一种风气了。

"秋风先瘦异乡人。"向来中国人做客，只是感到衣单，而没有觉着衣多之理。于今在西风起北雁南归的当儿，作客的人竟大批出售衣服，这虽由于高价的引诱，但出卖者还不少要体面的人，假如可以不必如此，他又何苦必须如此呢？

阴暗暗的雾罩了天空，随风吹过了十字街头，墙根下堆了一摊半新旧衣服，有两三个异乡口音的男女看守着等顾主。这是一首民歌行的题材，也是一幅很有意思的画景。

《山城回忆录》

❖ 刘光华：滑竿　洋马　洋车

乍到重庆，映入眼帘的全是重重叠叠、依山建立的房屋，正如宋诗中所描绘的："万家楼阁层霄上，人家一半在烟岚。"城里的街道和巷子，除了几条通衢大道外，铺的全是石板和层层石砌的阶梯。串门出街，爬上几百级石阶是十分寻常的。

因此，轿子和滑竿（软轿）便成为城乡的重要交通工具，它们既可走平地，也能爬坡，转弯拐角又十分方便，全不受地形的限制。倘若初次坐轿，在那陡峭的千百级石级上被人抬上抬下，俯仰斜度往往超过30度，确实有点心惊胆战。但那些训练有素的轿夫，举杠上肩稳如泰山，从来没听说有失手摔伤乘客的。当时有点身份但还够不上坐小轿车的人，家中往往备有一顶精致的滑竿，打整得油光锃亮，就像平原城镇有钱人家讲究的自备的包车（私家人力车）一样。抬滑竿的轿班通常是三人轮替，他们衣着整齐，动作利落，迈开步子有若行云流水，特别是边行进边换杠替人的那手功夫，其平稳轻快实令人叹为观止。

在重庆城里偶尔也能见到人骑着被称为"洋马"的自行车，但是山高路不平，用武之地是很有限的，顺坡往下溜固然痛快，推车上坡可就十分吃力了，若是骑车去郊区，中途爆胎漏气根本找不到地方修补。

至于被称为"洋车"的人力车，则可说得上是山城一绝。每当拉客爬大坡时，车夫倒挽车把，浑身使劲，一步一步往上蹬，实在艰苦万分。可是到下坡时，只见车夫将车把高高翘起，后腰几乎贴着踏脚板，大步流星往下冲，一步能迈两三米，真够得上说是风驰电掣，往往能赶上为了省油而熄火溜坡的老爷公共汽车。初次坐洋车的人们，常常被吓得魂不附体。不过洋车背后都有一个特制的铁撑，用以防止车把翘得过头时车子向后仰翻。

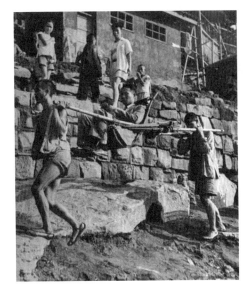

▷ 滑竿

▷ 街头的黄包车

重庆升格为陪都之后，机关云集，厂校林立，以致公私用房捉襟见肘，拥挤不堪。乱世儿女聚合离散易如反掌，但想找一个栖身地方却难似登天。那时有好事之徒给总结了几句："三天不难找个老婆，三个月也许能找到工作，三年也找不到一间住屋。"

《陪都重庆风情画》

❖ 李清生：坐马车，赏风景

马车是当时重庆郊区较盛行的一种交通工具，而市区因人多、道路狭窄及卫生问题，马车是不准进城的。一辆马车可乘坐4—5人，车内铺有木板，上有布篷。乘客沿途可招呼上车，很方便，而且价格比黄包车便宜。马车的路线，一条是从牛角沱经李子坝、化龙桥、土湾至小龙坎。当年我住在化龙桥龙隐路的"交农村"，是交通银行和农民银行职工的住宅区，也是两行的总管理处（胜利后迁回南京），即现在的重庆二中和工业学校的地址。当时我在小什字打铜街交通银行工作，下班后，若未搭上交通车，就很喜欢乘坐马车。尤其是夏天，在嘉陵江边，江风习习，十分凉爽，看两岸风光，像兜风一样，很是惬意舒畅。马车走得很慢，从牛角沱到化龙桥，将近要走一小时。另一条路线是从两路口沿马路经国际村、佛图关、遗爱祠正街到鹅岭，经肖家湾，绕弯道经现大坪三军医院到大坪为止。这条路都是上坡，马车走得很慢，也要走约一小时。记得这条路还可骑马代步。中华人民共和国成立后，重庆市区的马车逐渐消失。

《战时的重庆交通》

❖ **寇思敬：**溜溜马，骑马溜达溜达

溜溜马，是抗战时期重庆市郊区的一种交通工具。在爬坡、上山时，如不愿步行，就可骑着这种马边爬山，边观赏沿途风光。因此，我猜想它之所以叫溜溜马，似乎就含有骑着马溜达溜达之意。

当时，这种交通工具全是私人经营。既无行号，也无帮派，更不需要什么营业执照。往往是一个人经营一匹马。干这种行道的，重庆人称之为"马夫"。是时，以溜溜马营生的，要算南岸野猫溪、龙门浩到真武山、黄桷垭、清水溪、黄山、南山几条路线较多，经营者都是当地的农民或居民。

▷ 骑马上山

骑着这种马爬山，可说是一种享受。因为马被套上了笼头，嘴里含有嚼子，背上有皮的或棉的鞍子，走在前面引路的马夫手里握有缰绳。所以，快走慢行全凭骑者决定。即使不会骑马的人，都不会从马背上摔下来。

如不愿马夫引路，马夫就把缰绳交给你，而又不告诉你马的习性和掌握缰绳及乘坐的方法。此时，如果你想独领一下春风得意马蹄疾，"得、得、得"奔驰的快感；或者模仿一下赛马骑士，在马背上表演一番快马加鞭往前奔。那么马一受鞭打，便奋起四蹄疯狂奔驰。稍不留神，就会从马背上摔下来。因所有的溜溜马虽不剽悍雄健，但有野性。除它的主人外，别人很难驾驭。

抗战胜利后，以溜溜马营生的日渐减少。中华人民共和国成立后，就慢慢停业了。

《渝南旧事》

❖ **张恨水：** 与众不同的重庆浴室

▷ 抗战时期的嘉陵宾馆

重庆浴室，简陋不如下江，然有三特点，可资谈助。（一）每家浴室均有家庭间。携眷同浴，固属正当。召妓戏谑，亦非所忌。（二）江上有船上浴室，亦分等级售座。笔者因闻不甚清洁，未尝问津。然想另有甜食店。店中专售枣糕莲羹等食品，而鸡油汤团一项，尤脍炙人口。或谓在昔烟禁未申，此所以为瘾君子设者。然观于渝人酒席，恒多甜食，上说恐不尽然。有夹沙肉一项者，以肥肉切片夹豆泥烂熟，更以重糖蘸食，令人望之生畏，而渝人则目为珍品。此亦嗜甜之一证也。至于饭必备椒属，此为普遍现象。愚亦嗜辣，与川人较，瞠乎其后。唯川人正式宴客，则辣品不上席。江南人有应川人之约者，像就江煮水，虽甚便利，而篷舱局促，当不甚舒适也。（三）此地旅馆均兼营浴室。家庭间论时不论人，亦一奇矣。

《重庆旅感录》

❖ 曾万咸：第一届戏剧节，轰动山城

中华全国戏剧界抗敌协会于1937年12月31日在武汉光明大戏院开会成立，是中国抗日战争时期全国戏剧界的群众团体。参加者400余人，成立大会通过了协会章程，确定每年10月10日为戏剧节，推举出洪深、田汉等为首的25人为常务理事。协会要求全国戏剧界人士摒除一切成见，巩固超派系超地域的团结，以戏剧为抗日民族解放战争服务。

1938年10月武汉失陷后，重庆作为战时首都，成为抗战文化中心，云集了来自全国四面八方的著名戏剧界人士。1938年下半年，中华全国戏剧界抗敌协会迁往重庆。大批戏剧界人士荟萃山城，使重庆成为大后方戏剧运动中心。

在协会和重庆分会领导下，重庆举行过多次规模盛大的戏剧演出活动。1938年10月10日起，重庆举行第一届戏剧节，是重庆有史以来最盛大的戏剧活动。为庆祝第一届戏剧节，中华全国戏剧界抗敌协会理事和重庆分会

▷ 重庆唯一大剧院

▷ 1941年3月，孩子剧团在国泰大戏院演出《乐园进行曲》

理事推选余上沅、应云卫、赵丹、宋之的等人组成中华全国戏剧界抗敌协会第一届戏剧节演出委员会。在演出委员会的领导下，上海业余剧人协会、四川旅外抗敌剧社、怒吼剧社、中电剧团等25个演出团体进行了为期22天的演出活动。前3天各剧团在市区、郊区进行街头演出。10月4日起，各剧团在重庆的社交会堂进行了一星期的"五分钱公演"（五分钱一张票），连演10余场。29日起，全市戏剧工作者200余人联合演出了宋之的、曹禺合编压台戏《全民总动员》，一时轰动山城，将此次戏剧节推向了高潮。这次演出活动，持续22天，500余名话剧和戏曲工作者、1000余名业余戏剧爱好者参加了演出的各项工作，观众达数十万人次，影响巨大。

《中华全国戏剧界抗敌协会在重庆》

❖ 文创：国泰大戏院，堪称一流

国泰大戏院是1937年2月开的业，装潢华丽，设备齐全，观众厅有1500个铁椅子，并备有鼓风机通风，在当时影院中堪称一流。1939年至1940年，该院曾被日本飞机轰炸，警报一响，演出立即闭幕。空袭一过，演员和观众又回到剧场，战时演出从未长时间中断。

该院开业时，为招揽观众，上映的第一部影片是《化身姑娘》。抗战期间，先后放映了《保卫我们的土地》《日本间谍》《塞上风云》《中华儿女》等抗战影片，同时还上映了《列宁在1918》《列宁在十月》等苏联影片。

此外，因为戏院支持进步文化团体上演进步话剧和举办抗战音乐会，惹恼当局，被迫在1943年停演话剧，只放映电影。抗战胜利后，相继上映过《战地钟声》《八千里路云和月》等一批国产故事片。

《从国泰大戏院到和平电影院》

第八辑

岁月留痕·道不尽的逸闻轶事

❖ 廖庆渝：于右任古印被盗

于右任善书法，在书法艺术上独树一帜，被誉为"草圣"。不仅如此，于老先生还喜欢收藏印章，曾有一枚由四方印组合的古印，于老视若珍宝。

抗战时期，于右任寓居山洞游龙山11号"小园"，常赋诗习字。一日，家中突然被盗，那枚珍贵古印不翼而飞，于老焦急万分，遂立即遣人到山洞派出所报案。于时任监察院院长，家中被盗，震惊四方，派出所立即专案侦查，由得力巡官黄元山领衔。时山洞游龙山为高级住宅区，公馆别墅密布，戒备森严，而居民住宅寥落，百姓无事不会随便进出公馆，唯公馆看家护院帮工可相互串门，进出比较随便。黄巡官了解这一情况后，立即将各公馆闲杂人员名单排列出来，很快将川军师长范绍增公馆家里一邱姓掌门之子列为重点嫌疑。此人犯有前科，案发前，曾有人见他在"小园"周围转悠。案发后，他却无影无踪。黄立即传讯邱掌门，始知其子已回歌乐山下冷水沟的老家去了。黄元山迅速追踪而至，将其捉获，一阵逼供，邱之子方交出古印及其他赃物。黄马不停蹄地速将古印亲送于老手中。于老见古印完好无损，欣喜之余，立即提笔挥毫，书一中堂赠黄巡官，褒其破案神速之功。

这幅中堂，一直挂在山洞派出所内，抗战胜利后，派出所搬迁盐务总局旧址，于老这幅手迹不知被谁收藏起来。因此，手书内容无从查考，真是令人惋惜。

《于右任古印被盗》

❖ 刘光华：陈纳德与飞虎队

洋人本来在重庆相当稀罕，大概也就是几家教会和教会所办的医院、学校里有一些。自从国府迁渝，各国使馆人员、军事和商务代表、新闻记者等接踵而来，街头上碧眼隆准或其他族类的洋人，也就越来越多了。

历来在远东各地趾高气扬、不可一世的大英帝国皇家部队，在日军的凌厉攻势下，简直如同摧枯拉朽，不堪一击。缅甸仁安羌之役，倘不是中国远征军舍命相救，被围困的逾万英军几乎全军覆没。缅甸失陷后，部分英国空军从缅北一气撤到重庆，住在李子坝山腰的嘉陵宾馆候机归国，几辆漆着英国军徽和RAF（皇家空军Royal Air Force的缩写）字样的军车就泊在宾馆墙外路旁。一夜之间，车上的缩写字母却让人用白漆给改为"Run Away First"（意思是逃跑数第一），弄得英国佬哭笑不得，十分尴尬。

横行无忌于中国西南上空的日机，从1941年下半年起总算是遇到了克星，威风尽敛，最后终于销声匿迹。这首先得归功于陈纳德和他一手创立的飞虎队。在美国陆军航空队服役多年，一直郁郁不得志的美国路易斯安那州人氏陈纳德，以中校军阶退役后，应聘来华担任航空委员会的顾问和教练。珍珠港事变前，美国和日本仍保持邦交和贸易往来，甚至还向日本大量出售石油产品和废钢铁等战略物资。美国当局虽对当时日本在远东的扩张感到不安，却并不打算直接军事援华，以免惹翻了东京。于是陈纳德只能在华盛顿睁只眼闭只眼的情况下，代中国当局出面以私人机构名义，重金招募美国空军飞行员和机械师，以平民身份投效他组织的"美国志愿航空队"来华参战。这批飞行员经验丰富、技术纯熟，驾驶着美国当时最先进的P-40型驱逐机，把速度、火力、装甲都差了一截的日本战机打得落花流水，半年间竟击落敌机397架，一举为中国夺回了大西南上空的制空权。美国志愿航空队的队徽和利牙森列的鲨鱼头型机首，顿时名闻中外，而其"飞虎队"的绰号也家喻户晓。

陈纳德航空队基地起初设在缅甸仰光，后来撤到云南，陈纳德则经常往返于昆渝之间。有一次他到重庆嘉陵宾馆参加宴会，宴毕出来，突然发现他的座车也和当初英国皇家空军的军车一样，被人把车上的英文缩写给涂改了，将AVG添写成"Always Victory Group"，即将"美国志愿航空队"改为"常胜军"了，不但没有贬义，简直是大捧特捧。陈纳德看了自然是乐不可支。一位眼明手快的美国记者，举起相机，"咔嚓"一下，把倚在吉普车旁笑容可掬的陈纳德拍了下来，发稿回国。陈纳德航空队的名气更加如日中天。

不久珍珠港事变发生，美国对日宣战，正式成立陆军第十四航空队进驻中国战区。陈纳德应召回复现役，越级晋升准将并出任该航空队司令，战功彪炳。后来，他赢得风姿绰约的中央社年轻女记者陈香梅女士的芳心，陈香梅委身下嫁，为新闻界增添了一段战时异国鸳鸯的佳话。

▷ 陈纳德与夫人陈香梅

自从美国正式派军人来华参战之后，西南各城市中洋人数量骤增。重庆更是到处可见美国GI（此两字母为Government issues的缩写，美国人通常用此来称本国的大兵）的缩影。时常还可见到吉普车上，GI们挟了三两个浓妆艳抹、身份不明的女郎呼啸过市，路人为之侧目。于是重庆突然流行起一个新名词"吉普女郎"（Jeep Girl），不胫而走，迅速传遍大后方，战后更随着美军的踪迹而扩散到沿海各地。

《陪都重庆风情画》

❖ 胡昌健：李公朴陪都题词

民主斗士李公朴，原名永祥，号晋祥，后改名公朴。祖籍扬州，生于镇江。抗战胜利后，1946年7月11日，为反对国民党发动内战，在昆明被暗杀，年仅44岁。4天后，闻一多也被暗杀，这就是震惊全国的"闻李惨案"。

李公朴被害前10个月，即1945年10月，曾由昆明赴重庆（当时还叫陪都，1946年5月5日才还都南京），出席民盟临时全国第一次代表大会。在这次大会上，他被选为中央执行委员兼教育委员会副主任。在重庆，又与陶行知先生共同创办社会大学，李公朴任副校长兼教育长。1946年2月10日，"较场口事件"发生，郭沫若、李公朴等人被特务打伤。目睹此劣行，李公朴提笔疾书一纸："现在的时代，一方面是最黑暗的，一方面也是最光明的。时代给予我们的任务是，把光明的一面尽量的扩大，把黑暗的一面彻底的予以消除！"落款是"李公朴于陪都"，下钤"李公朴"白文印。

李公朴是学者、教授，不以书法见长，这幅行书轴是罕见的李公朴书法墨迹，后不知为何人所收藏。1961年，此书法的收藏人将其出售与重庆古旧书店嘉陵书店。1964年，嘉陵书店将其调拨给重庆市博物馆，现珍藏于重庆中国三峡博物馆。

《李公朴陪都题词》

❖ 李薇："野玫瑰"王人美

20世纪20年代，中国诞生了第一个职业歌舞团——上海"明月"歌舞团。时当豆蔻年华的湖南姑娘王人美，是该团的主要演员之一，经常随团在上海、南京、武汉一带演出，她以娴熟的舞技和秀丽的风姿在同伴中脱颖而出，在演艺界引人瞩目。

▷ 王人美

1931年夏，经过慎重考虑，王人美决定加入上海"联华"影业公司做电影演员。她在银幕上的处女作，是孙瑜编导的《野玫瑰》。她在片中扮演一个贫寒、粗犷、活泼的野姑娘，为沉闷的中国影坛带进一股清新的气息，向当时充斥银幕的侠客艳妇进行了挑战，从而一举成名。影片在上海连映18天，众多观众不再叫她王人美，而称她为"野玫瑰"。

现实生活中的王人美的确活泼可爱。

据知情者回忆，她那时常穿着一件短仅及膝的蓝布旗袍，长发披肩而不施粉黛，朴实无华。有时，她连鞋也不穿，就打着一双赤脚跑来跑去，甚至吃饭也不肯安静，总是捧着饭碗四处走，走累了就坐在台阶上吃，实在"野"得可以。她同那些浓妆艳抹、浑身珠光宝气的女演员相比，自然格格不入，好似清水出芙蓉。

抗战爆发上海告急，具有爱国心的王人美怀着对敌寇的强烈仇恨，夜以继日参加抗战题材的大型话剧《保卫卢沟桥》的演出。日寇攻占上海后，她拒绝为其服务。历尽艰险，颠沛流离于香港、桂林、昆明和重庆之间。

1940年春，王人美来到重庆，次年参加描写战时空军生活的影片《长空万里》的拍摄，饰少女燕秀。剧组赴昆明拍外景时，她又应当地"大鹏"剧社的邀请，在话剧《孔雀胆》《天国春秋》中客串演出，吸引了众多昆明观众。

太平洋战争爆发后，日军封锁滇缅公路，电影器材无法补充，迁到重庆的"中电""中制"两厂拍片减少，话剧成为主要的文艺项目。王人美常在各剧团客串，不摆明星架子，同仁们都觉得她好相处。有一次她去南温泉郊游，一下车就被观众认出，热烈鼓掌欢迎她演唱《渔光曲》，她轻舒歌喉，声情并茂地唱过两曲，结果围观者更多，差点走不脱。

在重庆，王人美与丈夫金焰的婚姻出现危机。她和号称中国"影帝"的金焰是1934年元旦结婚的，那时她刚满20岁。主要原因是社会上盛传金焰不检点，有绯闻。但王人美始终未与金焰翻脸，直到1945年夏天，她才与金焰平静地离婚，而且终身未说过金焰一句坏话。

《"野玫瑰"王人美》

❖ 吕玉兰：徐悲鸿赠送"两匹马"

抗战时期，徐悲鸿大师在江北磐溪石家祠堂住了四年，他在中央大学兼课，经常渡江到沙坪坝去。1938年春，在重庆市郊的沙坪坝街上有一家小书铺，招牌是"正风出版社"，书店虽小但由于出版和销售的都是文艺价值很高的世界名著和国内知名作家的好作品，每天从早到晚顾客熙熙攘攘。别看这家书店这样热闹，它开办之初却是很困难的，开办经费就是个大问题，它的开办费是徐悲鸿大师赠送的"两匹马"。

这家书店的经理名陈汝言，江苏太仓人。1937年淞沪炮声迫使他流浪逃亡辗转来到重庆。当时他看到沙坪坝学校林立，有国立中央大学、国立重庆大学、四川省立教育学院、国立中央工校、南开中学等。学生上万，

▷ 徐悲鸿笔下的马

▷ 徐悲鸿与夫人廖静文在青城山的合影

而坝上却无一家像样的书店。有的出版一些与抗日战争无关的书籍和一些低级趣味的刊物，远远不能满足莘莘学子的求知欲望。陈汝言有心在坝上开一家书店，出版和销售高级知识分子和青年学生爱读的书籍。但经费从何而来？当时，赞成他开书店的知名教授如胡小石、傅抱石、范存忠、吴天石、陈之佛、柳无忌等一班鸿儒大师均度日维艰，连闻一多教授也不得不靠刻印卖钱来补贴家用。后来，李公朴教授知道此事，立即告诉陈汝言："要钱只有找徐悲鸿。他的画是热门，最好卖，'一匹马'就是500元。"陈汝言听后很高兴，他深知徐悲鸿大师的为人。自抗日战争爆发以来，徐悲鸿大师就将在新加坡、吉隆坡、新德里、槟榔屿和昆明、贵阳、重庆等地举办画展的收入全部捐献给背井离乡的难民，这个小书店只要徐悲鸿大师认为办得有价值，他一定会慷慨资助的。

一天，陈汝言到江北磐溪石家祠堂去找徐悲鸿大师，大胆地讲出了自己的想法。徐大师对这位小同乡产生了好感，沉思片刻后，用郑重的语气说："你想办个出版社，我支持。有钱出钱，有力出力，我虽然不是大富翁，出点钱做开办费还是可以的。不过要办出自己的特色，沙坪坝是个文化区，知识分子多，应多出版些世界文坛名著和国内的好作品，你回去先找中央大学的一些知名教授，请他们做编委，他们答应了你，找我来拿钱。"不久，编委组织好了，陈汝言又到磐溪石家祠堂找徐悲鸿大师。徐听说有八位知名教授担任编委，十分赞赏这位江苏小同乡的办事能力，立即拿出1000元交给陈汝言，说："这是'两匹马'的价钱，给你作开办费，出版社就取名叫正风吧！作风正派、光明磊落。"不久，"正风出版社"在沙坪坝开张了。徐悲鸿是发起人，柳无忌、徐仲年担任主编，有系统地翻译世界文学名著，出版世界文坛最负盛名的文学巨著，深受高级知识分子和青年学生的欢迎，称这家出版社是"我们自己的出版社"。徐悲鸿大师赠送"两匹马"做开办费，也一时传为佳话。

《徐悲鸿赠"两匹马"》

❖ 石曼：热情泼辣的舒绣文

舒绣文性格泼辣，热情似火。抗战爆发，她在武汉参加中国电影制片厂第一部故事片《保卫我们的土地》的拍摄，饰农民刘二妻。她首先在电影上喊出"打倒日本帝国主义"口号。

1938年秋，舒绣文随中国电影制片厂来到重庆，住在纯阳洞的破庙里，即刻就参加了《为自由和平而战》的募捐寒衣演出。舒扮演剧中卖唱女郎，奔走台上台下，募得银元5万。剧票最高500元，合10两黄金。

1940年，舒绣文为拍摄影片《塞上风云》去内蒙古，路过延安时受到毛泽东接见。归途中，舒革命热情高涨，要留延安。带队的应云卫急得要向她下跪说："全队若有一人不归，无法向胡公（周恩来）和国民政府交差。"舒不愿朋友为她获罪，回到重庆。

皖南事变后，周恩来指示成立民办的中华剧艺社，演《天国春秋》，抨击国民党制造分裂杀害忠良。舒绣文身在官方剧团，勇敢出演洪宣娇一角，在台上喊出"大敌当前，我们不能再自相残杀"，引起观众热烈鼓掌响应。她横眉冷对官方威胁，向中华剧艺社表示，只要演《天国春秋》，无论任何时间、任何地点，我这个洪宣娇随喊随到。侠义之风可见。

抗战胜利后，她参加电影《一江春水向东流》拍摄，扮演凶残狠毒的抗战夫人王丽珍，看得观众恨不得扇她两耳光，对舒绣文却更加热爱。

《话剧四大名旦在重庆》

❖ 阎国林：李可染在金刚坡

我国当代成就斐然、名闻遐迩的著名画家李可染，不仅擅长山水画，尤对耕牛情有独钟，提及此还有一段耐人寻味的有趣故事。

在硝烟弥漫的抗日战争时期，李可染风尘仆仆涉足重庆，同郭沫若、张瑞芳等文艺界名流一起，在以周总理为首的南方局领导下的文工会工作，怀着对敌人的满腔义愤，创作了大量抗日救亡的宣传画和巨幅壁画。1943年他还在市中区举办了个人画展。

画家在渝期间，租住在金刚坡一农户家中，房前翠竹枝枝，绿彩熠熠，环境十分静谧。与其寒舍毗邻的是主人的牛栏。老农养了一头膘肥体壮、性格温驯的大水牛，颇逗人喜爱。李可染见它天天默默无闻，下地劳作，夜间回到"屋"里，在夜阑人静、万籁俱寂的晚上时而"错错错"地狼吞虎咽大口大口地吃草，时而在"咕噜咕噜"地喝水、反刍、踢脚……睨视牛儿这一连串无声无息地"精彩表演"，这位画坛高手有时倚墙静听，有时又撩开画纸，乐不可支地画起来，久而久之，水牛那只知埋头苦干、无私奉献的高大形象深深地撼动着一代画师的心扉，至此他暗自思忖并在心底下定决心：一定要用自己的画笔将牛这种崇高的精神品格反

▷ 李可染笔下的牛

映出来，公之于世，常言说：看似寻常最奇崛，成如容易却艰辛。经过持之以恒地艰苦探索和反复实践，李可染终于以其炉火纯青的高超技艺，将"长期积累，烂熟于心"，积淀良久的牛的可敬可爱的形象，用一幅幅佳画艺术地再现出来。其中倍受人青睐的是一名曰《五牛图》的力作，画毕他情不自禁地拎笔疾书，直抒胸臆云："牛力大无穷，俯首孺子而不逞强；牵犁驾车，终身劳瘁，事农而安不居功，纯良温驯，时亦倔强……足不踏空，气宇轩宏，吾崇其性。"

一石激起千层浪，从此李可染以"牛"为题，画笔一发而不可收，这个中缘由不仅是画家对牛有着特殊的偏爱，更源于历尽坎坷、饱经沧桑的他是在"托物寄兴"，阐发着他对人生真谛的独到见解。正如他在诠释自己的画室取其"雅号"叫"师牛堂"时作的精辟的注释："牛给予人类的多，取之人类者少。人人学此精神，埋头苦干，多给少收，社会主义事业何患不日进千里，社会主义道德风尚又何患不灿烂一新！"

《李可染在金刚坡》

❖ 石曼："傻大姐"白杨

白杨好学用功，外柔内刚，有毅力，为创造一个角色，她常常几天闭门不出，于是有了"傻大姐"之称。她16岁时在电影《十字街头》中扮演杨芝瑛获得成功。在上海街头，白杨彩色头像的广告牌有两层楼房高。从此她名扬全国。

"八一三"战起，白杨10月抵渝，是最早入川宣传抗日救亡的。她受到观众热烈欢迎，官僚、军阀召她陪酒遭拒，诬白杨是日本人、汉奸，她几乎被驱逐出境。上海几家影片公司许以花园、洋房、高薪水，请她回沪拍电影。白杨坚决留在后方抗战到底。

1941年，"重庆雾季公演"开始，白杨大显身手。在《屈原》《结婚进行曲》中饰南后、黄瑛，又在《法西斯细菌》中饰静子。观众赞赏白杨的演技说："从白杨的背后，都能感受到白杨的面部表情。"1944年，白杨在话剧《万世师表》中饰方尔嫖，她从少女演到几近老年，在人生各个历程的变化和形体表演上，都真实、动人、可信。观众都说从没有看到过这样好的表演，被誉为白杨艺术上的巅峰之作。

抗战时期物质生活贫困，白杨在重庆常常吃牛皮菜蘸海椒面下饭，3年买不起一双皮鞋。然而，她从不诉苦、抱怨，为抗日救亡、争取民主演出，精神生活是充实的。

1945年初，她和中电摄影场进步职工，在郭沫若起草的《对时局进言》上签名，要求成立联合政府。特务追查是谁把《进言》带到"中电"来的，白杨为其他人解难，挺身而出承当下来。白杨勇担风险一事，在重庆电影戏剧界传为佳话。

回上海后，白杨很快就在电影《一江春水向东流》中扮演素芬。她调动抗战8年生活的体验，成功地塑造了善良的中国劳动妇女形象。从此，白杨走进世界各国电影观众心中，享誉全球。

▷ 白杨

《话剧四大名旦在重庆》

❖ **隆准：** 老舍说相声

清贫的生活和病痛的折磨，并没有改变老舍先生幽默的天性和创作的热情。

最搞笑的是老舍说相声。有次"抗敌文协"开联谊会，不知谁叫一声

"老舍来段相声"，这可是突然袭击，没准备呵！但他是文协的头头儿，不登台不行。老舍在场中左看右看，盯准了天津来的相声演员欧少久。两人走上台，说什么呢？

老舍略一思忖说："反正相声就是一捧一逗，你随便出上句，我接下句。"

开场了，简单的铺垫后进入"正活"。欧（少久）：咱俩来个对春联。我的上联是：坐走。舍（老舍）：坐着怎么走哇？欧：你老舍先生来我们这儿做客，临走时，我给你雇辆车，你坐着走。舍：哦，这叫坐着走。好，我对下联：起来睡。欧：起来怎么睡呀？舍：那天我深夜回家，家里人等我不及，先和衣睡了。我唤他们说，我回来了，起来吧，起来睡。

老舍这一临时对出的下联，不但显示了他的才华，而且抖响了"包袱"。那年月，创作相声是老舍的一种抗敌武器，《骂汪精卫》《新洪羊洞》等段子在陪都脍炙人口，成为抗战相声。至于老舍亲自登台，并不多见。一次他同梁实秋合演，两位文豪说相声，不但成为文坛趣事，同时也成了小城北碚深感自豪的一段佳话。

时间：1940年。地点：北碚儿童福利试验区大礼堂。演出的名目：募款劳军晚会。搞笑点：老舍拿折扇敲梁实秋脑袋。本来嘛，说相声拿折扇打头是老规矩，虚晃一下就行了，哪知老舍太投入，忘乎所以，竟真将扇打过去，梁实秋一躲，扇头正巧打落眼镜，幸好伸手接住。分明是忙中出错，但在观众眼中，认为经过精心排练，表演异样精彩，满场高呼"再来一回"。这能再来吗？老舍冲梁实秋诡谲一笑，这一笑，老舍式的幽默，被永远定格在重庆人的记忆中。

《老舍说相声》

❖ 孙由美："魔术大王"傅润华

傅润华，字德荣，1907年生于四川长寿县。祖母傅李氏是晚清时长寿的烈妇，事迹曾载入旧《长寿县志》。父亲傅志清，早年与郭沫若等同时留学日本，毕业于早稻田大学法学系，回国后曾做过律师，后历任西康稻城县、四川巫山县县长。

对于魔术，他本无师承。开初是对中国的传统幻术"九连环"等发生了兴趣，公余之暇，就买了一些中国传统幻术的书籍来阅读。傅润华读书能于动中求静，勤于思考，对学问的钻研，有一种锲而不舍的刻苦精神。

尽管傅润华对中国魔术在理论和实践上都下了一番功夫，但他开初并不是一个职业魔术家。有时只是在某些家庭宴会上，或学校的毕业晚会上作一些业余表演。为了给中国魔术开拓更宽广的领域，创出一条新的路子来，1943年他自己筹集资金，组织"中国环球幻术学社"。一面正式对外公演，一面招收学生，培植新生人才。抗战时期，物力维艰，在当时个人组织艺术团体，困难是可以想象的。他岳父曾志高，是重庆有名的律师，任重庆聚兴诚银行法律顾问，很有钱。傅润华结婚时曾志高曾以一幢大旅馆的房产作为陪嫁女儿的妆奁。傅润华征得爱人的同意后，把旅馆房屋卖了，全部作为组织学社的资金，除资金以外，招学生、请助手、聘乐队、购置服装、灯光、道具都完全是他亲手经营，煞费苦心。因为魔术和科学有着密切联系，所以傅润华自己创作、演出的一些革新节目，大多是凭借科学原理。演出用的一切服装、灯光、道具，都是他自己精心设计；而这些服装、灯光等，就成为他演出上不可缺少的道具。在重庆，"中国环球幻术学社"设在四德村，演出场地是在重庆临江路"扬子江舞厅"。后来迁成都，社址设在西城宋经街，演出是在将军衙门"新又新大戏院"（现在的四川电影院）。

　　傅润华在艺术上尊重传统，但是他从不完全循前人走过的老路。他在继承传统的基础上，大胆地吸收了不少西洋魔术的手法，把两者巧妙地结合起来，再运用科学原理不断创新。因而，他演出的每一个节目，从内容的变化，技巧的运用，都既有深厚的传统功力，又有自己的新意境、新风格，充分显示出他艺术上刻意求新的独创精神。当时重庆、成都，为抗战时的大后方，名人荟萃，冠盖云集。"中国环球幻术学社"在重庆或成都演出，都盛况空前，座票总是演出前几天就预售一空。加上他演魔术不是为了赚钱，绝不以低级的江湖气取媚俗人。他所演出的每一个节目，内容大多能紧扣时代脉搏，和当时的抗日宣传密切相关，富有现实教育意义。如把《枪毙活人》《腰斩活人》等传统节目，改为《枪毙汉奸》《腰斩土肥原》，这样给每个节目灌输了新的内容演出时就令人耳目一新。不久，声名大振，和当时魔术界的张慧冲、阮振南、马守义齐名，被称为中国的"四大魔王"。

《"魔王"傅东华》

❖ 郑体思：丰子恺的沙坪小屋

　　我国著名的音乐家、美术教育家、漫画家丰子恺先生，在他一生的经历中，总爱把自己所居住的地方取个雅名，如故乡石门湾的"缘缘堂"，浙江上虞白马湖的"小杨柳屋"，遵义南潭巷的"星汉楼"，上海陕西南路的"日月楼"等等。这些雅名都各有其来历，唯独"沙坪小屋"是根据沙坪坝的地名而命名的。

　　1937年抗战开始后不久，丰氏一家人从故乡浙江崇德县石门湾辗转逃难，历经江西、湖南、广西、贵州各地暂住，于1942年11月到达重庆。先暂寄住在画家陈之佛的家里，后迁往刘家坟与雕刻家刘开渠为邻。1943年夏，鉴于抗战将旷日持久，乃以画展所得的收入，在沙坪坝正街以西的庙湾，租地建房一座（当时编为庙湾特5号）。这是一座非常简陋的穿逗夹壁竹木结构平房，既不能防暑热，又不能御寒冷，日出后不久东墙即炙手可热，室内仿佛是暖气开放，入冬则又是四处透风、寒气逼人，且一年四季中，昼夜都有耗子在室内追逐横行。这种"抗建式"房屋虽极简陋，但四周却留有空地，围以竹篱，种点芭蕉之类的树木花草和应时蔬菜，倒也怡然自得其乐。

沙坪小屋建成后，画家遂辞去艺专的教职，专以卖画、写作为生。平时常有叶圣陶、贺昌群等人来访，每作长夜之饮；也有开明书店的一些同仁来访。附近"皋庐"住户吴朗西夫妇是丰氏的学生，也常来访。小屋内经常传出京戏和昆曲的唱腔，可见闻人名士们的爱好是颇为广泛而雅致的，真所谓是居陋室而自得其乐了。

《丰子恺的沙坪小屋》

❖ 魏仲云：柳亚子以诗换酒

抗日战争爆发后，柳亚子由上海经桂林，辗转来到战时陪都重庆，寄居在沙坪坝南开中学津南村11号。闲时与诗友往还，饮酒赋诗自娱。在津南村简陋的斗室中，写下不少传世佳作，1944年除夕这天午后，好友吴教授登门造访，小坐后相约外出散步。当走到沙坪坝后街巷口，抬头望见巷内一家招牌上写着"嘉陵酒店"的小酒馆。顿时酒瘾大发，随约好友进入酒馆，要了两杯泸州大曲和几

▷ 柳亚子

盘下酒菜，对饮起来。高谈阔论，边饮边吟，一唱一和，不觉已近黄昏。

当起身离座，伸手到衣兜摸钱时，顿时傻了眼，因匆忙从家中走出，身上忘记带钱。事有凑巧，好友也是当家不理财的文人，身上也分文未带，还是好友向店家作了解释说："对不起，我们走得匆忙忘记带钱。这位是柳亚子先生，他就住在津南村，酒钱随后送来。"酒店老板听了一点也不见怪，反而喊老板娘送上香茶，请他们二位落座。随即从账房里端出纸墨笔砚，弯腰行礼道："不知是柳老先生光临小店，真是请都请不到，怎敢讨酒钱呢？请老先生赏脸留下墨宝作个纪念。"柳亚子一听店老板不讨酒钱而向他索诗，趁酒兴，挽袖挥笔，即兴写下一首《换酒诗》：

金貂换酒寻常事，难得今宵酒如醇。
三十三年大除夕，原拼一醉在嘉陵。

这小酒店老板，非一般市井商人，乃下江书香人家子弟，逃难流亡来渝，迫于生计开此酒馆谋生。对大诗人柳亚子早已闻名，得知是柳亚子，喜出望外，趁机索诗。店主得到柳诗后，如获至宝。第二天就将诗裱好悬于店正中。真是"江山也要文人捧，堤柳至今尚姓苏"，地处沙坪坝后街陋巷内，往日顾客稀少的嘉陵酒店，随即名声大噪，不少顾客是为欣赏大名鼎鼎的大诗人柳亚子的换酒诗而来的。

柳亚子以诗换酒的逸事，在战时陪都重庆一时传为佳话。

《柳亚子以诗换酒》

❖ **魏文：** 张恨水巧答提问

著名的言情小说家张恨水先生，于1942年8月的一个星期天下午，应国立中央大学学生会的邀请，来到沙坪坝松林坡礼堂讲演。海报上写着

"特邀著名的鸳鸯蝴蝶派小说家张恨水先生来坝上讲演《文学创作问题》，欢迎届时光临。"大学生们都想一睹这位名噪文坛的言情小说家的风采，来听讲的学生十分踊跃，座无虚席。身穿浅灰色长衫的张恨水显得潇洒清逸，颇有名家风度。在他讲了鸳鸯蝴蝶派的渊源和言情小说的写作技巧等问题后，台下一学生突然提问："张先生，你的大作《八十一梦》我们已拜读，为什么只写了五十一梦，其余三十梦怎么没写出来，能否请先生将未写出的梦，讲给我们听一听好不好？"张恨水对这突如其来的提问，给难住了。他明白混在听众中就有便衣特务，自皖南事变发生后，国民党掀起新的反共高潮，一片白色恐怖，他的《八十一梦》就是借"梦"揭露国民党贪官污吏被新闻检查官给砍得支离破碎只剩了五十一梦的。怎好在这样场合讲呢？但不能回避不答。只见他沉思了一会儿，随机应变作了如下的回答："书稿是齐的，怪我夫人未收拾放在桌上，孩子吃饭时不注意洒了些菜汤在书稿上。大家都知道重庆耗子多，一部书稿就这样被可恶的耗子给啃碎了。我来不及补写，只有将剩下的五十一梦交付出版。至于未写的那些梦，早已乘风归去，无法寻觅了，恕我无法回忆，谢谢。"张恨水的巧妙回答，话外有音，坐在听众中的"耗子们"，也抓不到什么把柄，但学生们很明白，被"耗子"咬碎的"梦"怎好讲呢？他刚回答完，全场即报以热烈的掌声，大家都十分理解张恨水的苦衷。

《张恨水在松林坡讲演巧答提问》

❖ **史念三：张善子画虎的由来**

张善子以画虎著称于世界，与其弟张大千为国画界"二雄"。1940年10月20日逝世，葬在歌乐山，立有墓碑。

善子先生有雅号"虎痴"之称，从字面上看，当是爱虎致"痴"。但又何以达到如此？追思其因：

善子年17岁时（1899），正逢余栋臣在四川发动反洋教运动。善子出于爱国热情，便在大足县率领一二百名年轻人殴打教徒，捣毁教堂（为著名的"大足教案"），可是，这次反洋教活动失败了。紧接着八国联军破北京，清廷被迫签订《辛丑条约》。张善子和一些进步青年愤恨清政府腐败无能，便东渡日本。在日本明治大学读书，参加了孙中山先生领导的同盟会。由此，立志回国后提倡国人的尚武精神，抵抗帝国主义侵略。这是他画虎的初因。

善子先生回国后，正逢四川保路运动热潮时期，被推举为四川谘议局议员。辛亥革命后，在川军中任少将旅长，后转文职。他既有尚武精神，却无力厉行，便寄愿于丹青，画猛虎于胸臆。

他为了画虎，总想接近虎。一位猎人朋友送给他一只小虎。他带到苏州喂养。由此尽心留意观察小虎的各种动态，以及它的各种神情。这样时间久了也就与小虎有了感情。小虎被放出来跟着他在院里走动。晚上还卧在他的床下。善子先生有时回家晚了，小虎听到主人脚步声，便去唤醒家人出来开门。善子先生如此对待小虎，画出来的虎，怎能不神。这就是他"虎痴"的得名由来。

▷ 群虎图

抗日战争爆发后，善子先生怀着对日本帝国主义侵略者的深仇大恨，画出一幅《群虎图》，题名"怒吼吧，中国"。这28只猛虎从山林中呼啸着奔出来，又向同一个方向奔去，画图下边题诗："雄大王风一致怒吼，威撼河山势吞小丑。"这就是善子先生爱虎、画虎的根本原因。

1939年善子先生的画艺已经达到炉火纯青，与其弟张大千遍游祖国山川。在美国、法国开画展，申明"只售门票，不卖画"。

由此，我们当可明白善子先生是何等热爱祖国，具有高尚人格的画家。

《张善子画虎的由来》

❖ 程永恭：林森游亭子山纪事

亭子山寨，三面崚峻，后倚东山，清咸丰三年创修。昔日古木参天，终年瑞气腾腾，寨内建寺，宝殿三重，十分壮观。殿后凿山成石室，殿侧环房舍园圃，绕殿广植橙柚，著花时节，香飘十里，秋悬金果，辉灿东山，诚是歌乐山地区有名景点。辛亥革命后，该寺长期办慈善事业，故寺前匾额为"明善堂"。抗战时期，为新店子乡吴海峰先生主持其事，明善堂主要对贫困群众施米、施药、施寒衣，并办义学。当时学生多达八九十人，有的常年住读，琴歌不辍，誉为书院，先后为地方培育了不少人才。

1937年七七事变，日军向我发动大规模进攻，国民政府于同年11月20日发表宣言，迁驻重庆。国府主席林森率政府官员乘民风轮于同月26日抵渝，12月1日正式在重庆办公。重庆遂为陪都。林森来重庆时，已是七十老翁，名为国家元首，实是"君而不临"，大权掌握在蒋介石手中。蒋知林森老来信佛，性爱山水，便多在山水秀丽的地方，为林广辟公寓。所以林森在重庆李子坝刘湘公寓、歌乐山云顶寺、南泉虎啸口、金刚坡燕儿洞、山洞林园都曾住过，但在山洞林园住的时间较长。

1939年，日本飞机加紧对重庆狂轰滥炸。国府各部院会疏散四乡，以成渝公路线上机关特多。国民政府文官处设在金刚坡的燕儿洞。林森在燕儿洞附近有公馆，闻道燕儿洞后山有亭子山，风景特佳，便带一随众往游。

翻垭口，循草径，一直进山。时天清气朗，青木关、陈家桥、赖家桥都尽收眼底；虎溪河、梁滩河为两条玉带，蜿蜒东流，万亩田畴为画，好一幅天然画本。林森时年七十有二，红光满面，银髯飘洒，信步进入"明善堂"。吴海峰恭迎遍游全寨。林森对客室字画特别欣赏。一幅中堂，写的是"满纸烟云笔下生"七字，笔力遒劲挺拔，更不禁抚髯赞绝！他和吴海峰交换意见说："这与寨后'云拥仙龛'四字石刻，各有千秋。"吴海峰见林主席平易近人，乞留墨志念。林森欣然挥毫，书"常乐我静"四个大字。

以后"明善堂"制成金匾，悬挂堂中。据说，张治中游亭子山，见林森题匾，肃然起敬，立正一鞠躬。1940年，林森重游亭子山，吴海峰乞赐联。林信笔书下"若有随山僧外至，应知风流竹简生"以应。吴如获至宝，裱挂其家。林森晚年看透政治斗争，故转而信佛。题"常乐我静"，即以出世而求入世，"清静为天下正"是其意旨，故自以"僧"许。游亭子山，未从山麓向上爬，是从燕儿洞随山而至，所以说是"随山僧外至"了。下联有幽默味，他是国家元首，却来游山玩水，自我解嘲曰"风流"；这样不务政事，必然以后有人要评论他，所以就"应知风流竹简生"了。

《抗战时期林森游亭子山纪事》

❖ 曾传宜：重庆一怪——女袍哥

袍哥系民间社会交往的一种自发组织，其目的是大家抱成一团，互相帮凑。在旧社会人们为进行社会结交，就要加入袍哥，因此，具有浓厚的江湖习气。同时，袍哥也常为恶势力所把持，在地方上横行霸道。从清代到民国时期，袍哥具有非常大的广泛性，各阶层、各界都有，四川、重庆袍哥遍及城乡。尽管袍哥组织无所不在，但都只有男袍哥组织，女的加入袍哥的还没有。但在旧重庆民国时期，重庆不仅有女袍哥组织，而且有女袍哥的堂口茶馆，则足称旧重庆千奇百怪中的一怪。

重庆女袍哥的历史渊源，最早的女袍哥发起人，是在民国初年，江北城袍哥大爷江木栖的母亲江高氏。江高氏可谓"子荣母贵"，依仗儿子的势力，邀约当地码头上头面人物的内眷，打起旗号，依照男袍哥堂口的规章办法，建立起重庆封建袍哥团社史上第一个女袍哥组织"坤道社"，成了重庆城女袍哥组织的开山祖。女袍哥的组织活动与男袍哥相似，只是不称舵爷称大姐。依次按社会地位排名次，叫三姐、五姐、八妹，下面脚脚爪爪叫幺妹，多是保甲长和商绅的堂客。男袍哥堂口供的是关二爷（关羽），女袍哥堂口则供的吕四娘。各社都有各自的堂口茶馆，著名的有和平路的"四维社"的四维茶馆，江家巷"八德社"的八行茶馆，南纪门"淑云社"的淑云茶馆。还有"坤道社"的坤道茶馆，"贤良社"的贤良茶馆等分布市区各处。著名的女袍哥头子有王履冰（国民党立法委员、国民党重庆市妇女会主任），欧阳致钦（四川军阀师长蓝文彬的小老婆、重庆妇女建国会会长），薛智友（国民党重庆市党部妇女主任、军统特务组织社会服务队妇女大队长）和黄绍德、阮大嫂、杜二娘等都是与国民党军警宪特有密切联系的裙带人物。她们利用男人的权势和地方军政势力，拉帮结伙，发动姊妹伙为竞选"国大代表"和"立法委员"拉选票造声势。也有些职业妇女入伙嗨袍哥，是为拉关系、找靠山以保全职业，有的是为了依靠女袍哥的势力来对付男人讨小老婆的。她以堂口茶馆为活动据点，进行吃讲茶调解纠纷、为姊妹过生日、婚丧红白喜事凑份子请会、三姑六婆在茶馆拉皮条、说姻缘、聚赌敛财、走私贩私等活动。

封建社会里，男尊女卑，妇女是没有社会地位，很少抛头露面的。到闹市街头的茶馆去翘起个二郎腿吃茶，这在外地极为罕见。可是20世纪40年代旧重庆城的茶馆里，不仅有女茶客，而且还有拉山头，插旗挂牌女袍哥开设的堂口茶馆哩。到了抗战胜利后，重庆城女袍哥不断发展，逐渐形成一股黑社会的势力，成立了二百多个堂口，"姊妹伙"多达一万余人。

1949年春，头号女袍哥头子王履冰病故。全城女袍哥为女舵把子大办丧事，灵堂设在和平路的四维茶馆。正中挂王的遗像，茶馆内外挂满了各堂口、各界人士送的花圈祭幛。送花圈的有市长杨森、委员长行辕参谋长肖毅肃、警察局长唐毅、警备司令稽查处长罗二爷。

有副挽联引人注目：上款是"王大姐呜呼"，下款是"卢二妹哀哉"，是当年重庆红极一时的交际花卢三送的。丧礼十分热闹隆重，参加送葬、奠后的竟是数千名女袍哥组成的哭丧队伍。呜嘘呐喊的队伍长达数里，围观者人山人海，交通为之中断，经七星岗送到墓地才散。为表示哀悼王大姐，女袍哥各堂口茶馆停业三天。

《重庆地区的袍哥》

❖ 朱浩源、曹庞沛：抗战漫画家汪子美

20世纪30年代中期，汪子美和丰子恺、张乐平、叶浅予、丁聪等老一辈漫画家同为我国第一届全国漫画展览会和全国漫画协会筹委会成员。其间，汪子美创作的彩色肖像漫画《漫画界重阳登高图》，将发起这次展览的部分筹备委员、19位骨干分子刻画得惟妙惟肖，非常传神。

抗日战争爆发，汪子美从上海到南京、经武汉、过长沙、抵桂林，最后辗转来重庆。一路上，他与人民同疾苦、共患难，在中华民族水深火热的岁月里，大声疾呼、呐喊民族奋起抗战。从"阵中画报"向敌人发射"匕首与投枪"。

在大后方陪都如火如荼的日子里，由中华全国漫画界抗敌协会领导，中苏文化协会组织，汪子美与高龙生联合举办了《小人物幻想曲》漫画展，各类题材作品近100幅。有的含蓄隐喻、有的秉笔直刺、有的辛辣无比、有的耐人寻味，刺贪刺虐入木三分。大部分是彩色作品，参观的人很多，影响也很大。据说以前展览均为免费，不收门票；但为了服务抗战义捐筹款，这次实行购票制。尽管如此，参观漫画展者仍是络绎不绝，而且冯玉祥将军与老百姓一道排队购票参观。预展时周恩来、郭沫若亲临现场，给了很好的评价。展览结束后，又安排去了成都、万县、雅安等地进行巡展，历

时3个月，观众达20万人次，轰动巴蜀。日本军方都承认："我们的军事力量很强，但漫画打不过中国！"

汪子美创作的抗日救国类漫画《亲善曲》：画面呈现的是伪"满洲国"皇帝溥仪顶夏朝冠、着夏朝服，左手挥巾，右手舞扇，神情倒也肃穆岸然，唯衣前缀日本膏药旗，且有文字嵌注图下，曰"虽无闭花羞月貌，却有倾国倾城心"，一语道破了其时溥仪复辟卖国的野心；日酋土肥原扶犁，汉奸洒汗奋力，图下文字曰"土肥有原料，殷样汝耕之"，将殷汝耕之类日本鹰犬走狗的丑恶嘴脸尽览无余；日本首相广田挥天舞地，派飞机、驱军舰"进入"中国，图下文字曰"广吾田，以及人之田"；还有日本人手执"亲善提携"条幅，跻身中国城下，图下文字曰"有朋越川而来，不亦亲善乎?"昭揭了日寇侵略扩张的强盗逻辑。其漫画作品《天方夜谭》《首挫其锋》等"有血、有屈辱、有搏斗、有敌人必然的死、也有我们必然的胜利"，反映了"我们当尽我们的能力把敌后方一切可歌可泣的壮烈英雄的事实，用我们纯真的热情的笔把他们写出来……用笔去暴露敌人的残暴，去'消灭'侵略者的灵魂……"

▷　汪子美漫画《合力歼敌》

"嬉笑怒骂皆成文章"的笔法，是汪子美的常用手段和一贯风格。他注重形式美、构图新，造型生动，线如钢丝，弯转自如。既海阔天空横生妙趣，又尖刻辛辣击中要害，锋芒所向披靡，常让被讽刺者有"吐不出来咽不下去"撑死般的难受之感。

汪子美也是一位多才多艺的漫画家，他不但画了大量各类题材、多种形式的漫画，同时还编辑过《抗战漫画》《漫画战线》2个刊物。为《大公报》《新民报》主编漫画副刊和创办《万象》十日刊，实行自编自画、包编包画。特别是《抗战漫画》，是抗战时期的重要刊物，"开中国漫画运动的一个纪元"。由此，汪子美无愧于著名的"抗战漫画家"之称。

《抗战漫画家汪子美》

❖ 王抡楦："棋王"谢侠逊，以象棋报国

谢侠逊毕生以象棋报国，受到人们的敬重。

1915年5月9日，窃国大盗袁世凯与日本帝国主义签订卖国的二十一条条约，群情愤怒，举国声讨。谢侠逊激于爱国义愤，在上海《时事新报》象棋专栏编撰《国耻纪念象棋新谱》，将自鸦片战争以来卖国政府丧权辱国的历史事件，用字形排成三十局棋谱，唤起国人毋忘国耻，团结一心，共同救国，收到很好的宣传效果。

1937年7月7日卢沟桥事变发生，国共第二次合作，全面抗日战争开始。

▷ "棋王"谢侠逊

谢侠逊受到中国共产党抗日民族统一战线的感召，毅然再度赴南洋，访问菲律宾、印尼、马来西亚、新加坡等地，运用象棋表演，对海外侨胞宣传团结抗战的神圣事业，募捐慰劳抗日将士，海外侨胞热爱祖国的激情高涨，无不踊跃输将，所到之处，掀起了抗战救亡的高潮。

1939年谢侠逊来到重庆，仍本象棋报国的素志，在重庆《大公晚报》开辟象棋专栏，编撰象棋残局，宣传国共合作，团结抗日。所用局名如"共纾国难""锄奸诛伪""兴中扫日""士兵至上""内战自杀"等，旗帜鲜明，起到很好的政治影响。

抗战胜利后，国民党违反民意，挑起内战，谢侠逊编写的象棋残局，所用局名如"制止内战""止戈为武""悬崖勒马""救民水火""暴政必败"等，揭露国民党的反动政策，受到广大读者的欢迎。

《棋王谢侠逊》

❖ 张天授：端木蕻良、贺绿汀与《嘉陵江上》

端木原名曹京平，辽宁省昌图县人。抗日战争时期，端木蕻良在复旦大学执教，我是这所学校的学生。我虽没能直接受到他的教诲，但大概是有师生缘分，我们谈话少有拘束。

我们谈起了他创作《嘉陵江上》这首名曲的过程：1939年的一天，诗人方殷来复旦探望端木蕻良。谈兴正浓时，端木蕻良突然冒出句："《松花江上》说出了东北人切肤断肠的苦痛，是一支名曲。我听着，它哭兮兮的，心中总不是滋味。"方殷说："那你就写一首激昂的歌词，我拿去请人谱曲。"

抗日战争爆发后，复旦大学由上海迁来重庆。校址就在北碚的夏坝。校园东头是黄桷镇，西头在东阳镇，靠近嘉陵江。江边有种着两排法国梧桐的林荫道，课前饭后，或迎着晨曦，或踏着残阳，师生们或探讨学习，或议论时事，漫步溜达，听闻悠扬婉转的莺声鸟语，苗圃中玫瑰花喷溢出阵阵芳香和泥土对于生命的呼唤。看到如此美丽的景致，想到东北沦落的故乡，端木蕻良的诗情夺腔而出："那一天，敌人打到了我的村庄。我便失去了我的田舍、家人和牛羊。如今，我徘徊在嘉陵江上，我仿佛闻到了故乡泥土的芳香。一样的流水，一样的月亮，我已失去了一切欢笑和梦想。江水每夜呜咽地流过，都仿佛流在我的心上。我必须回到我的家乡，为了那没有收割的菜花，和那饿瘦了的羔羊。我必须回去，从敌人的枪弹底下回去！我必须回去，从敌人的刺刀丛里回去！把我打胜仗的刀枪，放在我生长的地方！"

这就是端木蕻良的《嘉陵江上》。之后，方殷把这首歌词交给了著名音乐家贺绿汀。贺绿汀平时住在重庆市区，去草街子古圣寺授课，往返在嘉陵江上。一天下午，贺绿汀来到涛声震耳的长江珊瑚坝，望着滚滚东去的江水，贺绿汀立刻产生了仿佛大地母亲在呜咽哭泣的感觉一样。于是，夹杂在缕缕凄凉中的一种复仇情绪强烈地撞击着自己的心头……这天夜里，贺绿汀拨动琴弦，为端木诗作《嘉陵江上》配上了令万千民众情感激荡的曲调。

就这样，《嘉陵江上》从重庆两江之滨飞向抗击侵略者的中国大地，飞扬在世界反法西斯正义斗争的战场。

《端木蕻良、贺绿汀与〈嘉陵江上〉》

❖ 东方旭、陈嘉祥：老舍与抢购黄金案

人们都知道，"舒舍予"就是老舍先生。老舍先生曾被牵连进抗战末期的抢购黄金案。

1945年4月间，日本投降前夕，由于物价飞涨，法币贬值，金融界十分混乱，最高国防委员会为了稳定社会，指示财政当局抛售黄金，使货币回

笼，出现抢购黄金风潮。财政部又采取黄金价上涨以平风潮。执行提价的有关人员根据制度相互保证防止走漏消息，加强保密措施。

就在提价头一天，中央银行黄金销售厅从清晨就有许多人排起长队等待开门购买黄金。显然是消息走漏，有人泄密。长列人群抢购黄金，就引来更多的人加入进来，中央银行销售厅秩序异常紊乱。市警察局长派武装的保警中队至该行维持治安，秩序却越来越乱，吵闹成一团。

次日金价果然上扬，仅一日之隔，每两黄金由2万元调为3.5万元。头一天购得黄金的人自然发了。社会舆论一片哗然，要求彻查走漏消息责任；要求公布购买黄金大户名单。央行发言人为了平息众怒承认，黄金提价走漏消息，是一件央行内部舞弊事件，还将有关人员移送法院。同时公布购买黄金的大户。购买黄金大户名字都非常陌生，其中有"舒舍予"赫然在"榜"。

舒舍予笔名老舍，当时担任抗战文协总务主任执行会长职务，是无党派爱国人士、著名文艺小说家、剧作家。白天忙于会务，晚上写文章，粗茶淡饭两袖清风，有时荷包里连车费都没有的人，哪会是抢购黄金的"黄金大户"呢？著名大作家成为抢购黄金大户，成为让人啼笑皆非的新闻。

老舍开始见报，也只笑一笑。他认为这不过是同名。后来报上炒得厉害，每天有不少记者来追询，为此他不得不查个清楚。他前去拜访警察局长唐毅。

老舍名气大，唐毅热情地接待了他。查清重庆市百万人口中，名叫"舒舍予"的共有11人（包括老舍自己），户口卡片中老舍看到有7个同名人的相片，这11人中有60多岁老妪，有未成年小孩，有清苦的教员，有平民……按照老舍的看法，都不可能是黄金大户。究竟这个黄金大户"舒舍予"是谁？可以断定是没有上户口的第十二人。绝非老舍自己，这一点可以肯定。

这个笑话闹了几个月，由于日本投降。这事才逐渐为人淡忘了。

关于此一桩弊案，法院查出作为替罪羊的是财政部总务司长王绍斋、中央信托局储蓄处长王华等人，各判了若干年，此"舒舍予"案也就不了了之。《商务日报》连日大篇连牍地刊载，要求"打贼打主人"，实际主人已逍遥法外，无人敢追查到底。

这桩抢购黄金的金融大案，后来听内部知情人透露，这第十二个名"舒舍予"者，实际并无其人，是套购黄金的豪门孔二小姐临时用的十几个化名中的一个。所以警察局户口卡上自然查不到的。

《"舒舍予"与抢购黄金案》

❖ 刘光华：灯笼警报举世闻名

为了应付敌机袭击，中国情报部门和防空当局制定了一套相当严密和有效的监空系统和警报制度，在当时可说是领先于全世界的。

每当武汉的日军基地的机群一起飞，潜伏在附近的情报员马上以无线电通知重庆。在敌机来袭沿线布置的监视哨，亦不断拍来敌机的飞行情况。重庆防空部门则按照敌机迫近陪都的远近距离，依次发布表明不同危急程度的警报，并在全市各制高点树立的旗杆上，分别悬挂起相应的不同形式和颜色的灯笼，作为警报标志。在夜间则点亮灯笼，看起来尤其分明。

挂绿色三角形灯笼表示"预袭"，提醒市民敌机已起飞，有可能来袭。挂一个圆形红色灯笼表示"警报"，警告居民准备入防空洞。上下悬挂两个红灯笼是"空袭"，汽笛同时响彻全城，通知市民敌机已迫近，必须立即进入防空洞。悬挂三个红灯笼表示"紧急"，汽笛声忽起忽落，路上断绝车马行人。灯笼全落，汽笛寂然无声，表明敌机现已临空。挂起黑色长方形灯笼，汽笛长鸣不止，表示警报已解除，可以出洞回家。这套警报标志，虽三岁小儿也了若指掌。有些妈妈甚至用"挂起了！"（指挂起警报灯笼）来吓唬啼哭不止的幼儿，常能收到立竿见影的效果。

在此同时，全市公私并举，倚崖建成无数大大小小的防空洞。当局规定，所有防空洞必须穿透地表的赤赫色风化层，一直打到下层坚实的岩石以下才合格。每个防空洞起码要有两个进出口，不少洞还与邻洞相通。讲究的更铺设地板，装有电话、电灯，极个别的还自备小型柴油发电机。全城规模最大的防空洞，当数由防空司令部和市政当局联合开发的大隧道工程，其贯通市中心地下，据说可容纳上万人躲空袭。在当时全世界各大城市中，除了有地铁隧道可利用的伦敦、莫斯科外，其规模堪称第一。

▷　防空警报——红灯笼

上述这套防空体系，在相当一段时期里，虽不能阻遏敌机的侵袭，却使轰炸中的伤亡率降到最低点，因而名闻世界。

《陪都重庆风情画》

❖ 林必忠：民国重庆的民间收藏

民国时期，重庆的民间收藏进入了鼎盛时期。抗日战争伊始，国府迁渝，名流荟萃，除了本土收藏家外，还有大量来渝寓居的外籍收藏家。以集邮为例，各地集邮名家在渝组创集邮社团，出版集邮书，倡导邮学研究，兴办邮票商社，促进集邮交流，活跃集邮气氛，重庆成为当时全国集邮活动的重地。

民国期间的寺庙，普遍收藏经书、文物，著名的有：九龙坡华岩寺有藏经楼阁，收藏经书甚多，其中著名的有明径山方册藏明万历至清初刻本，龙藏清雍正年间内府本，贝叶经、古版佛等；太虚法师在北碚缙云寺创办世界佛学苑汉藏教理院，建密严海楼房一栋，后改为图书室，藏品中以整部佛书为最多，全部藏书分汉文部与藏文部两种，汉文部有大藏经四部，为《频伽藏经》《续藏经》《影印宋碛沙藏经》《日本大正藏经》，藏文部有《经藏》《论藏》及西藏有名大德丛书等，共计3984册，另还开辟有"佛教访问团法物陈列室"，收藏有佛塔、佛像、雕石锦旗、贝叶经、梵文经、缅文经等；渝北宝胜寺高僧释太空从西藏拉萨哲蚌寺带回藏文《大藏经》一部，为西南罕见的珍本；城区治平寺（今罗汉寺）、荣昌宝城寺等均建有藏经楼阁，其中罗汉寺藏经书有汉文、藏文、日文等，品类多、内容齐，位居西南第一。

1926年，重庆基督教青年会用江津巨商邓蟾秋的捐赠，建立蟾秋图书馆；1929年，由重庆天宫街租书社欧均尧发起组成万国藏书楼，征集渝埠藏书家书籍和采购部分新书置于楼中，藏书大部为各藏书家所有。城区"仁爱堂钱币窖藏"是一处1934年以后不久，由法国传教士贮藏的银币窖藏。窖内有银币1720枚，计奥地利、墨西哥、安南（今越南）银币33枚，中国自铸银币1687枚，共计中外银币19种。

1930年3月14日，卢作孚在北碚火焰山东岳庙建立北碚区博物馆，收藏、陈列自然标本。1935年春，47位政界、商界、学界名人曾集会发起筹建"嘉陵三峡博物馆"，参加者有方旭（清宣统时川东兵备道、四川督学）、陈国栋（曾任重庆市市长）、向楚（蜀军政府秘书院院长）等，拟选址北碚的嘉陵江畔，创立博物馆，惜终未成，仅留下"发起嘉陵三峡博物馆题名"横幅。1938年北泉公园主任邓少琴与中国学典馆馆长杨家骆共同创建北泉历史博物馆，杨家骆称该馆为"汇聚西南文物之所"。1944年12月25日，中国西部科学博物馆在北碚文星湾（原中国西部科学院院址）建立，由翁文灏、卢作孚等13人组成理事会，有各类藏品13000余件，成为当时西南地区规模较大的博物馆之一，1946年改名为中国西部博物馆。

《重庆民间收藏的地域特色》

❖ 朱俊：拒缴电费和偷电之风盛行

中华人民共和国成立前的重庆市民口中，流传着这样的俗语："好座重庆城，山高路不平。晚上电灯来，好像红头绳。"

20世纪三四十年代，国民政府统治下的大小军政机关及宪兵、警察、部队等用电拒缴电费和偷电之风盛行。造成电力公司一蹶不振，元气大伤。一次，公司的检查组奉命检查了国民政府检察院（地址即今重庆市中山医院）。检查员们吃惊地发现在当时电力极端紧俏的情况下，所有办公室无论有无人在，都通宵达旦地开着灯，从来不关，以至电灯开关早已锈蚀。这件事现在看来，可能有点小题大做。可电在当时，还不大不小算件奢侈品。至于用电烧水煮饭等超量用电的情形更是屡见不鲜。杨森任市长时，市府所属机关和宿舍滥用电力现象更是特别突出，且大都集中在市政府大机关集中的枣子岚垭一带。当地群众气愤地说："用电不给钱的，比给了钱的还有面子得多。"其间，最有影响的一件事就是曾轰动山城的"胡世合事件"。

1945年2月20日，重庆电力公司工人胡世合被公司派往国民党特务机关"中韩招待所"检查该所的偷电情况，不料却被特务枪杀而亡。后在中共重庆地下党的统一领导下，重庆各界人士纷纷举行了吊唁活动，向国民党政府提出杀人偿命、惩办凶手的正义要求。《新华日报》对此也非常关注并做了充分报道。最终形成了抗战以来第一次大规模的群众性争取民主自由的政治运动。中华人民共和国成立后重庆市话剧团还曾编排了话剧《胡世合事件》，以纪念这段可歌可泣的岁月，此是后话。

《漫话老重庆的电力工业》

❖ 钟永毅：躲重庆的最后一次警报

　　1943年8月23日，重庆城响起了自1941年9月以来的首次警报："呜——"，这是预行警报，各处的警报球台桅杆上也挂上了一个红球，通知大家日寇飞机已过万州（枣子岚垭处还有红球坝地名）。那时我与母亲正在文华街鸿义永外祖祖家，一听到预行警报，大家都忙着收捡重要的东西，准备进防空洞。这是我在重庆第一次躲警报，三姨吴彩宝一手提着装有房契地契的小皮箱，一手牵着我，大家走向鱼市口，到太平门坎下的防空洞。下石梯后，很快找到了防空洞，洞口有防空救护团人士守门，凭防空证入洞，陌生人还要检查身份证。我母亲没有办防空证，经外祖祖家的人说明后，也跟着进入洞里。这时警报声又响了，这是正式警报，桅杆上的红球又增加一个，通知大家敌机已过涪陵，这时街上关门闭户，已无行人。不一会儿外面传来话说，拉紧急警报了，这时敌机已过长寿，就要飞临重庆城上空，人们想起日本侵略者狂轰滥炸造成的惨象，也不由得紧张起来，不知今天炸弹会丢在哪里。

　　人们在洞里，都屏住呼吸。我以前在成都、乐山躲过警报，成都是到郊外，在乐山就是去崖洞或崖墓里，有时也到农家，像重庆这样的正规防空洞，我还是第一次见到。洞内电灯照明，两旁坐着人，中间有通道，空气还算充足。人们在洞里都不高声喧哗，交谈轻言细语，担心着家里是否中弹。约一个多小时，外面传来消息，解除警报了，人们终于松了口气，纷纷走出洞外，忙着回家。

我们从太平门坎下上到林森路（今解放东路），只见街上行人多了起来，冠生园糖果店、环球理发厅已开门营业。进入鱼市口，一看文华街没有火焰、没有浓烟，大家都放下心了。后来得知，那天日本飞机54架次分批空袭重庆，投弹100余枚，死伤近50人。据《重庆市志·大事记》载，这是重庆在抗战时遭受的最后一次轰炸。

《抗战胜利前后重庆见闻》

❖ 唐维华：亚洲第一座跳伞塔

在重庆市渝中区大田湾体育场内，至今仍矗立着一座完好的跳伞塔——陪都跳伞塔，尽管年代久远，它已经不能适应跳伞运动的发展，但它作为中国和亚洲第一座跳伞塔，培养过众多的优秀运动员，其功绩将永载我国体育运动的史册。

抗日战争全面爆发后，重庆成为战时大后方政治、军事、经济、文化的中心，也因此成为日寇战略轰炸的首要目标。中国空军经过淞沪作战、武汉会战的厮杀后，损失惨重，1940年中国空军飞机只剩下100余架，而驻守重庆的空军仅占四分之一，防空力量薄弱，因而在重庆组建伞兵队伍，加强空军建设则成为紧迫任务。为强化空防，推行滑翔运动以补助空军，1941年4月4日，在重庆成立了中国滑翔总会（各省设分会），蒋介石亲自兼任会长，典礼当天举行了滑翔表演。滑翔总会以培养空军干部，促进航空建设，发展国民体育，普及青年教育为宗旨，为促进民众航空兴趣，增强国防意识，中国滑翔总会于6月在北碚即开始勘测修建第一个滑翔机场。

1942年2月15日，北碚滑翔机场举行了隆重的落成暨滑翔机捐献（共10架）典礼，2万多人观看了滑翔表演，与此同时，滑翔总会常务理事、航委会副主任、教育部长陈立夫负责筹建陪都跳伞塔。

▷ 跳伞塔

陪都跳伞塔由我国著名的建筑学家、中国科学院学部委员、当时在重庆基泰建筑工程公司任职、同时也在中央大学建筑系教授建筑设计和建筑学初步概论的杨廷宝先生设计建造。

1942年4月4日，我国第一座跳伞塔在重庆两路口建成，并举行了隆重的庆祝跳伞塔落成暨开塔盛典。落成典礼与中国滑翔总会成立周年纪念大会于下午3时在两路口合并举行。到会的有白崇禧、张治中、谷正纲及特邀到会的国民党元老于右任等500余人。

大会开始，大会主席陈立夫致辞后，把钥匙交给于右任开启塔门，于老先生把伞塔的门打开后，即回首挥臂高呼："塔门已经开了，请全国青年上去吧！"刹那间群情振奋，掌声雷动。

陈立夫先进入塔内，登顶端平台，在一片欢呼声中，首批上塔人员从上面扔下许多木制滑翔机模型，以及许多五颜六色的小降落伞。接着滑翔总会干事郝更生首先试跳，而此时狂风骤起，郝更生沉着镇定地操纵降落伞，终于安全降落。后来由于风势趋猛，原定的特邀几名经过训练的少年进行专场跳伞表演等项目，只好取消。但大会组织者决定，三天之内，全市群众均可免费上塔参观和尝试跳伞。

陪都跳伞塔为钢筋混凝土结构，呈圆锥形，通高38米，实际跳距28米，地平至钢臂处35米，底部直径3.35米，顶部直径1.52米，下部周长为13米。三个跳伞钢支架互为120度，可同时进行训练。当三个跳伞钢支架向外张开时，像钢铁巨人，拥抱蓝天，十分壮观。在当时，陪都跳伞塔的高度和建筑材料之精美，可与世界各国有数之跳伞塔相媲美，因而它不仅是中国也是亚洲第一座跳伞塔。

《陪都跳伞塔的历史沿革》

❖ **张志凡：** 成渝公路全线通车

四川和重庆的公路，开始叫马路，从民国二十二年（1933）起，全川马路改称公路。重庆的公路建设，始于1921年。当时杨森兼任重庆商埠督办，在江北修建了从打鱼湾到东升门堤岸的马路0.5公里，这是重庆有公路的开始。

民国初期，成渝两地开始规划修建成渝公路，在20世纪20年代中期，成渝两地先后动工，1933年成渝公路全线建成通车。此路起自四川省省会成都市，经原古道东大路富庶各县，东至重庆市。从东向西的具体线路是：由渝中区大溪沟起，经上清寺、化龙桥、小龙坎、高滩岩、新桥、山洞、歌乐山、陈家桥、青木关、璧山、永川、大足、荣昌、隆昌、内江、资中、简阳到成都，全程445公里。这是四川境内最重要的干线公路，它贯通成都、重庆两个大城市，并连接长江、嘉陵江水运，在政治、军事、经济、文化、教育上，都有极为重要的作用。

成渝公路的修建，从规划到建成，历时20年。早在1913年，川督兼民政长胡景伊拟修筑成渝马路，委巡督总监戴鸿畴为总办，拨款银元3000元搞勘测，旋因胡氏卸任，路事告停。1919年后，四川军阀连年战乱，互相争雄，刘湘、刘文辉、田颂尧、邓锡侯各据一方，形成军阀割据局面，并美其名曰防区制。他们为改善防区交通，便于军运，增强实力，借以巩固和扩张地盘，在社会舆论"裁军筑路，交通救国"的呼声中，把修路树为新政，以顺应潮流，并借修路的"金字招牌"，乘机抽捐加税。

1921年，刘湘任川军总司令，次年兼任省长，决定筹筑成渝马路，成立省道局，委孙荣为局长，派周骏为督办，督办处设于重庆城区管家巷，并临时聘请美国工程师贝尔克和匈牙利工程师肖飞负责勘测，组成两个勘测队，以东西两段进行测量（东段重庆至内江，西段内江至成都），4月开始测量设计，10月完成测量设计任务。修路经费，采取发行公债、增加税捐和组织官股、私股等办法筹集，实行官商合办，或官督商办。由于军阀割据，难以统一修筑，将成渝马路割成两段施工。西段为成简马路（成都至简阳），1926年元旦动工，1930年6月竣工，路长68公里。东段为渝简马路（重庆至简阳），属二十一军防区，是刘湘企图统一全川的交通要道。1927年，成立渝简马路总局，命师长唐式遵为总办，聘请傅有周为会办兼工务处长、申叔舫为主任工程师、水利专家李仪祉为工程顾问，又令各县驻军组建渝简马路分局，陆续筹款动工，筑路劳力以兵工为主，并有雇工与包工。1933年初，渝简马路竣工，路长377公里，并与成简马路接通。从此修建7年、耗银950万元的成渝公路，全线通车。这条公路的建成通车，使千里之遥的成渝两地，十天路程，一天到达。群众称便，沿途繁荣。

成渝公路是由军阀防区分段修筑的，工程无统一标准，规格不一，路质路况很差，路面宽窄参差，凹凸不平，影响行车。中华人民共和国成立前曾进行过多次整修，路况有所好转。中华人民共和国成立后，又进行多次整修，并将泥结碎石路改为柏油路和水泥路，路况大大好转。

《老成渝公路修建梗概》

❖ 郑体思：盛况空前的三千人爬山运动

在歌乐山的历史上，有一件值得回忆记录下来的史料：那就是1943年春，国立中央大学学生自治会组织的一次全校学生集体爬歌乐山的活动。目的是爬上歌乐山后，再整队去林园，向当时的国民政府林森主席请愿，要求政府接纳全校同学们的请求，一致要挽留当时的中央大学校长颜孟余先生继续留任。

抗战时期，从南京西迁来重庆沙坪坝松林坡的国立中央大学，当时的校长是罗家伦先生。罗校长调职后，由颜孟余先生接任。颜校长到校视事后，继续贯彻罗家伦的办学方针，继续聘请德高望重、知识渊博、教学有方的知名资深教授，狠抓教学质量，抓科学研究，抓图书仪器设备和校内的基本建设……总之，他是一位受到全校教授和同学们一致拥戴的好校长。

1942年冬，突然传来颜校长要坚决辞职的消息，全校师生一致挽留无效，经学生自治会召开全校学生大会，决定停课一天，全体同学爬歌乐山去林园，向国府主席林森请愿，一致要求政府当局挽留颜校长继续留任。颜校长何以辞意坚决？传闻是他拒绝去中央训练团受训，否则，当局就另派他员接任。后来的事态发展，果然已内定某某来接任，全校师生一致反对，纷纷张贴大字报表态。拖了很长一段时间，才决定组织校本部三千余名同学（柏溪一年级分校千名同学除外），集体步行爬山去林园请愿的空前盛举。

林森主席表示理解同学们的意愿，又经过一段时间，才由蒋介石做出决定，由他亲自兼任校长，并调湖南省教育厅厅长朱经农任"教育长"代行校长职务，这场旷日持久的"校长风波"才算告一段落。一年后蒋辞去兼校长职务，才调教育部次长颜毓绣先生接任中大校长。

这次三千多人的爬山活动，往返历时一整天，对同学们来说，是经历了一次很好的体育锻炼。领导这次活动的，是自治会主席、森林系四年级同学周以耕，他常从美国回台湾或大陆母校探亲访友，仍然津津乐道这件往事。颜孟余校长在任时，曾修建了一座全校唯一的永久性砖木结构的大礼堂，至今仍屹立在松林坡重大后门附近，现为重庆大学礼堂。

《歌乐山往事回眸》

◈ 钱棱：震惊中外的美金公债私分案

战时陪都曾发生了震惊中外的美金公债私分案。

日本偷袭美国珍珠港，太平洋战争爆发后，为了牵制日本，减轻太平洋上美军的压力，美国政府贷款五亿美元给蒋介石政府，以加强其军事力量。时任国民政府行政院副院长（院长系蒋介石兼）和财政部部长、中央银行总裁的孔祥熙，决定将这五亿美元中的一亿美元发行美金节约建国储蓄券，一亿美元作发行同盟胜利美金公债的基金，其余三亿购买黄金存入美国。

美金公债由国民政府财政部准备就绪后，于1942年春交中央银行国库局转业务局组织推销。规定按官价汇率，国币20元合美金1元的比例购买公债，到期由中央银行兑付美金。

公债公开发行后，人们并不知道这笔公债确有准备，买者寥寥。不久，借到美金的消息在社会上陆续传开，美金公债销售量急剧增加。到1943年春，销售将近5000万美元之巨。有一天，孔祥熙忽然把业务局长郭景琨找去说，从明天起以业已售完为名，通知各地银行停售美金公债。

过了几个月，社会上流传中央银行职员利用美金公债停售机会私分了美金公债，舆论哗然，参政员黄炎培、傅斯年等在参政会上提出有关美金公债质询案。

质询案反映到蒋介石那里，蒋找黄炎培等谈话后，再派俞鸿钧（代理财政部部长）彻查本案内情。俞鸿钧调查的结果是：美金公债停售以后所剩的约5000万美元，被一些人全部分完。

私分美金公债确是事实。得到美金公债的都是局长、副局长以上人员。有一笔是专分给国库局的职员的。据业务局长郭景琨、国库局长吕咸说，这是为了慰劳行里的有功人员，一切都是通过孔祥熙本人同意办理的。但遍查档案并无片纸只字，这正是孔氏的狡猾之处。

参加美金公债质询案提案人之一的陈赓雅通过其他人冒险搜集到私分美金公债的几笔假账，一笔是1944年2月15日付国币7008万元，摘要栏并无记载，在业务局有价证券公记账户内及该局贴放科账户内各自空转一笔。实际上业务局并未经办此项债款的收付，这说明国库局内部的贪污舞弊。这一笔国币合美金是350万元，据说归孔祥熙一人独得。

第二笔假账是1944年6月3日的国币1.5亿元，再一笔是8月19日的710万元。这两笔账在摘要栏均未记来源，也没照银行业务的正式手续办理，而是由债券科交业务局将债款转保管库开专户保管。这其实是买空卖空。实际公债已被套购到市场上兴风作浪去了。

当时美金对国币官价是1比20，黑市已暴涨到1比250，以官价购卖美金公债再从黑市出售可以大发其财。有人统计这次美金公债私分案，孔祥熙一伙赚得国币26.4亿元。

这是发生在战时陪都重庆的国民党政府高级官员集体贪污舞弊案。但蒋介石在查清此案后处理也是软弱无力的。当时虽对中央银行业务局郭景琨予以逮捕，但郭请端木恺律师辩护，过了几个月就无罪释放了。国库局长吕咸辞职。行政院副院长、财政部长、中央银行总裁孔祥熙慑于社会舆论的压力和国民党内部争权夺位的激烈斗争，不久也先后辞去各个职务。

《战时重庆美金公债私分案》

❖ 杨家华：轰动重庆的大赌案

有八百多年历史的长江上游重镇重庆，是川东地区政治、军事、经济的中心，但这个内陆城市一直很闭塞。清光绪元年（1875）的《马关条约》，使重庆首次成为对外开放的通商口岸，从此，城市日渐繁华热闹，社会风气也日益污浊，烟馆、妓院、赌场比比皆是。民国二十年（1931）9月18日，日本帝国主义悍然出兵占领了中国的东三省，这一震惊中外的事件，使一些有良知的人开始从吃喝嫖赌中解脱出来，但一些官僚政客和流氓阿飞，不顾国家的生死存亡，仍然醉生梦死，聚众赌博。民国二十二年（1933）6月破获的轰动重庆的药王庙大赌案，就是一个很好的例证。

药王庙筷子街四号院内有洋楼数间，洋楼内有一个秘密花宝赌场。该赌场规模宏大，内有汽灯6盏，敞床6间，圈椅16把，睡椅10把，茶几6张，桌子17张，板凳41根，痰盂8个，铁锅4口，茶壶3把，以及许多茶杯、酒杯等日常用品，该赌场是当时重庆市最大的赌窟，一般官军及一些机关要人、豪绅大贾、太太小姐之嗜赌博者趋之若鹜。为杜绝闲杂人进出，特制门票一种，凡入场者，须先花10元购票，方准入内，由4名雇佣专司其事，并有弁兵保护。

国民革命军二十一军军长刘湘得到密报后，大为震怒："现值国难当前，对于赌博早经军部严禁，若辈此种举动，实属藐视法令，影响治安，流毒社会。"因此，特亲自派军部副官处长韩祥麟率领警卫大队，会同警备部巡查队二队，驻龙王庙巡查队一队，二区警署警官，共有武装士兵两个排的兵力，于民国二十二年（1933）6月5日午后，直奔指定地点。武装士兵断绝了罗汉寺一带的交通，包围了门口停有十余乘大轿的花宝赌窟四号院。赌徒很快惊觉，闭门拒捕，一些狡猾者迅速爬上房子，妄图跳楼逃跑，围捕士兵发现后，当即对空鸣枪数响才得以制止。正在这时，手枪大队长周小男和小刘甫澄团长也赶到了，接着强行入内，逐个捉拿捆绑。当场捕获太太小姐李佘氏、著名妓女稽三等女赌犯24人；绅商官员王林均等男赌犯66人。捕人之后对赌窟即行查抄，抄得赌金银元一千三百余元，花宝盒赌具多件。随即将男女赌犯武装押回二十一军军部。回到军部，韩祥麟处长马上打电话，向刘湘军长报告了奉命围捕赌犯的经过。刘湘军长当即命令将男女赌犯交军法处迅速拟办，无论男女不得释放一人。副官处将所抄钱物暂时提存庶务科，随即将赌犯逐一造册移送军法处。

军法处长王祥芸奉命带着夏、黄两军法官来到军法处，设立公堂两处，连夜对男女赌犯分别审讯，从二更时开始，到四更时结束。审讯后，赌金赌具一律没收，赌犯全部押往巴县监狱监禁。（注：当时巴县政府也在重庆，即今市中区。）事发后，各方打电话或面见刘湘的人很多，有的要求释放这个，有的要求释放那个，结果通通遭到了刘湘军长的严词拒绝。

6月7日午后1点钟，刘湘军长派兵将王林均、李佘氏等90名男女赌犯押往中山公园（今大梁子人民公园一带）示众。男赌犯押到球场里边，女赌犯押到中山亭上。同时在各交通要道贴出了罪状布告，公布了男女赌犯的姓名、籍贯等。顿时，重庆城内万人空巷，各界人士纷纷云集中山公园看热闹。

园内人山人海，拥挤不通。8日示众继续进行。连续两天示众后，园内的花草树木被践踏殆尽，公共设施损坏严重。12日刘湘军长派军部冯副官持条前往，将赌场房屋查封，室内器具全部没收。16日刘湘军长发出布告，宣布赌场房屋充公。布告罗列了赌博的危害，望军民"各视殷鉴，勿蹈覆辙"。19日市府核查了市工务处转呈的公园事务所管理员陶纯武的报告，具文呈请二十一军军部拨款473.26元培修公园。

赌犯一再示众，赌金赌具、赌窟内所有器具、赌窟房屋等一律没收。惩罚不能说不严，但重庆的赌博并没有禁绝，甚至越演越烈，从军政界的上层蔓延到下层，从官场蔓延到民间，成了重庆的一种社会病，一直延续到1949年11月重庆国民政府垮台。中华人民共和国成立后，共产党和人民政府采取了一系列禁赌的有效措施，才使赌博这一旧社会遗留下来的丑恶现象在重庆得到遏制。

《轰动重庆的大赌案》

❖ 喻继红：轰动山城的巨骗案

抗战时期，歌乐山警察13分局破获一起巨骗案。家住歌乐山，山洞游龙山33号的容威（男，重庆人，大学文化，化名江流、江嗣芬、江雪柔、容蔚生等）与其妻戈琪（重庆人，大学文化），从1943年始，在重庆神仙洞租得188号房，先后设立"中国导报社""第一信用合作社""华东通讯社""读者之友社"。以招聘编辑、记者、职员、工人为幌子，并以交入社费、保证金为名，凡愿入导报社者，可安排工作。除本人入股股金万元外，须联系10名股友，交齐11万元方可入社，入合作社交股金16万元。入社后既不分配工作，也无薪金，还得自己缴纳伙食费，无钱交者，逼迫离去。入社入股者方知受骗。如不离去，容威、戈琪则以打手驱赶，或以拉漏户，串通警察拘禁。当时受骗者达数百人之多。外来青年和本市失业者曾吉祥、冯俊德、王珍秀等33人为求职被骗300余万元。重大学生陈继莹、周素珍、李光柏、郑忠义等每人被骗20万元，计100万元。

1945年抗战胜利后，南京卫成副总司令万建藩离渝返京，将山洞游龙山13号房屋一幢卖给容威，容威私刻万建藩私章，伪造四十四军通讯区印件，大肆行骗。1946年前往北碚租的醒星湾19号房屋，设立"华东通讯社"，化名江毓芬，自任社长，戈为采访主任，登报招聘编辑、采访、会计等职员若干，每人收费20万元，另收邮费每人2000元。失业者趋之若鹜，计有王成基、陈仁杰、艾颢庄等30余人上当。骗得现金600余万元，潜回重庆。

容、戈二犯近4年内，以招摇诈骗为常业，金额达2000多万元，堪称巨骗。容、戈夫妇将所骗之款，在山洞游龙山购买房屋13号、33号、36号三幢，小轿车一部，吃喝挥霍。容威在市内多家银行开设账户，赌钱输了数百万元，无现款支付，便开空头支票欺骗。

1946年6月容威签发两张支票，共1000万元，交李乐元去山洞川盐银行、永成银行取现，签发100万元175号支票交莫运乾去沙坪坝川康银行取现，签发72万元支票交史一新去重庆福华银行取现。4张支票共计现金1172万元，因容威开户账上并无存款，各银行见票拒绝支付。事经受害人艾颐庄等识破，向歌乐山警察第13分局报告，将容威、戈琪捕获。上百受害者投诉，要求退还骗金，严惩罪犯。

重庆地方法院于1947年9月13日公开审判，由推事王文纲担任审判长，检察官杨方伯莅庭支持公诉，二被告及戈琪委托的律师胡长泽出庭辩护，受骗者王松琴、王珍儒、郑忠义、陈继云、莫运乾、艾颐庄6人到庭作证。开庭前，重庆地方法院第六法庭已挤满数百旁听群众和新闻记者，带着好奇心情，一睹"美丽的女骗子"。有的看不见容、戈二犯，竟爬在庭外窗口上看。审判进行中，木凳因负荷过重，断了腿的不少。是日法庭调查，辩论终结后便休庭。

9月15日上午9时，审判长王文纲审判：容威判处有期徒刑五年，剥夺公权五年，并处罚金一千万元。判戈琪有期徒刑三年，剥夺公权五年。在渝《中央日报》《大公报》《新蜀报》连日报载预审、起诉、公判实况。轰动山城的巨骗案就此了结。

《陪都时期巨骗案》

❖ **胡人朝：**神秘的"灵石"与"石鱼"

重庆"丰年碑"称"灵石"或"雍熙"碑，位于重庆朝天门与长江汇合处的石盘上。据宋人《宝刻丛编》和清代王尔鉴《巴县志》载，"灵石在朝天门汉江（即嘉陵江）水底石盘上，碑形天成，见则年丰，自汉晋以来，皆有题刻"。晁公武《丰年碑题记》，"同观晋唐金石刻，唯唐张孟称光武时题记不可复见矣，惜哉"；《巴县志》又载"每水落碑出，年丰，人争摹拓，数十年不一见，江水极涸，不可得见"。由此可见丰年碑位置低下。因此，为长江上游难得的水下碑林。其中光武题记是长江上游干流最早的枯水水文记载。重庆海关水位的记载不到一百年的历史，光武题记则将上游枯水水文记载，提前了一千九百多年，大大地丰富了枯水资料的历史内容。"丰年"碑林包括了汉、晋、唐、宋、明、清以及民国各代题刻两千多年来共露出水面十七次，即记载了十七个枯水水文年份。最早的一次，是公元25年，最晚的一次是公元1915年，其中以清乾隆五年（1740）正月中浣（正月十日至二十日）"水涸极，下碑石尺余"有定量水文应用价值。"丰年"碑预兆丰年是有一定的科学根据的，需要我们去进一步认识。

▷　涪陵白鹤梁"石鱼"

涪陵白鹤梁"石鱼"位于涪陵城西北长江南岸大江之中，与长江平行，是一长1600米沙质石梁，由于每年枯水季节，常有白鹤、鹭鸶等水鸟栖息于上，故名白鹤梁，梁外水流湍急，是长江正流所在；梁内水流较缓，冬春波平如镜，故当地人民称为"鉴湖"。石梁被江水分成上、中、下三段，石鱼水标及题刻文字，都集中在石梁的中段靠下端的沙岩层的斜面上，分布范围约长70米、宽15米。岩面较为平整，15米高于常年水位2米，呈14.6度的坡度向江心倾斜，依地势刻成，题刻参差不齐横竖倒刻无序，镌鱼14尾，大的长2.8米，宽0.96米系高浮雕；其余为线刻，长度从0.03到1米不等，分布在不同地点和高程上。石鱼出现机会少，时间短，涪陵民间有"石鱼"出水兆丰年的传说，所以每当"石鱼"出水，人们奔走相告，观者如潮，游憩于白鹤梁上观石鱼。石鱼还留下了从唐以来，历代文人墨客，刻诗称颂，记下水情，刻下年、月、日与姓名的记录。随着时间的推移，就形成了一系列的历史枯水水文资料。这些题刻中有很多都具有重要的艺术、历史和科学价值。

《重庆"灵石"与涪陵"石鱼"》

❖ 陈兰荪、陈嘉祥：昙花一现的袍哥银行

在抗日战争胜利后，国民政府召开了国民大会。代表重庆参加国民大会的代表是石孝先，是重庆有文化的少壮派的袍哥领袖，黄埔军校第四期学生，又曾到意大利学习军事。回国后却不务"正"业，利用他父亲的条件组织庞大袍哥组织，以重庆为中心，包括川东、川北、川南等接近重庆的一部分袍哥势力。先后搞过"国民自强社""兰社"。

抗战八年，四川人民作出了很大贡献，一是壮丁，二是粮食。征兵难，征粮难。当时粮食部长徐堪（四川三台人）利用袍哥势力征粮，特请石孝先为"民食供应处处长"。石分别在有关各县设粮供处分所。如五十年后出名的画家陈子庄，当时是"兰社"骨干，担任荣昌县永荣分所主任。石孝先当处长头一年搞得很有成绩，次年却出了问题。石的兄弟伙，叙泸分所主任把公款挪用贩运毒品，在昆明翻船，人也跑了。袍哥内部有一条规矩："不能拉稀摆带。"石不仅引咎辞职，还要赔钱。这一笔钱不少，石孝先正在盘算卖田卖地卖房产以填补上拜把弟兄给他摆下的"祸事"时，却遇到

意想不到的转机。

辛亥革命时，曾任广州孙文大元帅府秘书长的杨沧白是同盟会重庆负责人，由他率领同盟会和民间武装，迫使重庆府和巴县清廷官员投降交印，使重庆和平反正。这支民间武装的头人之一就是石孝先的父亲石清阳。在推翻清廷和反袁斗争中，石清阳的这支武装以后扩大为一个军，全部交给了当时政府。从一支数百人的"民间武装"开始，其武器装备等开支都是石私人垫付，同盟会决定对石垫付军费一律给予借条，待革命成功后偿还。革命成功后，石当上实业科长，一直上升为中央特任官——中央蒙藏事务委员会委员长。因此生前也没提借条和还款之事。

石清阳虽死，但杨沧白还健在，此时正住在石清阳南岸公馆养病。见石孝先愁眉不展、唉声叹气，想不出更好办法以既能弥补上这笔巨款，又不致倾家荡产，于是把同盟会欠石家大笔款项之事告诉了石孝先。全家立即清理石父的旧物，果然找到几张同盟会的欠条。徐堪本是财政部次长上调粮食部长的，所以，十分乐意帮石孝先要回这一大笔"银元欠款"，不但还清了粮食部的钱，还剩余不少，据说有数十万银元。

大家知道石孝先发财了，各种建议都有了。最后，石孝先听取了杨沧白的意见，办一个银行。杨沧白替银行取名为"海丰银行"。在小什字附近买了门面择吉开张。

开张之日，小什字、会仙桥、都邮街一带都热闹起来，送来的花篮摆成了长龙。财政部部长孔祥熙、粮食部长徐堪、重庆市市长贺国光及有关政府官员都亲来祝贺。银行的人事安排，杨沧白董事长、石孝先总经理、潘纯嘏总稽核（为石的亲姐夫，是石身边唯一财会专家）。除潘外，包括石本人全不懂经商，对银行业务毫无常识。加上石孝先这一笔钱来得太容易，同时石本来就是大少爷出身，用钱如流水，无章法可言。开始，石孝先要求照正规银行业务办理，号召兰社兄弟伙向海丰存款。但是新银行难以取信于人；这些人银行业务不懂，为了银行利益，拿出袍哥看家本领，搞运毒、贩毒买卖。此时重庆蒋介石本人担任禁毒总监，实际是自己统制（由戴笠主持），严禁别人贩毒。石孝先这家海丰银行贩毒也遭到破获，业务不振，仅仅一年时间，石知道干不下去，赶快收摊子，才办了一个"益三银公司"代替银行。由于"下马"得快，还算未"蚀"个精光，留了点本钱，在市中区沧白路开了一家"沧白旅馆"，作为后来国大竞选的"总部"，总算当上了"国大代表"。

海丰银行这家重庆的袍哥银行，在陪都重庆市的金融界，犹如昙花一现，泛起一点水花，便消失得无影无踪了。

《昙花一现的袍哥银行》

❖ 罗承烈："六二"大逮捕案

抗日战争胜利了，有的人一面忙于发"接收"财，一面准备打内战，国共两党之间的矛盾并未得到解决。特别是当时全国青年学生、进步人士所掀起的反饥饿，争温饱，反内战，争和平，争生存，争自由的浪潮，风起云涌。当局惊恐了，即事先制造共产党要搞"暴动"的谣言，并为"杀鸡给猴看"，于1946年6月1日晚，出动了大批军警，一夜之间在全市各报社和大专院校逮捕了270多人，制造了震惊中外的"六二"大逮捕案。其中被捕去的有大公、新民、商务、世界等报的总编辑、编辑、采访主任、外勤记者等共39人。这些被捕的人未经审讯，即由当局在报上发布消息，强加以莫须有的罪名，经过各报负责人多方奔走求情，同时又要求公开审判，以辨真伪，当局拿不出真凭实据，纠缠了一段时间，也没有看到哪里在"暴动"，不得不先后取保释放这些人。从此，重庆新闻界更加提高警惕，雾沉沉的山城也越发黯淡无光。

《抗战时期的重庆新闻界》

❖ 吴天培：高秉坊案件始末

古今中外，不论任何国家，贪污舞弊都是违法的，当然应受到国法惩办。在国民党统治时期也不例外。抗日战争末期，发生在重庆歌乐山地区一起轰动全国的贪污大案——"高秉坊案件"，即是典型的一例。

高秉坊系国民党政府财政部直接税署署长，是当时国内知名度较高的税务专家，颇受财政部部长孔祥熙的青睐和重用。就是这样身居要职的税官也是不干不净的，他在任职期间（1940—1945）针对商人偷税漏税情况严重，便着手进行治理，制定了一系列的征管办法，加强对一时营利事业所得税的征收，其中最主要的是搞了一个"一丙"缴税保证金（"一丙"即一时营利事业所得税一类丙项的简称），对一时营利商人，按持货估计总值，预征税款25%。商人如在五个月内，不申报纳税，逾期即将原缴纳之保证金拨充税款，上缴国库。这个办法，对制止商人偷税漏税是有效果的。但身为直接税署署长要职的高秉坊却利用这个办法，干了营私舞弊的勾当。本来这件事，上面制定政策和办法就行了，至于如何贯彻落实，那是基层税务部门的事，但高秉坊采取一竿子到底，过问此事，并私自决定，将预收商人的保证金，仅重庆地区（包括重庆直接税分局、重庆市营业税处）自1940年4月至1944年6月，共征收法币1039万余元，除退还商人260万余元外，余有779万余元，分别存入重庆银行和亚细亚实业银行（均非国家银行），前者不计利息，后者年利八厘。已收的"一丙"保证金，按月计算，均超过五个月的期限，按规定，应拨充税款，上缴国库。但高秉坊意图为自己及其领导的机构，以及第三人不法之利得，不依办法，先后予以截留，并假借购置和修建员工宿舍、订购办公用品、垫付米代金、开办训练班等各种名义，予以非法挪用，被挪用的金额，全国各地共计为一千三百万元以上。除上述名义外，更严重的是挪用此款，来经商牟利和存放私人银行，谋取利息，高秉坊还作出决定，除他本人批准外，任何人不得提用此款。

此案经检举告发，由蒋介石侍从官直接交办，并经审计部及"中统""军统"两特务机关组织专案调查，由重庆实验地方法院检察官向重庆实验地方法院提起公诉，在开庭审理过程中，高秉坊聘请了全国著名律师章士钊、陈述虞、张冕等为他辩护。终因高秉坊与全国各地直接税分局串通一气徇私舞弊，图谋私利，事实俱在，未能逃脱法办。1945年6月30日，重庆实验地方法院审理终结，判处高秉坊死刑。由于高不服，经上诉，后经复查以及财政部部长孔祥熙向蒋介石说情，才于1946年1月29日改判无期徒刑，直到1949年底重庆解放，高才出狱，回原籍。

此案发生于抗日战争末期，它从一个侧面，反映国民党政府腐败已极，贪污成风，人民怨声载道，蒋介石迫于社会舆论之压力，不得不采取"杀鸡吓猴"之法，抓典型，严惩法办，以缓和人民对其政权之反抗。

《"高秉坊案件"始末》

巴渝印象·朝暮江声鼓角中

❖ 张恨水：雾之美

居重庆六年，饱尝雾之气氛。雾可厌，亦可喜；雾不美，亦极美，盖视季节环境而异其趣也。大抵雾季将来与将去时，含水分极多，重而下沉，其色白。雾季正盛时，含水分少，轻而上浮，其色青。青雾终朝弥漫半空，不见天日，山川城郭，皆在愁惨景象中，似阴非阴，欲雨不雨，实至闷人。若为白雾，则如秋云，如烟雨，下笼大地，万象尽失。杜甫诗谓"春水船如天上坐"，若浓雾中，己身以外，皆为云气，则真天上居也。

白雾之来也以晨，披衣启户，门前之青山忽失。十步之外丛林小树，于薄雾中微露其梢。恍兮忽兮，得疏影横斜之致。更远则山家草屋，隐约露其一角。平时，此家养猪坑粪，污秽不堪而破壁颓篱，亦至难寓目。此时一齐为雾所饰，唯模糊茅顶，有如投影画。屋后为人行路，遥闻赶早市人语声，在白云深处，直至溪岸前坡，始见三五人影，摇摇烟气中来，旋又从烟气中而消失，微闻村犬汪汪然，在下风吠客，亦不辨其出自何家也。

一二时后，雾渐薄，谷中树木人家，由近而远，次第呈露。仰视山日隔雾层而发光，团团如鸡子黄，亦至有趣。又数十分钟，远山显出，则天色更觉蔚蓝，日光更觉清朗，黄叶山村，倍有情致矣。

《山窗小品》

❖ 凯礼：山城晓雾

重庆的朝天门，左面是嘉陵江，右面是长江，城门虽已拆除，由地图

▷ 朝天门码头旧影

▷ 朝天门入城石梯

上看来，此门的位置恰在两川汇合点的中央，好似仰着脖子朝天望，可称名副其实。在枯水的时候，嘉陵江的水是绿色，长江的水是黄褐色。由朝天门至嘉陵江北面的江北县，两水一清一浊，成一直线，绝不相混。有时绿色水为黄色水所包围，形成一圆圈，一圈一圈地随流而下，蔚为奇观。

重庆的地方，一交冬令，天无三日晴。晴、雾、雨、阴，常是很合节奏地连环着。雾大的时候，对江的山，一些也看不见。终年不下雪，并不过于寒冷。由于这些具备的天时条件，对于农作物是很有利益。只要时常洒几点雨，就能补偿灌溉的缺乏，泥土受到怎样好的滋润，四川哪得不称为天府之国？

《巴蜀见闻录》

❖ 朱自清: 重庆一瞥

重庆的大，我这两年才知道。从前只知重庆是一个岛，而岛似乎总大不到哪儿去的。两年前听得一个朋友谈起，才知道不然。他一向也没有把重庆放在心上。但抗战前二年走进夔门一看，重庆简直跟上海差不多；那时他确实吃了一惊。我去年七月到重庆时，这一惊倒是幸而免了。却是，住了一礼拜，跑的地方不算少，并且带了地图在手里，而离开的时候，重庆在我心上还是一座丈八金身，摸不着头脑。重庆到底好大，我现在还是说不出。

从前许多人，连一些四川人在内，都说重庆热闹，俗气，我一向信为定论。然而不尽然。热闹，不错，这两年更其是的；俗气，可并不然。我在南岸一座山头上住了几天。朋友家有一个小廊子，和重庆市面对面儿。清早江上雾漾漾的，雾中隐约着重庆市的影子。重庆市南北够狭的，东西却够长的，展开来像一幅扇面上淡墨轻描的山水画。雾渐渐消了，轮廓渐渐显了，扇上面着了颜色，但也只淡淡儿的，而且阴天晴天差不了多少似的。一般所说的俗陋的洋房，隔了一衣带水却出落得这般素雅，谁知道？再说在市内，傍晚的时候我跟朋友在枣子岚垭、观音岩一带散步，电灯亮了，上上下下，一片一片的是星的海，光的海。一盏灯一个眼睛，传递着密语，像旁边没有一个人。没有人，还哪儿来的俗气？

▷　觉林寺报恩塔

　　从昆明来，一路上想，重庆经过那么多回轰炸，景象该很惨罢。报上虽不说起，可是想得到的。可是，想不到的！我坐轿子，坐洋车，坐公共汽车，看了不少的街，炸痕是有的，瓦砾场是有的，可是，我不得不吃惊了，整个的重庆市还是堂皇伟丽的！街上还是川流不息的车子和步行人，挤着挨着，一个垂头丧气的也没有。有一早上坐在黄家垭口那家宽敞的豆乳店里，街上开过几辆炮车。店里的人都起身看，沿街也聚着不少的人。这些人的眼里都充满了安慰和希望。只要有安慰和希望，怎么轰炸重庆市的景象也不会惨的，我恍然大悟了。——只看去年秋天那回大轰炸以后，曾几何时，我们的陪都不是又建设起来了吗？

《重庆一瞥》

❖ 丰子恺：沙坪的酒

沙坪的酒，当然远不及杭州上海的绍兴酒。然而"使人醺醺而不醉"，这重要条件是具足了的。人家都讲究好酒，我却不大关心。有的朋友把从上海坐飞机来的真正"陈绍"送我。其酒固然比沙坪的酒气味清香些，上口舒适些；但其效果也不过是"醺醺而不醉"。在抗战期间，请绍酒坐飞机，与请洋狗坐飞机有相似的意义。这意义所给人的不快，早已抵消了其气味的清香与上口的舒适了。我与其吃这种绍酒，宁愿吃沙坪的渝酒。

"醉翁之意不在酒"，这真是善于吃酒的人说的至理名言。我抗战期间在沙坪小屋中的晚酌，正是"意不在酒"。我借饮酒作为一天的慰劳，又作为家庭聚会的助兴品。在我看来，晚餐是一天的大团圆。我的工作完毕了；读书的、办公的孩子们都回来了；家离市远，访客不再光临了；下文是休息和睡眠，时间尽可从容了。若是这大团圆的晚餐只有饭菜而没有酒，则不能延长时间，匆匆地把肚皮吃饱就散场，未免太功利的，太少兴趣。况且我的吃饭，从小养成一种快速习惯，要慢也慢不来。有的朋友吃一餐饭能消磨一两小时，我不相信他们如何吃法。在我，吃一餐饭至多只花十分钟。这是我小时从李叔同先生学钢琴时养成的习惯。那时我在师范学校读书，只有吃午饭后到一点钟上课的时间，和吃夜饭后到七点钟上自修的时间，是教弹琴的时间。我十二点吃午饭，十二点一刻须得到弹琴室；六点钟吃夜饭，六点一刻须得到弹琴室。吃饭，洗碗，洗面，都要在十五分钟内了结。这样的数年，使我养成了快吃的习惯。后来虽无快吃的必要，但我仍是非快不可。这就好比反刍类的牛，野生时代因为怕狮虎侵害而匆匆地把草吞入胃内，急忙回到洞内，再吐出来细细地咀嚼，养成了反刍的习惯；做了家畜以后，虽无快吃的必要，但它仍是要反刍。如果有人劝我慢慢吃，在我是一件苦事。因为慢吃违背了惯性，很不自然，很不舒服。一天的大团圆的晚餐，倘使我以十分钟了事，岂不太草草了？所以我的晚酌，意不在酒，是要借饮酒来延长晚餐的时间，增加晚餐的兴味。

沙坪的晚酌，回想起来颇有兴味。那时我的儿女五人，正在大学或专科或高中求学，晚上回家，报告学校的事情，讨论学业的问题。他们的身体在我的晚酌中渐渐地高大起来。我在晚酌中看他们升级，看他们毕业，看他们任职，就差一个没有看他们结婚。在晚酌中看成群的儿女长大成人，照一般的人生观说来是"福气"，照我的人生观说来只是"兴味"。这好比饮酒赏春，眼看花草树木，欣欣向荣，自然的美，造物的用意，神的恩宠，我在晚酌中历历地感到了。陶渊明诗云："试酌百情远，重觞忽忘天。"我在晚酌三杯以后，便能体会这两句诗的真味。我曾改古人诗云："满眼儿孙身外事，闲将美酒对银灯。"因为沙坪小屋的电灯特别明亮。

还有一种兴味，却是千载一遇的：我在沙坪小屋的晚酌中，眼看抗战局势的好转。我们白天各自看报，晚餐桌上大家报告讨论。我在晚酌中眼看东京的大轰炸，墨索里尼的被杀，德国的败亡，独山的收复，直到波士坦宣言的发出，八月十日夜日本的无条件投降。我的酒味越吃越美。我的酒量越吃越大，从每晚八两增加到一斤。大家说我们的胜利是有史以来的一大奇迹。我更觉得奇怪。我的胜利的欢喜，是在沙坪小屋晚上吃酒吃出来的！所以我确认，世间的美酒，无过于沙坪坝的四川人仿造的渝酒。我有生以来，从未吃过那样的美酒。即如现在，我已"胜利复员，荣归故乡"；故乡的真正陈绍，比沙坪坝的渝酒好到不可比拟。我也照旧每天晚酌；然而味道远不及沙坪坝的渝酒。因为晚酌的下酒物，不是物价狂涨，便是盗贼蜂起；不是贪污舞弊，便是横暴压迫！沙坪小屋中的晚酌的那种兴味，现在了不可得了！唉，我很想回重庆去，再到沙坪小屋里去吃那种美酒。

《沙坪的酒》

❖ 朱自清：重庆的热

　　昆明虽然不见得四时皆春，可的确没有一般所谓夏天。今年直到七月初，晚上我还随时穿上衬绒袍。飞机在空中走，一直不觉得热，下了机过渡到岸上，太阳晒着，也还不觉得怎样热。在昆明听到重庆已经很热。记起两年前端午节在重庆一间屋里坐着，什么也不做，直出汗，那是一个时雨时晴的日子。想着一下机必然汗流浃背，可是过渡花了半点钟，满晒在太阳里，汗珠儿也没有沁出一个。后来知道前两天刚下了雨，天气的确清凉些，而感觉既远不如想象之甚，心里也的确清凉些。

　　滑竿沿着水边一线的泥路走，似乎随时可以滑下江去，然而毕竟上了坡。有一个坡很长，很宽，铺着大石板。来往的人很多，他们穿着各样的短衣，摇着各样的扇子，真够热闹的。片断的颜色和片断的动作混成一幅斑驳陆离的画面，像出于后期印象派之手。我赏识这幅画，可是好笑那些人，尤其是那些扇子。那些扇子似乎只是无所谓地机械地摇着，好像一些无事忙的人。当时我和那些人隔着一层扇子，和重庆也隔着一层扇子，也许是在滑竿儿上坐着，有人代为出力出汗，会那样心地清凉罢。

　　第二天上街一走，感觉果然不同，我体会了重庆的热了。扇子也买在手里了。穿着成套的西服在大太阳里等大汽车，等到了车，在车里挤着，实在受不住，只好脱了上装，折起挂在膀子上。有一两回勉强穿起上装站在车里，头上脸上直流汗，手帕子简直揩抹不及，眉毛上、眼镜架上常有汗偷偷地滴下。这偷偷滴下的汗最叫人担心，担心它会滴在面前坐着的太太小姐的衣服上，头脸上，就不是太太小姐，而是绅士先生，也够那个的。再说若碰到那脾气躁的人，更是吃不了兜着走。曾在北平一家戏园里见某甲无意中碰翻了一碗茶，泼些在某乙的竹布长衫上，某甲直说好话，某乙却一声不响地拿起茶壶向某甲身上倒下去。碰到这种人，怕会大闹街车，而且是越闹越热，越热越闹，非到宪兵出面不止。

▷　1945 年，乘坐公共汽车的重庆市民

　　话虽如此，幸而倒没有出什么岔儿，不过为什么偏要白白地将上装挂在膀子上，甚至还要勉强穿上呢？大概是为的绷一手儿罢。在重庆人看来，这一手其实可笑，他们的夏威夷短裤儿照样绷得起，何必要多出汗呢？这儿重庆人和我到底还隔着一个心眼儿。再就说防空洞罢，重庆的防空洞，真是大大有名、死心眼儿的以为防空洞只能防空，想不到也能防热的，我看沿街的防空洞大半开着，洞口横七竖八地安些床铺、马扎子、椅子、凳子，横七竖八地坐着、躺着各样衣着的男人、女人。在街心里走过，瞧着那懒散的样子，未免有点儿烦气。这自然是死心眼儿，但是多出汗又好烦气，我似乎倒比重庆人更感到重庆的热了。

《重庆行记》

❖ 李劼人：从吃茶漫谈重庆的忙

到重庆，第一使成都人惊异的，倒不是山高水险，也不是爬坡上坎，而是一般人的动态，何以会那么急遽？所以，成都人常常批评重庆人，只一句话："翘屁股蚂蚁似的，着着急急地跑来跑去，不晓得忙些啥子！"由是，则可反映出成都人自己的动态，也只一句话："太懒散了！"

懒散近乎"随时随地找舒服"。以坐茶馆为喻罢，成都人坐茶馆，虽与重庆人的理由一样，然而他喜爱的则是矮矮的桌子，矮矮的竹椅——虽不一定是竹椅，总多半是竹椅变化出来，矮而有靠背，可以半躺半坐的坐具——地面不必十分干净，而桌面总可以邋遢点而不嫌打脏衣服，如此一下坐下来，身心泰然，所差者，只是长长一声感叹。因此，对于重庆茶馆之一般高方桌、高板凳，光是一看，就深感到一种无言的禁令："此处只为吃茶而设，不许找舒服，混光阴！"

只管说，"抗战期中"，大家都要紧张。不准坐茶馆混光阴，也算是一种革命的"新生活"的理论。但是，理论家坐在沙发上却不曾设想到凡旅居在重庆的人，过的是什么生活呀！斗室之间，地铺纵横，探首窗外，乌烟瘴气，镇日车声，终宵人喊，工作之余，或是等车候船的间隙，难道叫他顶着毒日，时刻到马路上去作无益的体操吗？

我想，富有革命性的理论家，除了设计自己的舒服外，照例是不管这些的。在民国十二年当中，杨子惠先生不是用"杨森说"的标语，普遍激动过坐茶馆的成都人："你们为什么不去工作"，而一般懒人不是也曾反问过"请你拿工作来"吗？软派的革命家劝不了成都人坐茶馆的恶习，于是硬派的革命家却以命令改革过重庆人的脾胃，不许他们坐茶馆，喝四川出产的茶，偏要叫他们去坐花钱过多的咖啡馆，而喝中国不出产必须舶来的咖啡、可可，以及彼时产量并不算多、质地也并不算好的牛奶。

好在"不近人情"的，虽不概如苏老泉所云"大抵是大奸慝"，然而终久会被"人情"打倒，例如重庆的茶馆：记得民国三十年大轰炸之后，重庆的瓦砾堆中，也曾在如火毒日之下，蓬蓬勃勃兴起过许多新式的矮桌子、矮靠椅的茶馆，使一般逃不了难的居民，尤其一般必须勾留在那里的旅人，深深感觉舒服了一下。不幸硬派的革命下来了，茶馆一律封闭，只许改卖咖啡、可可、牛奶，而喝茶的地方，大约以其太不文明之故，只宜于一般"劣等华人"去适应，因才规定：第一不许在大街上；第二不许超过八张方桌；第三不许有舒适的桌椅。谢谢硬派的"作家"，幸而没有规定：只许站着喝！一碗茶只需五秒钟！

如此"不近人事"地推销西洋生活方式——请记着：那时我们亲爱的美国盟友还没有来哩——其不通之理由，可以不言，好在抗战期间，"命令第一"，你我生活于"革命"之下，早已成了习惯。单说国粹的茶馆，到底不弱，过了一些时候，还是侵到大街上了，还是超过了八张方桌，可惜一直未变的，只是一贯乎高桌子、高板凳，犹保存重庆人所必需的紧张意味，就是坐茶馆罢，似乎也不需要像成都人之"找舒服"！

《从吃茶漫谈重庆的忙》

❖ 沧一：重庆，川人心中的"小上海"

重庆是一座山城，她正和香港一样，迂回的马路和高矗的洋房，都是建筑在山顶上的，只是富丽堂皇不及香港罢了。这里是长江上游最重要的一个城市，四川进出口货的咽喉。用全国地形比拟来说，她正如居全国首位的上海——四川人早就将她称作"小上海"了！

是的，重庆真是一个大上海的缩影。除了没有洋鬼子的租界外，这里几乎应有尽有。不曾到过的人，总以为她是内地落伍的不堪想象的一个城市；但实情一经入他眼帘之后，他就要疑心他是置身于繁华的上海了！在战前，这里到上海的交通，有直航的飞机和轮船。所以她的摩登设备，更加易于接近上海。现在，到上海是要从香港兜圈子了；然而这里到香港是很方便的：只需半天的航程就可飞到。

▷ 1920 年的渝中半岛

从"八一三"后，一般金融界工商界，都感到上海的立足不易，相率迁移来川的很不少。如交通银行、上海银行、浙江兴业银行等，都在此设立了分行。而工商界移来的更不下数百家。许多工厂已将机器运到，先后在此附近开工了。这对于四川前途的发展，很有不少的助力。商家呢，有沪杭的绸缎店，有冠龙、大都会等照相馆，有大三元、小有天等吃食店，有苏州、南京等处的种种老招牌。几乎到处都可以看见"南京""上海"等字样！甚至连秦淮河的歌女们也随了国难到此张了艳帜！这地方实已成为一个很复杂的都会了。

《重庆现状》

❖ **王群生：**战火中的市民心态

废墟中一次次再建的街市，依然繁荣。同时，无论是钢铁厂、冶金厂、食品厂、印刷厂、纺织厂、军备厂、兵工厂，一切为了前线，一切为了抗日，机器轰鸣、昼夜不停，工人们顶着敌机的轰炸、扫射，挥汗如雨、辛勤劳动，加班加点地生产着大后方百姓们不可或缺的日用品，以及抗日前线将士们急需的军用品；同时，猛烈的轰炸声里，消防人员与市民组成的义务消防队，正在与火魔搏斗；市民救护队与僧尼救护队的男女队员，正在残垣断壁中抢救受伤的民众；冯玉祥将军、宋氏三姐妹等著名爱国人士，号召、组织抗日献金运动……轰炸在进行，城市在运转，生活在前进，这就是战时首都重庆的真实写照。

我就是在那特殊、惨烈、悲壮的环境与岁月中，度过了血与火的童年。那时，我们所有孩子们的脖颈上都吊着一块小木牌，上面写有姓名、住址、学校、家庭情况，以备不时之需。被家长、教师领着躲警报、钻防空洞，几乎填满了我童年所有的时间、空间与记忆。而那时，所有的机关、学校、工厂、商店、企业，以及所有的重庆市民，早已在日夜不停顿、无间隙的大轰炸中，形成了一套从容应对的生活方式。正如当时的民谣所唱："任你龟儿子凶，任你龟儿子炸，格老子我就是不怕；任你龟儿子炸，任你龟儿子恶，格老子豁上命出脱！"是的，火爆的重庆人，就是这股劲头——不怕！让我记忆尤为深刻的是，当年被炸的废墟上，有抗日宣传工作者涂写的大字标语："愈炸愈强！"绘制的大幅抗日漫画，会同街头巷尾潮涌般的抗日歌声、抗日口号，烘托出整个重庆一派同仇敌忾的勇气与信心。

▷ 防空洞内坚持工作的重庆市民

　　"重庆大轰炸"中的市民心态，就是如此的平常、勇敢、幽默、坚强。在大轰炸中不断重建的这座不屈的城市里，市民照样在茶馆里喝茶、聊天，交换前线消息，高声咒骂日本鬼子，在简陋的抗战夹壁房里生活；商店照样开业，工厂照样生产；同时，就在这座不屈的城市，著名作家老舍写出他的《四世同堂》，郭沫若写出他的《屈原》《甲申三百年祭》，茅盾写出他的《腐蚀》，吴祖光写出他的《风雪夜归人》；在这座不屈的城市，也造就了万人空巷、盛况空前的"雾季演出"，造就了一批驰名中外的电影明星、戏剧大师。白杨、秦怡、张瑞芳、舒绣文、吴茵、赵丹、金山、舒适、项垄、应云卫、陈鲤庭等，镶嵌着抗日陪都的星空。

《"重庆大轰炸"中的市民》

❖ 张恨水：重庆的房子

重庆的房子包括川东沿江的码头，那是世界上最奇怪的建筑。那种怪法，怪得川外人有些不相信。比如你由大街上去拜访朋友，你一脚跨进他的大门，那可能不是他家最低的一层，而是他的屋顶。你就由这屋顶的平台上，逐步下楼，走进他的家，所以住在地面的人家，他要出门，有时是要爬三四层楼，而大门外恰是一条大路，和他四层楼上的大门平行。这是什么缘故？因为扬子江上溯入峡，两面全是山，而且是石头山。江边的城市，无法将遍地的山头扒平。城郭街道房屋，都随了地势高低上下建筑。街道在山上一层层地向上横列地堆叠着，街两旁的人家，就有一列背对山峰，也有一列背对了悬崖。背对山峰的，他的楼房，靠着山向上起，碰巧遇到山上的第二条路，他的后门，就由最高的楼栏外，通到山上。这样的房子还不算稀奇。因为你不由他的后门进去，并不和川外的房屋有别的。背对了悬崖的房屋，这就凭着川人的巧思了。悬崖不会是笔陡的，总也有斜坡。川人将这斜坡，用西北的梯田制，一层层的铲平若干尺，成了斜倒向上堆叠的大坡子。这大坡子小坦地，不一定顺序向上，尽可大间小，三间五，这样的层次排列。于是在这些小坦地上，立着砖砌的柱子，在上面铺好第一层楼板。那么，这层楼板，必须和第二层坦地相接相平。第二层楼面就宽多了。于是在这一半楼面一半平地的所在，再立上柱子，接着盖第三层楼。直到最后那层楼和马路一般齐，这才算是正式房子的平地。在这里起，又必须再有两三层楼面，才和街道上的房子相称。所以重庆的房子，有五六层楼，那是极普通的事。

▷ 江岸边的民居

　　可是这五六层楼，若和上海的房子相比，那又是个笑话。他们这楼房，最坚固的建筑，也只有砖砌的四方柱子。所有的墙壁，全是用木条子，双夹的漏缝钉着，外面糊上一层黄泥，再抹石灰。看去是极厚的墙，而一拳打一个窟窿。第二等的房子，不用砖柱，就用木柱。也不用假墙，将竹片编着篱笆，两面糊着泥灰，名字叫着夹壁。还有第三等的房子，那尤其是下江人闻所未闻。哪怕是两三层楼，全屋不用一根铁钉，甚至不用一根木柱。除了屋顶是几片薄瓦，全部器材是竹子与木板。大竹子作柱，小竹子作桁条，篱片代替了大小钉子，将屋架子捆住。壁也是竹片夹的，只糊一层薄黄泥而已。这有个名堂，叫捆绑房子。由悬崖下向上支起的屋子，屋上层才高出街面的，这叫吊楼，而捆绑房子，就照样的可以起吊楼。唯其如此，所以重庆的房子，普通市民，是没有建筑上的享受的。

《纸醉金迷》

❖ 张凤林：山城奇葩——吊脚楼

重庆的吊脚楼多建在靠江的岩坡上，依靠山势在岩石和斜坡土地上而建，形态多样，有吊脚、吊层（楼层）、错层、贴岩，那层层叠叠的吊脚楼组群，可称巴渝一大奇观。

吊脚楼是劳动人民的创造，是平民老百姓，在依山傍水的山城，到处是坡坡坎坎之地，利用有限的空间创造出来的。建筑学教授评价说："吊脚楼最大的特点是利用空间创造出居住的空间"，"适应地形变化，在不可能利用的空间、创造出空间建房，是吊脚楼建筑思想之精髓所在"。"它不是美在建筑，而是美在跟地形完美的结合。"

重庆吊脚楼在东汉时期就有，并呈规模发展之势，抗日战争时期随着迁都，人流增多，吊脚楼建筑达到高峰。重庆主城区（今渝中区）临江门、洪崖洞、华一坡、菜园坝沿江一带都是吊脚楼。20世纪50年代前吊脚楼多系楠竹捆绑穿逗结构或木柱篾笆墙。60年代后，逐渐改为砖柱、夹壁墙或水泥板、砖墙。但最有特色的是楠竹捆绑穿逗结构的吊脚楼。碗口粗的楠竹竖在岩上，直竖、斜竖交织起，作房子的基脚支撑整个房屋。房屋结构都是用竹篾条捆扎，木板铺地，竹篾做墙或木板做墙。一般都建两层，有的建三层楼，临江开窗，有的外挑有木、竹栏杆（类似现在阳台），房屋背江的那面，有的从二楼临街，街上一层街下一层，出入十分方便，可以上街走马路，可以下石梯到江边，又可凭栏望江，享受着凉爽的河风，这种住房，看起来十分简陋，但很经济实用。那一幢幢吊脚楼，依山城高低起伏不平的地势，形成屋宇重叠，柱脚下吊，廊台上挑，踏道盘旋的建筑群，十分壮观，成为重庆沿江的一道风景线。当你在船上、江边、对岸观看那层层叠叠，错落有致的吊脚楼群、万家灯火时，在薄雾中遥岸相看，吊脚

▷ 洪崖洞附近景象

▷ 江岸边的吊脚楼

楼的灯如天上的繁星，若明若暗闪烁着，仿佛天上一座城市，构成一幅美丽的图画。

《民俗建筑奇葩——山城吊脚楼》

❖ 江矢：雾拥云堆的小三峡

三峡的小和西湖的瘦应含着同样的作用。你如果爱用瘦字，那便错了。告诉你：这儿的三峡，也跟我们孩子一样地，很骨健筋强，永远是很严肃地站在嘉陵江中游上自己的岗位，一点也没有烟花三月的扬州味。

瞿塘三峡的名字是永远争辩不清的，正像十二巫峰那样，只能在充满着幻想色彩的国画中看到。小三峡明确地指说着观音、温塘和牛皮。观音峡在下游，白庙子天府煤矿在那儿，黑色的金子是会玷污游人新粉刷的鞋子的。牛皮峡在上游，逼近合川，因为僻远了些，又教血液里种着懒惰因子的人类，望之而生畏。只有中间一个温塘峡，因为挨着北碚，修有公路，所以吞吐着无量数游客。温塘是川话中的温泉，就是闻名大于小三峡的北温泉。

且不要在温泉里泡得太久，那儿是不会找到一个熟悉的人来解除你的寂寞。泉源奔水的声音，女人尖叫的声音，小孩胡闹的声音，和情侣们的喁喁，徒然只有增加你怅惘和厌恶的份儿；除非你是个小说家或是戏剧家，要在他们中找寻典型，充实你未来的杰作。稍稍地跑一回，领略了自然间奇妙的"温"和欣赏了在透明的水下闪动的肌肤后，便该趁早起来，抹干那使你冻得发抖的水珠了。

有人说温泉是因为它底下是火山，那么在温泉里游泳的，都在火山上跳舞了。不错，挤挤的人确有点像在火山上跳舞。那又何必以科学家的态度，弄得唇焦舌烂去证明他们理论的错误呢？

现在我们脱离了这个烦嚣的池子爬上山，多费点儿劲到绿水青山白鸟亭。如果怕寂寞，不妨先高叫一声，听对岸峭壁里的回响，回响好像挤不出峡去似的，尽在二壁间震荡。循着这古寺钟声似的回响，你可以找到丁丁的凿石声从林外传来。凿石的人在继续着祖先未竟的苦工；虽是再让他儿子凿下去，也许只能去掉一重山上的表皮；可是凿石的声音却像是在山中发出来的。想是山古老的心也为着那无止的钻凿而震动的吧？再循着那丁丁的旋律，试着在脚下江水上的船儿，协节地激起一星星水花。更可以听到船夫们正唱着舞曲般的歌儿。歌儿是沉重的、抑郁的，累年积月的不平的抒唱。在江上，他们迎晨曦，送夕阳，没有一块沙洲曾有一天他们忘却莅临的。

莫太神经了，想去抚摸一下悬在千百尺峻岩下的嘉陵江水，你会永远不再从这儿回去。除了来往的船只外，在水上你不会找到一个小小的疤痕，平滑得使你心战栗。它深深蓝绿的颜色，能使你忘却一切你契爱的朱唇和崇仰的粉手。假如你也是一个爱做梦的，那今晚你一定会得到一个蓝绿色的梦，深深的。

江流是不会嫌你是远来的"下江人"，而对你冷淡。他的言语虽不是耳朵能够听到，你已足够懂他在为祖国，为大地，为你，为你远方的挚友，在做平安的祝祷。

为寻求流水的踪迹，不自主地会向往于峡外的丘陵，远峙的观音峡：笼着一重暗暗的雾，在没有止境的雾海里，你会忘掉那些还有边缘的形体。那些好像半入睡时听到的语音，又好像漂漾在水里绿色的水绵。假如你还不熟稔英国大画家透纳的水彩，放心吧，铺展在你眼前的是透纳的真髓。

偶然有云雾拥进峡口，无意中便失却了对岸的高山。你会再也想不起那云雾后面的景色，那是太繁复了，繁复得比你淡忘了终古的史策更甚！岩石上压着岩石，峭壁上站着峭壁，红的绿的，淡紫的淡黄的——组成一大片苍苍莽莽，超过肉眼所能感受的蔚丽和庄严。即使云消雾散了，重现在你眼前，让你细细地再看一回；你狭小的心灵，还是只能在这太伟大的景色前引起剧烈的震撼，而不能吸收万一。你该记得你的初恋中看你的对手时所生的什么感觉？

收起你远抛的视线，向紧挨着脚下的温泉公园吧。四五条由卵石镶成的小径，划向一个中心，稳稳地坐着的神殿；它平凡的红墙，却形成了最神妙的对比；从江流绿蓝深到近乎紫的背景里，显得无限的鲜明；像在秧田里红衣的女郎，像在前翁商籁诗中最后一行中的爱字。看吧，那一列列夹住小径的翠柏，没入密林中去的草地，和重重叠叠苔痕斑驳的岩石；铺叙着，幻化着，都只为要刻画这个神殿的红。如若有一缕阳光的话，你更会觉得这是颗晶莹的宝石。你爱红宝石吗？你手上的戒指是不值得夸示的；可是今后佩戴在你的记忆里将有一颗值得夸示的了。

这儿看到夕阳，如果有紫雾升起，那便是你回去的时候了。但是记着，当你回去的时候，可别忘了爬上被厚苔罩覆着的岩上，去折一枝金黄的迎春。折了，我更赠你一首诗：

莫忘了你瘴雾里的田原，
莫忘了你烽烟中的祖国，
莫忘了你未竟的雄心——
为爱上了温塘三峡。

为爱上了温塘三峡，
该更爱你的祖国和田原，
该更警惕你未竟的雄心！——
折一枝迎春，记住明天。

《雾拥云堆的小三峡》

❖ 高绍聪：重庆生活琐记

人谓重庆物价甚贵。除洋货外并不算贵，其土产应有尽有，其价如米每斗三元四角（每斗合三市斗）；甚大之橘，约三两重，仅售二百钱。（每角兑二千四百钱，即铜元十二枚，比铜单分法币稍大而薄，每枚名谓二百钱。）有本地出品火柴如桃牌火柴黄头，擦之须经半分钟，始点及柴梗，若立刻吃香烟，满口硝磺气难闻，川人多用之，每匣亦仅二百钱。唯洋货战前较上海贵百分之五十，战事发生后六个月，始涨至百分之三百。

重庆市虽有自来水，用户仍少，且味不佳，多数仍饮江水，每担四百钱（仅合二分），自江中挑上，重负上数丈高之地，再送里许，可谓苦极。再轿夫二人抬乘客上岸，亦仅八百钱。（合四分，二人分之仅得二分。）人家燃料均用煤炭，每担七角，故生活程度并不高昂。国府都此后，渐次提高，与昔悬殊。战前价值标准均以几吊（即千文）、几百钱为价目，即值五元之物价，亦说一百二十吊，现在亦改称几元几角几分矣。

市内代步，除汽车外，有竹轿及人力车，乘轿较人力车效用多，因重庆马路仅有二条，人力车仅在马路上行走，且马路依山势而筑，起伏不平，上坡极慢，下坡其势甚锐。寓居住宅，均为马路之支巷，非人力车所直达。竹轿行走自由，唯轿式不佳，两条竹杠中置一直椅（出乡之轿，名谓滑竿儿；另有一种可曲卧远行），前短后长。如自备之轿，用布包铜镶，较为雅致。出嫁新娘，亦用此式，仅加鲜花扎成双喜为门栏耳。

婚期之日，新郎偕媒人，先乘轿至女家，迎新娘归。新娘在结婚之前三日，要哭三天，如亲戚妇女来吃喜酒，亦要陪哭，否则笑新娘不要脸，来宾不哭，责为不表同情。

川人称呼亦有特异，年老妇人称为"老太婆"，若呼其"老太太"反觉欠尊，若称"太婆"立刻就给你下不去，因其地为鸨母者多呼为太婆。其子称母亲，呼"太太"，称姊夫，呼"某哥"。普通称人多叫其姓名，即呼儿子，亦连姓在内，其名字末音是平声，多加一个"儿"字音。与人谈话，不论说到第三人，或狗，或物件，多呼"老子"，故谈话时，"老子"二字，即不断呼出。称下游一带人，谓下江人，或呼足底人。

重庆气候以夏季为最热，温度常在百度之外，热不可当，烈焰如火。冬季自九月至翌年三月，终日不见太阳，虽在最佳天气，仅下午片时，稍有日光；阴霾虽厚，但不落雨；冬季落雪，为数年所罕见者。

▷ 街头挑水工

▷ 正在做煤块的重庆人

四川白木耳出产地在通江，离重庆尚有一千数百里，运至重庆，已费许多，故重庆白木耳之价，较上海便宜亦有限也。最贱算番薯，俗名"红烧"（红苕），每角可购廿斤。橘子俗名"广柑"，其皮其茎丝抟去为药，其肉每斤二百钱（即值一分）。

川流不息，长江水自上流经此东流，终年不停，水势激荡。船渡对岸，须先由岸边逆流上里许，再用二人力撑，始能随流而至彼岸。秋季水涨，最大时，一小时能高一丈，水发沙涨，坐船备极戒心，司舵稍一不慎，即肇巨祸。在川人司空见惯，有时仍冒险而渡，被警局封渡始罢。

《重庆琐记》

❖ 张恨水：去年今日别巴山

去年今日（十二月二日），我开始离开七年倚居的重庆。当日冒着风雨渡江，夜宿南岸海棠溪。"海棠溪"这个名词，多么富有诗意呀！况是风雨海棠溪呢？其实那里是毫无足取的，只是重庆对江，一个公路站起点。西边一片黄草童山，护着一条水泥面路，直到江滩。东边是群乱七八糟的民房，夹着一条小街。车站旁边，两面童山，带着一片坟堆，和一些歪倒的民房，夹了一条秽水沟，在很深的土谷里，流向长江，实在找不到一点诗意。

不过这天我带家小到了海棠溪，却是悲喜交集，说不出来是一种什么滋味。我家住南温泉六年多，城乡来去，必须在海棠溪上下公共汽车，车站员工，几乎无人不熟。这次上车，变了长途，直赴贵阳。我从此离开四川，也就离开六年来去的海棠溪。久客之地，成了第二故乡，说到离开，倒有些舍不得似的。

这晚，正值斜风细雨。我走出旅馆，站在江边码头上。风吹着我的衣襟和头发，增加一种凄凉意味，满眼烟雾凄迷，看不到什么。深陷在两岸下的扬子江空荡荡的一片黑影。隔岸重庆，一家屋影不见，只是烟雨中万点灯火像堆大灯塔，向半空里层层堆起。我暗喊着梦里的重庆，从此别了。这烟雨灯火中，多少我的朋友啊。当时得诗一律：

> 壮年入蜀老来归，老得生归哭笑齐。
> 八口生涯愁里过，七年国事雾中迷。
> 虽逢今夜巴山雨，不怕明春杜宇啼。
> 隔水战都浑似梦，五更起别海棠溪。

《山城回忆录》

❖ 朱自清: 行在重庆

衣食住行，为什么却从行说起呢？我是行客，写的是行记，自然以为行第一。到了重庆，得办事，得看人，非行不可，若是老在屋里坐着，压根儿我就不会上重庆来了。再说昆明市区小，可以走路；反正住在那儿，这回办不完的事，还可以留着下回办，不妨从从容容地，十分忙或十分懒的时候，才偶尔坐回黄包车、马车或公共汽车。来到重庆可不能这么办，路远、天热、日子少、事情多，只靠两腿怎么也办不了。况这儿的车又相应、又方便，又何乐而不坐坐呢？

前几年到重庆，似乎坐滑竿最多，其次黄包车，再次才是公共汽车。那时重庆的朋友常劝我坐滑竿，因为重庆东到西长，有一圈儿马路，南到北短，中间却隔着无数层坡儿。滑竿可以爬坡，黄包车只能走马路，往往要兜大圈子。至于公共汽车，常常挤得水泄不通，半路要上下，得费出九牛二虎之力，所以那时我总是起点上终点下的多，回数自然就少。坐滑竿上下坡，一是脚朝天，一是头冲地，有些惊人，但不要紧，滑竿夫倒把得稳。从前黄包车下打铜街那个坡，却真有惊人的着儿，车夫身子向后微仰，两手紧压着车把，不拉车而让车子推着走，脚底下不由自主地忽紧忽慢，看去有时好像不点地似的，但是一个不小心，压不住车把，车子会翻过去，那时真的是脚不点地了，这够险的。所以后来黄包车禁止走那条街，滑竿现在也限制了，只准上坡时坐。可是公共汽车却大进步了。

这回坐公共汽车最多，滑竿最少。重庆的公用汽车分三类，一是特别快车，只停几个大站，一律廿五元，从哪儿坐到哪儿都一样，有些人常拣那候车人少的站口上车，兜个圈子回到原处，再向目的地坐；这样还比走路省时省力，比雇车省时省力省钱。二是专车，只来往政府区的上清寺和商业区的都邮街之间，也只停大站，廿五元。三是公共汽车，站口多，这回没有坐，好像一律十五元，这种车比较慢，行客要的是快，所以我没有坐。慢固然因停的多，更因为等的久。重庆汽车，现在很有秩序了，大家自动地排成单行，依次而进，座位满人，卖票人便宣布还可以挤几个，意思是还可以"站"几个。这时愿意站的可以上前去，不妨越次，但是还得一个跟一个"挤"满了，卖票宣布停止，叫等下次车，便关门吹哨子走了。公共汽车站多价贱，排班老是很长，在腰站上，一次车又往往上不了几个，因此一等就是二三十分钟，行客自然不能那么耐着性儿。

《重庆行记》

❖ 张恨水：忆重庆碧桃

千叶桃，北平谓为碧桃，于冬春之交，饰为盆景。此花在四川，极为平常。其树高二三丈，仲春开花。共重瓣四五层，有深红、粉红、素白七八种。花开时，云霞簇拥，极为美观。

在重庆郊居时，友人澄平兄，门前有花二十余株，三五日，辄请人送一束来。其初，并赋一韵语信云：

送钱君不要，送粮君不要，抗战台前苦故人，急得人发跳。门前千叶桃，近日花开早，看她白白与红红，诗意有多少？折下几枝来，送您自分晓。添得山窗幽，莫厌茅居小。高高低低供几瓶，也似红袖添香妙。红是健儿杀敌的血，白是吾人陈情表。若说会心不算遥，请您发一笑，请您收下了。

澄平兄并不能诗。信手拈来，恰成妙谛，予谢其花，尤谢其诗。予既北上，澄平兄亦赴汉，千叶桃，现在落英缤纷之候，未知谁是主人矣。

《忆重庆碧桃》

❖ 子冈：巾帼英雄

重庆妇女团体除妇工队外，也仍然要以新生活妇女指导委员会、妇女慰劳总会、儿童保育会为依归。妇女指导委员会几年来的工作已扩大了新生活的含义。在办公处看看也许很有味道，但她们却有着长长的触手：伤兵、工厂、乡村、战地服务队，几年来干训班近千学生从事着这些工作，上面有指导员领导。在松溉、白沙，有纺织蚕丝实验区，有抗属工厂。

保育会近百个保育院，有难童二万人，月需经费法币二三百万元，本来海外捐款多，以后须另辟出路了。儿童保育会与院的人士均多更动；这前无旧例的育儿新事业，实不易作，且经费又不容许依了理想来舒裕地支配。

重庆成为陪都的初期，本来妇女救亡团体尚多，如慰劳分会、难民妇女服务队、东北救亡总会妇女队，以及许多歌咏话剧团体中的女性。然而随了抗战的延长，高耸的波浪也要逐渐淹没在海水里了，在汉口时的热情活泼的"救亡姑娘"已不多见，她们有的找到了归宿，已不再流亡，有的在工作之后，到学校再学习去了，有的遥远地奔回风沙之地，有的进步沉着了，在自己喜欢的工作上默守岗位。

女青年会的工作值得一提，她们有实干不赶时髦的一贯作风。办识字班、伤兵之友、宿舍、浴室、图书室、儿童营养等工作。新运模范区的妇女干部，年来也有这种作风。许多出过洋的首长夫人们，都是女青年会的董事。

▷　重庆战时保育院的孩子

国际妇女之多，重庆现在可为全国之冠。平日她们深居南岸或花园之中，有时在重要集会中才聚集成了万花团，起码有七八种国籍。她们多为使馆人员夫人，军事代表团员夫人，教会人员，美国空军夫人。她们有个国际妇女会，有时约人讲演，举行过几次捐助中国难童的义卖。

近日缅甸妇女领袖都尔亚辛之来，又成为妇女界盛事。

妇女期刊有《妇女新运》《妇女共鸣》《妇女月刊》，但有时候妇女刊物反而是男读者多。每一个妇女刊物为了迎合家庭妇女的口味，都添设家事育儿医药等栏。

《妇女百像》

❖ 凯礼：战都的元旦

民国二十九年的元旦，在战都的重庆山城，表现出一般的热烈庆祝，接连三日，全市若狂。形形色色，堪以记述，以供远离的亲友们，作为座谈。

元旦日全市分六十一个单位（镇公所）庆祝，每一个单位组织一个游艺会于自己的区域内，由这单位内的领导者负责主持。各机关一律休假。商店除食品店及娱乐场外，亦停止营业，闭户闹元宵，庆贺新岁起首的好日子。以旧历固有的习惯，提前移来应用。

几条热闹的街道，鳞次栉比的商店，悬着各种不同的彩色纸灯，灯面上写着有含义的词语。店门两旁，整条儿的大红春联，颜色鲜明，象征着和气致祥，活现出一般快乐形象来。

元旦日早晨10时左右，街面上来往的人好似过江之鲫。在最繁华的一条街上（小梁子）拥挤着很多的人，围着一个大圆圈，圈子里面锣鼓喧天，一只巨型狮子，盘旋飞舞，高低升降，左右旋转自如，杂着鞭炮声，更显得格外有劲。过路的行人，原是跑出来看热闹的，受到这种吸引力，哪得不驻足而观。看的人愈集愈多，圈子的内围受挤，动力愈缩愈小，外围一层又一层，霎时间把这个表演的核心，困得水泄不通。于是交通就发生问题，来往的车辆，也只得停顿下来。狮子舞了好久，最后有梁新记牙刷铺在楼窗上用绳子系着青菜果子和钞票（钞票是献捐的）吊下来，引狮子来吞攫。一只狮子本是前后各一人调动飞舞，站起来不够高，便由另一人如叠罗汉式的架起，不够高再添人，接连前面站着三人，后面二人，才把那串东西衔下来。舞狮的玩意儿，是广东人的习惯，用在新年耍的玩意儿。

将近傍晚的时候，人行道上站满了男女老幼，尤其是妇孺们。因为有天然的防空网（浓雾），四乡赶来看热闹的人特多。大概是6点钟罢，长蛇阵的提灯游行，开始远远而来。龙灯共有九条，有人放鞭炮就耍。方的、圆的、各式各样的灯。还有扮演关公、岳飞、花木兰、秦良玉等民族英雄，形形色色，真是目不暇接。锣鼓声、鞭炮声、欢呼声、歌咏声，在这兴高采烈的状态中，可以象征着我们尚有继续不断的力量。

有些本地人，兴致格外好，看了这一边，过了再赶到那一边去看。来的，去的，分不出靠左走的习惯，只是前推后拥，扰扰嚷嚷，杂做一团。每家店铺门前原预备防空用的储水缸，不知挤碎了几十只，缸破水流，衣履尽湿，只顾瞧着热闹，忘记了脚是浸在湿透的鞋袜里。

翌日仍是如此热闹，第三日则倍形热烈。主持游行的新运总会，鉴于二日来的秩序欠佳，故于最后一日的体育大游行，在事前布置得很有办法，使一般人不得不守着秩序而观。办法很简单，由各保长在其区域内，于游行会未到之前，先在两旁电线杆上用麻绳拦住，车道上由各保壮丁全体出动，维持秩序。这样一来，前二日的缺点一扫而光。

体育大游行的意义，要使一般民众明了对于体育之重要。所以自元旦日起，开始在公共体育场表演各种体育节目，到第三日闭幕后列队游行。每一个项目能临街表演的，就当场来一下。最有趣味的，一只乒乓台子，几个人拖着走（台脚上装有小轮），一人前进，一人倒退，一来一往地拍球表演。参加最起劲的是一般刚入初中的小朋友，踢着小橡皮球，兴奋得忘记了疲倦。

到了晚上，因为是末了的一日，参加游行的各单位，兴又未尽，就分开来各自的热闹路口表演。本来四川人在旧历新春要大耍龙灯，此次奉命庆祝，更是火上添油，便把陈年破烂的龙灯拿出来表演。在盘旋的时候，最好看的是点缀在中间的万花筒，银光四射，不亚于烟火。其余莲花落、荡湖船，习近下流，为另一般人所喜欢，也是围了一大堆人。所唱的词句，早经当局改过，很能印入平常漠不关心的另一派人的脑里，但是形式上仍是丑态百出！

这三日来的热烈庆祝，本地人都说民国以来所未有。如果将来升平来临的时候，不知要腾欢到如何光景。此次当局在这岁首提倡庆祝，借以宣传，颇能兴奋人心，有所振作，其用心之苦，亦可见一斑矣！

《战都的元旦》

▷ 滑旱冰的重庆青年

❖ 郭沫若：重庆值得留恋

在重庆足足待了六年半，差不多天天都在诅咒重庆，人人都在诅咒重庆，到了今天好些人要离开重庆了，重庆似乎又值得留恋起来。

我们诅咒重庆的崎岖，高低不平，一天不知道要爬几次坡，下几次坎，真是该死。然而沉心一想，中国的都市里面还有像重庆这样，更能表示出人力的伟大的吗？完全靠人力把一簇山陵铲成了一座相当近代化的都市。这首先就值得我们把来作为精神上的鼓励。逼得你不能不走路，逼得你不能不流点小汗，这于你的身体锻炼上，怕至少有了些超乎自觉的效能吧？

我们诅咒重庆的雾，一年之中有半年见不到太阳，对于紫外线的享受真是一件无可偿补的缺陷。是的，这雾真是可恶！不过，恐怕还是精神上的雾罩得我们更厉害些，因而增加了我们对于"雾重庆"的憎恨吧。假使没有那种雾上的雾，重庆的雾实在有值得人赞美的地方。战时尽了消极防空的责任且不用说，你请在雾中看看四面的江山胜景吧。那实在是有形容不出的美妙。不是江南不是塞北，而是真真正正的重庆。

我们诅咒重庆的炎热，重庆没有春天，雾季一过便是火热地狱。热，热，热，似乎超过了热带地方的热。头被热得发昏了，脑浆似乎都在沸腾。真的吗？真有那样厉害吗？为什么不曾听说有人热死？不过细想起来，这重庆的大陆性的炎热，实在是热得干脆，一点都不讲价钱，说热就是热。这倒是反市侩主义的重庆精神，应该以百分之百的热诚来加以赞扬的。

广柑那么多，蔬菜那么丰富，东西南北四郊都有温泉，水陆空的交通四通八达，假使人人都有点相当的自由，不受限制的自由，这么好的一座重庆，真可以称为地上天堂了。

当然，重庆也有它特别令人讨厌的地方，它有那些比老鼠更多的特种老鼠。那些家伙在今后一段相当时期内，恐怕还要更加跳梁吧。假如沧白堂和较场口的石子没有再落到自己身上的份时，想到尚在重庆的战友们，谁能不对于重庆更加留恋？

《重庆值得留恋》

❖ 臧克家：重庆，如此牵动我的心！

歌乐山大天池，一提起这个名字，我心里就直冒热气。在困苦的战时，我在这山窝的农舍里度过了三年多的愉快时光。

大天池六号，是一家农民的小土院子，三面是土房，西边，让近在咫尺的山头补缺。这座院子，是"赈济委员会"为了躲避敌机轰炸赁来作为临时办公处的。我在这个会里挂个"专员"的空名义，就在1943年初夏从"中华全国文艺界抗敌协会"的危楼里搬到这儿来了。我从小住惯了乡村，喜爱农民，投身这里，如鱼归大海。敌机不来骚扰了，这里成了空摆设——"留守处"，职员一名，一个极有风趣的70岁老头李天章先生，另外两个工友，一个叫梁银盛，另一个叫李子清。会里租了近处的一二亩地，种点红苕什么的。屋后是一个小园子，种上四季豆、包心白，春夏之交，花香蝶来，豆角上搭下挂。绿竹何止千竿，丛生乱长，做了天然屏障，后边是一条小径，时有农民往来。左手是个山坡，一丛丛杜鹃花，灼火般地开放。杜鹃鸟，春朝或夕阳西下时，啼血惨叫，一声声令人心碎。

房东家，老小三辈，勤苦为生，忠厚待人。我们一家两口，和他们一家十口，相待如家人，热情而亲切。十六七岁的小姑娘李顺英，经常打赤脚下田，空时，把她的小侄儿"黑娃"举在我的窗口上，教他叫"臧先生好"！姐姐李顺碧，把烧好的白薯一送到门口，反身就跑了。十岁左右的一个小男孩学名叫李顺儒，憨厚可爱，有点口吃，在"保国民小学"挂个空名，终天打草、放牛。他们的生活是很苦的。虽然我们僻处山居，但友朋来访的却不少。夏季，山间清凉，东房间空着，叶以群、姚雪垠同志，都曾来此小住。徐迟贤伉俪带着小女儿也曾来盘旋一二日，在田堤上散步，大天池边照影……

晚上，也有一些常客，不定时来，也不定时去。这些朋友是丁瓒、何战白，还有宁汉戈和他的爱人丁玉，他们都是地下党员。宁汉戈夫妇来的时候最多，晚间，提盏小马灯，穿过后院的竹丛，来到我的土室，一盏小煤油灯，照亮了我们的话，也照亮了我们的四颗心。1946年，他们要去延安，我和我妻子郑曼（她也在"卫生实验院"工作）送他们上了汽车，临行，他把那个小马灯赠给了我们作为纪念，他说，它常常伴着我们到你们那里去"添热力"。同年，我到了上海，写了篇小说《小马灯》，纪念我们两家往来的友情，登在《文讯》月刊上。

我住在歌乐山，地远心却是不偏的。心里有一股郁闷之气，每早站在山坡上等候《新华日报》，市内有什么活动，我总是赶去参加。毛主席到重庆，我从观音岩一直追随到红岩村。老舍先生去美讲学前夕，约我去市内话别，二人到"天霖春"北方小馆，小酒一杯，吃芝麻烧饼。

1942年秋，我到重庆后，为了"稻粱谋"，拼命地写，集成了《泥土的歌》和长诗《古树的花朵》。"乔迁"歌乐山后，除大量写讽刺诗之外，开始写起小说来了。二年之后在上海出版的《挂红》，其中的题材大都取自重庆社会，《挂红》一篇，就是写李大娘的三儿子壮年死去，他新婚不久的媳妇坟头上痛哭一场改嫁而去的故事。

在歌乐山居住时期，生活是极安静的，但却也很艰苦。吃着"平价米"，四分米粒一分砂子，半饱不饱地对付着肚子，但看着房东李大娘一家的贫困样子，有时，到近处露天煤井去看挖煤的"黑子"的悲惨情景，也就知足了。达官贵人，大腹便便的奸商，却大发其国难财，花天酒地，令人眼中冒花，心头起火！

山中空气清新，环境幽静。每天，写作之暇，到田里帮工友同志挖红苕，弄得手脚都是泥土，一身汗水，尝到了劳动的滋味，写了赞美手脑并用的诗篇。晚上，北房东间李老先生的房子里，他与梁银盛和李子清大摆龙门阵，乐而忘倦。在我笔下的这个"民主老头"，从富而穷，但穷而乐，这种精神表达了他的旷达，也使得他七十而身犹健，小竹子烟管不离手，琅琅笑语不离口。

人间事，总是好景不长的。后来，"赈济委员会"撤销了，我成为职业作家。两个亲切相处的年轻工友，和我们分手了，只剩下老先生做伴。漫天爆竹，终于轰出了个"胜利"。有权势的，有门路的，从天上，从地上，从水上，一批又一批"复员"而去了。而我呢，无处可去，无路可走。迟滞到第二年七月初，才作为我妻子的眷属附船尾东下。

离别重庆的一幕是动心的，事隔四十年，到现在，人的颜容，人的声音，人的离别的心情和话语，一闭眼全来到眼前、耳边，而且，如此生动，如此鲜活，如此牵动我的心！

《歌乐山·大天池》

图书在版编目（CIP）数据

老重庆/《老城记》编辑组编. — 北京：中国文
史出版社，2019.1
ISBN 978-7-5205-0568-0

Ⅰ．①老…　Ⅱ．①老…　Ⅲ．①城市史—重庆—民国
Ⅳ．①K297.19

中国版本图书馆CIP数据核字（2018）第225453号

责任编辑：高　贝

出版发行：**中国文史出版社**

社　　址：北京市海淀区西八里庄69号院　　邮编：100142
电　　话：010-81136606　81136602　81136603（发行部）
传　　真：010-81136655
印　　装：北京地大彩印有限公司
经　　销：全国新华书店
开　　本：710mm×1010mm　1/16
印　　张：19.75　　字数：270千字
版　　次：2019年1月第1版
印　　次：2019年1月第1次印刷
定　　价：62.80元